U0438493

山右叢書　山右歷史文化研究院　編

國史紀聞 上

[明]張銓　撰　　[明]張道濬　訂　　[明]徐揚先　校
　　　田同旭　趙建斌　馬艷　點校

上海古籍出版社

圖書在版編目(CIP)數據

國史紀聞／(明)張銓撰；田同旭，趙建斌，馬艷點校. —上海：上海古籍出版社，2018.6
(山右叢書)
ISBN 978-7-5325-8869-5

Ⅰ.①國… Ⅱ.①張… ②田… ③趙… ④馬… Ⅲ.①中國歷史—史料—明代 Ⅳ.①K248.06

中國版本圖書館CIP數據核字(2018)第123784號

國史紀聞

(全二冊)

山右叢書

(明)張銓 撰 (明)張道濬 訂 (明)徐揚先 校
田同旭 趙建斌 馬艷 點校

上海古籍出版社出版發行
(上海瑞金二路272號 郵政編碼200020)
(1) 網址：www.guji.com.cn
(2) E-mail：guji1@guji.com.cn
(3) 易文網網址：www.ewen.co

浙江臨安曙光印務有限公司印刷

開本700×1000 1/16 印張40.5 插頁4 字數490,000
2018年6月第1版 2018年6月第1次印刷
印數：1—1,800
ISBN 978-7-5325-8869-5
G·688 定價：158.00元
如有質量問題，請與承印公司聯繫

目　錄

點校說明 ……………………………………	一
序 ………………………………… 徐揚先	三
自序 ……………………………………………	五
國史紀聞卷一 …………………………………	七
國史紀聞卷二 …………………………………	四四
國史紀聞卷三 …………………………………	一〇五
國史紀聞卷四 …………………………………	一八一
國史紀聞卷五 …………………………………	二二一
國史紀聞卷六 …………………………………	二八三
國史紀聞卷七 …………………………………	三三五
國史紀聞卷八 …………………………………	三七〇
國史紀聞卷九 …………………………………	四〇一
國史紀聞卷十 …………………………………	四三五
國史紀聞卷十一 ………………………………	五一三
國史紀聞卷十二 ………………………………	五八二
附錄 ……………………………………………	六四六
《國史紀聞提要》 ……………………………	六四六

點校説明

《國史紀聞》十二卷，又名《皇明國史紀聞》，明張銓撰。

張銓，《張忠烈公存集》已著録。事迹具《明史·忠義傳》與光緒《沁水縣志》卷八《人物》。

《國史紀聞》成書於萬曆三十八年庚戌，至天啓四年甲子始刊行。原書藏揚州圖書館，收入《四庫全書存目叢書》，1997年齊魯書社影印。

《國史紀聞》之紀年，起於元朝末帝元順帝之"壬辰，元至正十二年，高皇帝起兵濠州"，迄於明武宗末年之"辛巳，正德十六年春正月，上還京"。此年三月丙寅，明武宗駕崩，"夏四月，興世子至京，即皇帝位"，即嘉靖皇帝繼位，凡一百六十九年。但據張銓之子張道濬《續國史紀聞》序："先忠烈昔候臺命，作《國史紀聞》，蓋自開國訖武廟止矣。其永陵以來，覲揚之槩，業屬艸，以殉遼難，失去。余念鴻業之代興，傷遺緒之中佚。於是搜廣牒，翻邸報，合五朝，凡百有六年，以續其後。"因知張銓《國史紀聞》，在正德朝之後的嘉靖朝還有記載。因張銓死於遼東，其書稿遺失未傳。張道濬繼承父志，"先忠烈初命筆，寧簡毋贅，寧覈毋誣，余守此義，不敢廢焉"。遂從嘉靖朝寫起，共四十六年，再隆慶朝七年，再萬曆朝四十八年，再泰昌朝一個月（以一年計），至天啓四年，"合五朝，凡百有六年，以續其後"，遂成《續國史紀聞》。

《國史紀聞》與《續國史紀聞》幾乎涵蓋了明朝全部歷史，"是則二祖、列聖培植之餘澤，以光於五朝，傳諸信史者也"。可惜《續國史紀聞》未見傳世，不成全璧，誠爲遺憾。

本次整理即以《四庫全書存目叢書》影印天啓四年刊本爲底本。各卷卷首所題"巡按江西監察御史沁水臣張銓輯"、"男錦衣衛指揮同知臣張道濬訂"、"門人巡按山西監察御史江寧臣徐揚先較"等，今皆删去。

序張忠烈《國史紀聞》

臣揚先昔令劍江，忠烈適持斧而臨，望之則豐頤廣額，赤顏漆髯，屹然巨人也。是秋，典文闈，臣以往歲分較辭。迄武闈，臣佐較閱，獲親接謦[一]咳，大都貞嚴凝肅之中，寓肫懇煦就之意，一時激揚，稱名直指。而臣奉職無狀，受知最深，謬以卓異荷留，遂于忠烈稱門下士。

方忠烈之感慨東事，新置大帥也，抗疏非之。未幾，一一如所云，舉朝神其識。神祖命往監軍事，忠烈不以臺資謝，單騎受代。于今上初年，臣已忝同臺。尺一纔通，而遼潰之報旋至，忠烈之慘旋聞。臣痛心欲絕，設位而哭而奠。首疏乞旌恤，奉有"查確議行"之旨。今被聖主恩顧至隆，凡天下知與不知，無不仰之爲忠且烈，而不知蓬萊山人之夢讁爲朝廷忠臣，則天而忠者也。大司馬早有隱德，大廷尉揚歷中外，懷冰茹蘖，猷遠功高，則又世而忠者也。即以忠烈一身，而上谷明恕，共戴祥刑，則忠于理；番商剔蠹，西隅晏安，則忠于役。立朝條上機宜，大指要先察吏。生平不喜黨附，加意表章名賢，則又忠于廟社，忠于人才。而當其應召闕下也，有限之居諸，或付之無窮之馳逐；即無營之株守，亦安寄其有用之精神？而忠烈一片忠肝，不忍清時虛擲，乘兹討論舊章，紀聞國史，芟稗官之浮夸，削野史之蕪陋，備尚書之記載，省諸家之龐雜，非剽時耳以爲目，非信群吻以爲筆。惜無餘暇，輯及世廟而後，然凡祖宗謨烈，朝政得失，士品端邪，邊計安危，一按牘而班班可考。此其忠已在萬世。殆得涑水、新安之遺意，而直欲接麟經之一脉者歟？後有修馬班業者，能不取材于斯也？

語云："惟其有之，是以似之。"睢陽之齒，可以吞賊，故應有不三復之記誦、不立稿之文章。常山之舌，可以舐血，故應有偉而重之碑頌，穎而厚之記銘。忠烈之處心積慮，莫非忠也。宜其所著詩與文，皆忠君愛國之淋漓，而忠臣烈士之梗概也，矧是紀也乎哉？然又非獨此也。大廷尉神明矍鑠，鼎礜[一]蔚蒸，樞衡轉瞬耳。一旦以歸寧予告，南中相顧失倚。金吾文采翩翩，憤不共天，請師滅奴，請使屬國，請除戎器。諸季讀父書，俱綽有父風。

　　臣嘗歷沁陽，見其千巖插天，一泓巨地，氣鬱而蒼，景秀以文，嘆曰："非地靈，不有人傑。"頃以病依子舍，緣門墻。世講嘗侍大廷尉杖屨，一步一趨，又嘆曰："非是父，不有是子。有是子，又應有若孫。忠孝萃于一門，從古亦不數得。"臣故不爲國史贅而于紀之者三致意，以爲後世臣子取則焉。

　　天啓四年甲子季夏朔，門人巡按山西監察御史江寧臣徐揚先謹撰

校勘記

〔一〕"礜"，當作"礜"。

《國史紀聞》序〔一〕

夫有一代之興，必有一代之史，所以述世紀迹、彰往信來也。古者有左、右史，朝夕人主之前，記言記動，媺惡必書。春秋時，若晉之董狐、齊之太史氏，直書無隱，不畏強御，猶有三代之遺焉。秦漢而下，稱良史者，必推龍門、扶風二家，皆世習其業，纂集舊聞，爲力頗易。然而是非之公，已不能愜當世之口，則信乎史之難已。降是，史失其職，非諛則誣，著述愈煩，直道愈晦，惟涑水、紫陽可接麟經之脉。炎宋以後，史益蕪穢，觀者病之。

我太祖高皇帝建國之初，倥傯戎馬即設"起居注"，又命史臣直書，傳信後來，大公至正之心同符三代，度越季世遠矣。歷代相沿，珥筆之官，寖失初意，虛負編摩之名，未見紀注〔二〕之實。即纂修實録，藏在天府，外廷之臣無縁得窺，是以野史雜出，自國初以迄嘉、隆，無慮數十家。然或誕而失真，或略而不備，或錯亂而無章。惟先臣鄭曉《吾學編》，事核言簡，鑒裁精密，庶幾乎一代之良。惟時有避忌，"方技"、"佞幸"諸傳廢而不録，未免有掛漏之憾，而體非編年，于兼總條貫之義，猶若謙讓未遑焉。

臣生長僻鄉，目不睹金匱石室之藏，耳不聆鴻儒耆碩之論，徵文徵獻，無所取衷。庚戌歲，以上谷理官被徵，候命闕下，閑居無事，因得討論國朝舊章。悉取諸書，置之几案，參校異同，披沙揀金，聚狐擇腋，更歷寒暑始竣。雖識鑒未當，謭淺少文，而是是非非，不敢違匹夫匹婦之公。其于二祖列聖〔三〕之睿謨鴻烈、懿德豐功，頗能揚厲其萬一。至國家之大經大法，名臣之嘉謀嘉猷，以及夫政事之張弛，人品之邪正，民生之休瘁，世道之淳澆，土宇之版章〔四〕侵削，亦皆識其梗概。手錄成帙，藏之篋笥，以備遺忘，名之曰《國史紀聞》者，蓋得之傳述，而不敢據以〔五〕爲信也。語曰："百聞不如一見。"倘諸臣以聞悞臣，而併使臣以聞悞後人，則臣懼滋甚。若夫兼擅三長，網羅百氏，勒成一代之信史，尚俟〔六〕夫後之作者，是編也，幸比于不賢之識小，以備采擇，此則區區纂集之意乎。

皆萬曆四十八禩孟夏中旬，巡按江西監察御史臣張銓謹識

校勘記

〔一〕此文又見張銓《張忠烈公存集》卷二十七。
〔二〕"紀注"，同前作"經注"。
〔三〕"二祖列聖"，同前作"聖祖神宗"。
〔四〕"版章"，同前作"販章"。
〔五〕"據以"，同前作"遽以"。
〔六〕"尚俟"，同前作"崇俟"。

國史紀聞卷一

壬辰，元至正十二年，高皇帝起兵濠州。

　　高皇帝之先，江東句容人。宋季時，大父徙居泗，父又徙鍾離之東鄉。母陳氏，生四子，上最少。生之夕，赤光燭天，里中競呼："朱家火起。"相率救之，及至，無有也。年十七，值旱疫，父母俱喪，乃入皇覺寺。逾月，僧乏食，散遣其徒，游四方。上西遊合淝，歷光、固、汝、潁[一]，凡三年，復還皇覺寺。時元政不綱，四方兵起。潁州劉福通、蕭縣李二、羅田徐壽輝等，各擁衆數萬，剽掠郡縣。定遠人郭子興與其黨孫德崖等，攻陷濠城，據之。元將徹里不花率兵欲復城，憚不敢進，惟日掠良民爲盜以徼賞。百姓皆恟恟，相煽動，不自安。上乃入濠城，門者疑以爲諜，執見子興。子興見上狀貌異常，遂留置帳下，以所育馬公女妻之，日益親信。

十二月，趙均用入濠州，據之。

　　李二爲元丞相脫脫所敗，遁去。其將趙均用、彭早住率餘衆奔濠。二人本以窮蹙來歸，子興反屈己下之，事皆禀命，遂爲所制。脫脫命賈魯追均用等，圍濠城。均用與子興極力拒守，會魯死，兵解去。均用、早住遂據濠州。

癸巳五月，張士誠起兵，據高郵。

　　士誠，白駒場亭民，及弟士德、士信舉兵，陷泰州，殺參政趙璉，遂據高郵，自稱誠王。

高皇帝取滁陽。

　　濠城，自元兵退，軍士多死傷。上乃歸鄉里，募兵得七百人。鳳陽人徐達，沉雄有智略，與耿再成、郭英等皆來歸。時，彭、趙二人馭下無道，所部暴橫。高皇帝察其無成，乃與徐達等二十四人南略定遠，以計取驢牌寨民兵，得壯士三千人。率之而東，襲破元知院老張于橫澗山，降其民兵七萬。南略滁陽，道遇定遠人李善長來謁。與語，悦之，留置幕下掌書記。遂與俱攻滁陽，下之。趙均用遣人邀帝，使守盱泗，辭不往。未幾，旱住死。均用獨據濠州，子興乃率所部歸滁。

乙未正月，取和陽。

滁城乏糧。高皇帝謂子興曰："固守孤城，非計。今欲謀所向，惟和陽可圖。然其城小而堅，可以計取，難以力勝。"遂命張天祐將兵前行，聲言盧州兵送使者入和陽犒軍。耿再成將兵繼後，相距十餘里，俟天祐兵薄城，舉火爲應，再成即鼓行而前，天祐兵從他道就食，誤前約。再成候之，過期，率衆直抵城下。元平章也先帖木兒迎戰。再成不利，中矢走，衆潰。會日暮，天祐始至，急擊之，追至門，奪橋而上，登城大呼。也先帖木兒夜遁，天祐遂據其城。子興聞再成敗，急屬帝將兵，率徐達等進至和陽，始知天祐已破城矣。帝入，撫定城中，悉還所掠婦女，和人大悦。子興屬帝守和陽。適有讒帝于子興者，子興亦忌上威名日著，自滁來，欲奪其軍。未幾，遂卒。上俱統其衆，常遇春、鄧愈等皆來歸。

六月，攻太平路。

高皇帝謀渡江，患無舟楫。時，俞通海、廖永忠各擁衆據巢湖，張德勝亦結水寨自保，皆間道來附，上喜曰："吾事濟矣。"遂帥舟師，攻元蠻子海牙于峪溪口，大敗之。諸將欲直趨金陵，上曰："采石，南北襟喉。得采石，金陵乃可圖也。"乃引舟渡江。廖永安請所向，上曰："采石大鎮，其備必固。牛渚磯，前臨大江，彼難爲御，攻之必克。"乃引帆向牛渚，及岸，常遇春奮戈先登，諸軍繼之，鎮兵驚潰，遂拔之。緣江諸壘，望風迎附。即率衆向太平橋，急攻，拔之。總管靳義赴水死，完者不花等遁去。耆儒李習、陶安等，率父老出迎。安見上，謂習曰："龍姿鳳質，非常人也，我輩有主矣。"上之發采石也，先令李善長爲戒戢軍士榜，比入城，即張之。士卒欲剽掠，見榜揭通衢，皆愕然不敢動。一卒違令，即斬以徇，城中肅然。

上召陶安、李習與語時事。安曰："方今四海鼎沸，豪傑並争。攻城屠邑，互相雄長。然其志皆在子女、玉帛，非有撥亂救民、安天下之心。明公率衆渡江，神武不殺，人心悦服。以此順天應人，而行吊伐，天下不足平也。"上曰："吾欲取金陵，何如？"安曰："金陵，古帝王之都，龍蟠虎踞，限以長江之險。若取而有之，據其形勝，出兵以臨四方，何向不克？"帝大悦，由是禮遇安甚厚，參幕府事。改太平路爲太平府，以李習知府事。分兵攻溧陽、蕪湖，皆下之。

十二月，我師攻集慶路，不利。

初，元蠻子海牙以巨舟截采石江，閉姑熟口。而方山寨民兵元帥陳野先，以衆數萬來攻太平。上遣徐達等迎戰，復命別將潛師出其後夾擊之。野先腹背受敵，遂被擒。上釋不殺，命以書招其部曲皆來降。野先復欲脱歸，有以其謀告者。上曰："吾久知其不誠。然殺之，恐失豪傑心。"乃召，謂曰："人各有心，從元從我，任汝所適。不相強也。"縱之還。野先既歸，收餘衆屯板橋，陰與元福壽合。時，上將攻集慶。野先謬爲報，曰："集慶城三面據水，地勢險阻，不利步戰。莫若進兵，南據溧陽，東搗鎮江，據險阻，絶糧道，可不攻而下也。"上知其詐，報之曰："歷代之克江南者，晉之殘吳，隋之平陳，曹彬之取南唐，皆以長江天塹限隔南北，故須會集舟師，始克成功。今吾渡江，據其上游，彼之嚥喉，我已扼之，正宜乘時進取，奈何舍全勝之策，為迂迴之計耶？"野先得書，知其計不行，遂叛，與元福壽合兵，拒戰于秦淮水上。我師失利，張天祐戰死。野先追襲我軍于漢陽，經葛山鄉，鄉寨民兵百戶盧德茂惡其反覆，以計襲殺之。

丙申二月，我師攻蠻子海牙於采石，大敗走之。

蠻子海牙復率舟師扼采石，阻絕南北，欲伺間攻太平。上率常遇春等擊之。時，元舟聯絡江上，勢甚盛。乃令遇春設疑兵，以分其勢，而以大兵薄之。戰既合，遇春率舟師衝其中，敵分為二，我師左右縱擊。自辰至午，敵大敗，俘獲萬計，盡得其舟艦。蠻子海牙以餘眾走集慶。

三月，克金陵，元行臺御史大夫福壽死之。

陳野先既死，其子兆先統其眾，屯方山，與蠻子海牙相犄角。上命廖永安、馮國用攻兆先，擒之，盡降其眾。擇壯士五百人，置麾下，多疑懼，不自安。上覺其意，至暮，令入衛，屏舊人于外，獨留馮國用臥榻旁，酣寢達旦。五百人者感上推誠，皆願效死。進兵集慶，馮國用率麾下先登陷陣，敗敵于蔣山，直抵城下，拔柵競進。福壽督兵力戰。或勸之遁，壽叱而射之，搏戰不已，遂為亂兵所殺。平章阿魯灰、參政伯家奴皆戰死。獲其御史王稷等三百餘人。蠻子海牙走投張士誠。元帥康茂才等各率眾降。上入城，召父老，諭之曰："元失其政，兵戈並起，生民塗炭。吾率眾至此，為民除亂耳。宜各安職業，毋懷疑懼。賢人君子有能相從立功業者，吾禮用之。舊政不便者，吾為汝除之。"於是，城中軍民更相慶慰。乃改集慶路為應天府。錄用儒士夏煜、孫炎、楊憲等十餘人。嘉福壽之忠，以禮葬之。

克鎮江。

上命徐達將兵取鎮江，戒之曰："吾自起兵以來，未嘗妄殺。汝當體吾心，戒戢將士，城下之日，毋焚掠，毋殺戮，犯者處以軍法；縱之者，罰無赦。"達頓首受命。進攻鎮江，克之。號令嚴肅，城中宴然。遂分兵下丹陽、金壇諸縣。改鎮江路爲江淮府，以達與湯和守之。

六月，克廣德路。

鄧愈等攻廣德路，克之，改爲廣興府，以愈鎮守。

七月，高皇帝自立爲吳國公。

以元御史臺爲公府，置江南行中書省，以李善長爲參議，湯和攝樞密院事。

我師攻常州，獲張士德，斬之。

初，上遣儒士楊憲通好于張士誠。士誠拘留，不遣，尋以舟師攻鎮江。徐達等敗之于龍潭。上使諭達曰："士誠起于負販，譎詐多端。當速出軍，攻毗陵，先發制之。"于是，達帥師攻常州，進薄其壘。士誠遣其弟士德以數萬衆來援。達謂諸將曰："士德狡而善鬭，使其勝，勢不可當，當以計取之。"乃去城十八里設伏，以待命。趙均用率鐵騎爲奇兵，達親督師與戰。鋒既交，均用鐵騎橫衝其陣，陣亂。士德走，遇伏，馬蹶，爲先鋒刁國寶所執。士德梟鷙有謀，既被擒，士誠氣沮。上欲留士德以誘致士誠，士德間遺書其兄，使降元，乃斬之。

十一月，張士誠援常州，徐達等擊敗之。

士德被擒，士誠懼，遣其下孫君壽奉書請和，願歲輸糧二十萬石、黃金五百兩、白金三百斤。上復書，數其開釁召兵之罪。士誠得書，不報。徐達圍常州，久不下。上復益兵二萬圍之。會義兵元帥鄭僉院叛降士誠，士誠挾鄭僉院攻徐達壘。達勒兵與戰，常遇春、廖永安、胡大海來援，內外夾擊，大破之。擒其將張德，餘軍奔入城。士誠復遣其將呂珍馳入常州，拒守。達進師，圍之。城中益困。

丁酉二月，取長興。

三月，克常州。

　　初，常州兵少食足，故堅拒不下。及叛兵入城，軍衆糧少，不能自存。我師攻之益急，呂珍宵遁，遂克之。改爲常州府。

夏四月，克寧國路。

　　徐達、常遇春率兵攻寧國。元守臣別不華、楊仲英等拒守，久不下。遇春中矢，裹創與戰。上親往督師，命造飛車，編竹爲蔽，數道並進。仲英不能支，開門降。百户張文貴殺妻子，自刎死。擒其元帥朱亮祖，得軍士十餘萬。于是，太平、旌德、南陵、涇縣、青陽相繼皆下。

六月，取江陰。

　　上命趙繼祖等取江陰。張士誠兵據秦望山，以扼我師。繼祖引兵攻之。會大風雨，士誠兵潰，我師據其山。翌日，進攻城西門，克之。江陰去姑蘇僅百餘里，控扼要害，自失江陰，士誠舟師不敢泝大江而上矣。

七月，取宜興、常熟、績溪。

取徽州。

　　胡大海等進兵徽州。元守將八思爾不花及萬户吳訥等拒戰，大海擊敗之，遂拔其城。訥等退走，欲守遂安。大海追及白鶴嶺，復擊敗之，訥自殺。大海進攻婺源。元將楊完者率兵十萬，欲復徽州。大海還師與戰，敗之。婺源帥汪同、黟縣尹葉茂、祁門帥馬國寶俱以城降。

九月，取武康。

徐壽輝將陳友諒襲殺倪文俊，并其軍。

　　友諒，沔陽漁人子，嘗爲縣吏，不樂。壽輝兵起，仗劍從之，爲簿書掾〔二〕。尋領兵爲元帥。見倪文俊專恣，心不能平。

至是，文俊謀殺壽輝，不果，奔黃州。友諒因襲殺之，并其軍，自稱平章，壽輝不能制。

十一月，克池州。

常遇春率廖永安等，自銅陵進攻池州，帥舟師直抵城下。自辰至巳，破其北門，遂克之。

克揚州。

初，張明鑑聚衆淮西爲亂，逐元鎮南王孛羅普化，據揚州，日屠城中居民爲食。上命廖大亨攻之，明鑑等不能支，遂降。得其衆數萬。改爲淮海府，以耿再成守之。籍城中居民，僅餘十八家。

十二月，徐壽輝將明玉珍據成都。

玉珍，隨州人。初聞徐壽輝兵起，集鄉兵，結柵自固。未幾，降于壽輝。及倪文俊陷川蜀，令玉珍守之。至是，文俊死，玉珍遂據成都，蜀中郡縣皆附之。

戊戌正月，克婺源州。

二月，以康茂才爲營田使。

諭之曰："比因兵亂，隄防頹圮，民廢耕耨，故設營田司，專掌水利。今軍務殷煩，用度爲急。理財之道，莫先于農，故命爾分巡各處，俾高無患乾，卑不病澇，務在蓄洩得宜。大抵設官爲民，非以病民。若但使有司增飾館舍，迎送奔走，所至紛擾，無益于民，而反害之，非副任使之意。"

三月，克建德路。

鄧愈等攻建德，元參政不花棄城走，父老何良輔等率衆降。楊完者遣兵來攻，愈復敗之。

六月，取浦江。

九月，元江浙同僉員成來降。

初，元苗帥楊完者恃功驕橫，達識帖木兒苦其逼，陰約張士誠攻之。完者倉卒不及備，自縊死，其衆皆潰。至是，其部將員成等欲爲復仇，來請降。上命朱文忠往撫之，成遂率李福等以兵三萬來降。文忠使元帥夏子實統其衆，送員成于建康。

十月，取蘭溪。

克宜興。

徐達攻宜興，久不下。上遣使謂達曰："宜興，城小而堅，猝未易拔。聞其城西通太湖口，士誠餉道所出。若以兵斷之，彼軍食乏，破之必矣。"達等乃分兵絕太湖口，并力急攻，遂拔之。廖永安率舟師擊士誠衆于太湖，乘勝深入。遇呂珍，與戰不利，遂爲所執。士誠欲降之，永安不屈，以囚死。

十一月，練民兵。

上諭行中書省臣曰："古者寓兵于農，有事則戰，無事則耕，暇則講武。今民間豈無武勇之材？宜精加簡拔，編緝爲伍，立民兵萬户府領之。俾農時則耕，閒則練習，有事則用之，事平，有功者升擢，無功者令還爲民，庶幾寓兵于農之意。"

十二月，克婺州。

胡大海攻婺，久不下。上自帥師十萬，往征之。元參知政事石抹宜孫守處州，聞大軍攻婺，與參謀胡深、章溢議，爲守備，造戰車數百輛，以弟厚孫守婺，令深等將車師爲援。深至松溪，觀望，不敢進。上謂諸將曰："婺倚石抹宜孫，故未肯即下。聞彼以戰車來援，此豈知變者？松溪山多路狹，車不可行。今以精兵遏之，其勢必破。既破，則城中絕望，可不勞而下也。"乃命胡濟誘其兵于梅花門外，縱擊，大敗之，深等遁去。城中勢益孤，于是，樞密院同僉甯安慶等開門納兵。上入城，下令禁戢剽掠，有知印取民財，即斬以徇，民皆安堵。改爲寧越府，以儒士王宗顯爲知府。開郡學,延儒士葉儀〔三〕、宋濂爲五經師,戴良爲學正,吳沉、徐原等爲訓導。時喪亂之餘,學校久廢,至是始聞弦誦之聲,無不欣悅。

上既撫定寧越,欲遂取浙東,集諸將諭之曰:"克城雖以武,而安民必以仁。吾每聞諸將下一城,得一郡,不妄殺人,輒喜不自勝。蓋師旅之行,勢如烈火,火烈則人必避之。爲將者能以不殺爲心,非惟利國家,己亦蒙其福。爾等從吾言,則大功可成矣。"

己亥春正月,取諸暨。
三月,方國珍來降。

先是,上遣使招方國珍。國珍與其下謀曰:"方今元運將終,豪傑並起。惟江左號令嚴明,所向莫敵,恐不能與抗。況與我爲敵者,西有張士誠,南有陳友諒。莫若姑示順從,藉爲聲援,以觀其變。"遂遣使奉書幣,以温、台、慶元三郡來獻,且以子關爲質。上曰:"古者慮人不從則爲盟誓,盟誓變而爲交質,皆由未能相信故也。今既誠信來歸,便當推誠相與,何以質爲?"厚賜關而遣之。

五月,以胡大海守寧越。

將還建康,召大海諭之曰:"寧越爲浙東重地,故特命爾守之,進取之宜,悉以付爾。宋伯顏不花在衢,多智術。石抹宜孫守處州,善用士。紹興爲張士誠將吕珍所據。此三人皆勍敵,不可忽也。"

七月,取無爲州。
克潛山。

徐達、張德勝率兵自無爲登陸,夜至浮山寨,擊走趙普勝部將胡總管于青山。追至潛山界,陳友諒參政郭泰引兵渡沙河,迎戰。德勝復大破之，斬泰，遂克潛山。

九月，陳友諒殺其部將趙普勝。

初，友諒陷安慶，令趙普勝守之。上命俞通海率兵攻之，不克。諸將患之，上曰："普勝勇而寡謀，友諒挾主以令衆，彼此心懷疑貳。用計以離之，易耳。"時，普勝有門客，通數術，嘗爲普勝畫策。乃使人陽與客交，而陰間之。又置書與客，故誤達普勝所。普勝果疑客，客懼，不自安，遂來歸。於是，盡得普勝情實。復以金幣資客，潛往友諒所，間普勝。普勝不之覺，見友諒使者，輒自言其功，悻悻有德色，友諒由是忌之。及潛山之敗，友諒益欲殺普勝，乃詐以會軍爲期，自至安慶，圖之。普勝不虞友諒圖己，迎于雁汊。友諒就，執殺之，併其軍。

克衢州。

常遇春圍衢州，兩月餘，攻擊無虛日，城中悉力備御。元樞密院判張斌密遣其下與遇春約降，乘夜開小西門，引大軍入城。宋伯顔不花不知，猶督兵拒戰，俄頃，城中舉火，衆潰，被擒。總管馮浩赴水死。

十一月，克處州。

初，既定婺州，即命耿再成駐兵縉雲之黃龍山，謀取處州。石抹宜孫遣元帥胡深等分屯桃花嶺、葛渡、樊嶺以拒我師。久之，將士怠弛，無鬪志。胡深間道來降，且言處州兵弱，易取。大海即出軍抵樊嶺，與再成合攻之，大敗其兵，連拔桃花嶺、葛渡二岩，遂薄城下。石抹宜孫戰敗，棄城走建寧。于是，處州七邑皆下。

十二月，陳友諒幽其主徐壽輝于江州，自稱漢王。

初，友諒破龍興，壽輝欲徙都之。友諒恐不利于己，不從。至是，壽輝引兵發漢陽，南下江州。友諒出迎，而伏兵于城西。

壽輝入，門閉，伏發，盡殺其部屬，惟存壽輝，以江州爲都，居之。遂自稱漢王，立王府，置官屬，事權一歸友諒，壽輝惟擁虛位而已。

庚子二月，元福建行省參政袁天禄以福寧州來歸。

三月，徵劉基、宋濂、章溢、葉琛至建康。

基，青田人。自幼聰警絶人，長務理學，能文章，尤精于天文、兵法。至正初，舉進士，授高安丞。揭奚斯見而奇之，曰："此魏徵之流，而英特過之，濟時器也。"江西行省辟掾吏，議不合，去。嘗遊西湖，有異雲起西北，光映湖水。時同遊者魯道原、宇文公諒皆以爲慶雲，將分韵賦詩。基獨縱飲不顧，曰："此天子氣，應在金陵。十年後，有王者起其下，我當輔之。"時，杭城猶全盛，諸人大駭，以爲狂。方國珍反海上，省憲舉基爲行省都事。基建議，以爲方氏首亂，宜捕斬。省請于朝。時相納方氏賂，准招安，授國珍官，乃駁基擅作威福，羈管紹興。是後，方氏遂橫，莫能制。未幾，行省復起基，用之。以時不可爲，乃棄官歸田里。客或説基："今天下擾擾，以公才略，下括蒼，併金華，胡越可折簡而定。因畫江守之，此勾踐之業也。"基曰："吾平生忿方國珍、張士誠輩所爲，且天命將有歸，姑待之。"會上定括蒼，基指乾象，謂所親曰："此天命也，豈人力耶？"時，上延攬豪傑，有以基及宋濂、章溢、葉琛薦者。上以書幣徵，詣建康，入見。上賜坐，從容問曰："四海分争，何時而定？"章溢對曰："天道無常，惟德是輔，惟不嗜殺人者能一之。"上稱善。上問陶安："四人之才，何如？"安對曰："陶，謀略不及基，學問不及濂，治民之才不如章溢、葉琛。"上然之。未幾，以濂爲江南儒學提舉，世子受經。以溢、琛並爲營田司僉事。基留帷幄，預機密謀議。基陳時務十八策，上悉嘉納。

五月，陳友諒攻池州，我師擊敗之。

友諒有窺池州之意，上察知之，使謂徐達、常遇春曰："友諒兵旦暮且至，當以五千人守城，遣萬人伏九華山下，俟彼臨城，城上揚旗鳴鼓，伏兵絕其後，破之必矣。"至是，友諒兵果至，鋒甚銳，直造城下。城上鼓聲起，伏兵悉發，絕其歸路，城中出兵夾擊，大破之，斬首萬餘級。

閏五月，陳友諒陷太平，守將花雲死之。

友諒率舟師攻太平，雲悉力拒戰。友諒攻三日，不得入，乃引巨舟泊城西南隅，士卒緣舟尾攀堞而登城，遂陷。雲被執，罵曰："賊奴，爾縛吾，吾主必滅爾，斬爾為鱠。"遂奮躍大呼，縛皆絕，奪守者刀，殺五六人。友諒大怒，縛雲于檣，叢射之。雲至死，罵不絕口。院判王鼎、知府許瑗俱為友諒所執，皆抗罵不屈而死。雲妻郜氏，生子煒始三歲。戰方急，郜氏抱兒，謂家人曰："城且破，吾夫必死。夫死，吾寧獨生？然花氏惟此一兒，為我善護之。"及雲被執，郜氏赴水死。婢孫氏抱兒欲逃，為陳兵所虜，至九江軍中，惡兒啼，孫以簪珥付漁家嫗鞠之。及陳氏敗，孫氏脫身，負兒而逃，將渡江，適潰卒還，爭舟，摔于水，附木，得入蘆渚中。取蓮實餂兒，凡七日，得不死。忽夜半，一老父呼之，令與俱行，得達上所。抱兒拜，且泣。上亦泣，置兒膝上曰："將種也。"命賜老父衣，忽不見，衆以為神云。煒既長，命為指揮僉事。

陳友諒弒其主壽輝，自稱帝。

友諒使人弒壽輝于采石舟中，遂稱帝，國號漢，改元大義。以鄒普勝為太師，張必先為左相，張定邊為太尉。

陳友諒犯建康。我師大破走之，遂取安慶，復太平。

友諒舟師數萬東下，建康震動。議者或言降，或云鍾山有王氣，宜奔據之。劉基獨不言。上召基入內，基曰："先斬主降議及奔鍾山者，乃可破賊。"上曰："計將安出？"基曰："莫若傾府庫，開至誠，以固士心。且天道後舉者勝，伏兵俟隙擊之。取威制敵，以成王業，在此時也。"上然之。時，友諒潛遣人約張士誠。上恐二虜合力，不能敵，欲速其來。以康茂才與友諒有舊，乃令茂才爲書誘友諒，約爲內應。友諒得書，不疑，即引兵下。上曰："虜落吾彀中矣。"乃命馮國勝、常遇春率帳前軍三萬人伏于石灰山側，徐達軍南門外，楊璟駐兵大勝港，張德勝、朱虎帥舟師出龍江關外，上總大軍于盧龍山。令持幟者偃黃幟于山之左，赤幟于山之右，戒曰："寇至則舉赤幟[四]，陣合舉黃幟，黃幟舉則伏兵皆起。各嚴師以待。"友諒至，大勝港楊璟整兵御之。友諒以路狹，遽引退，出大江，向龍灣，遣萬人登崖立柵，勢銳甚。衆欲戰。上曰："天將雨，諸軍且就食，當乘雨擊之。"時，天無雲，衆莫信。忽雲起東北，須臾雨大注，赤幟舉，下令拔柵。友諒麾軍來爭，戰方合，黃幟舉，伏兵四起，內外合擊。友諒軍披靡不能支，遂大敗。潰兵走趨舟，值潮退舟膠，殺溺死者無算，俘其卒二萬餘人。其將張志雄等皆降，獲巨艦百餘艘。上命徐達等追友諒，及于慈湖，縱火焚其舟。馮國勝又敗之于采石。友諒棄太平，遁去，我師復取之。

取安慶。

張志雄，故趙普勝部將，怨友諒殺普勝，故龍灣之戰無鬭志。及降，言于上曰："友諒既敗，安慶無守，可取也。"上命余元帥將兵取安慶，守之。

克信州。

初，友諒入龍江，上命胡大海出兵擣廣信，以牽制之。大海遣部將葛俊往，過衢州，都事王愷止俊，馳至金華，謂大海曰：

"廣信爲友諒門户，彼既傾國入寇，寧不以重兵防守？非大將統軍以臨之，不能克也。今出偏師，萬一衄敗，非獨廣信不可下，衢先繹騷矣。"大海悟，乃親率兵攻信州，遂克之。改爲廣信府。

辛丑三月，元泗州守將薛顯以城降。

方國珍遣使，以金玉飾馬鞍來獻，却之。

上曰："吾方有事四方，所需者文武材能，所用者穀粟布帛，其他寶玩，非所好也。"却其獻。

七月，僞漢知院張定邊陷安慶。

守將余元帥等戰敗，奔還建康。

八月，克浮梁、樂平。

上帥師伐陳友諒，復取安慶，大破之于江州。友諒走武昌。

先是，陳友諒將李明道寇信州，胡大海獲之，送建康。上問："陳氏何如？"明道具言："友諒自殺壽輝，將士離心，政令不一，雖有衆，不足用也。"上遂決意伐之。召諸將，諭之曰："陳友諒弑主僭號，天人所不容。乃不度德量力，犯我建康。既自取敗，不知悔悟，又陷安慶。觀其所爲，不滅不已。爾等各勵士卒以從。"徐達進曰："師直爲壯。今我直彼曲，焉有不克？"劉基言："昨觀天象，金星在前，火星在後，此勝師之兆。願順天應人，早行吊伐。"上遂帥徐達等發龍灣，泝流而上。友諒沿江斥堠望風奔遁。至安慶，敵固守不戰。乃以陸兵疑之，敵陣動，遂命廖永忠、張志雄以舟師破其水寨，遂克安慶。長驅至小孤，友諒守將傅友德及丁普郎迎降。師次湖口，遇友諒舟出江偵邏，常遇春擊之，敵舟退走，乘勝追至江州。友諒親率兵督戰。上分舟師爲兩翼，夾擊，大破之，獲其舟百餘艘。友諒窮蹙，夜半挈妻子走武昌。我師入江州，獲糧數十萬。

克南康、蘄黄，興國、沔陽來降。

陳友諒平章吳宏以饒州降。

九月，陳友諒平章王溥以建昌降。

克德興。

十月，張士誠遣其將李伯昇攻長興。常遇春率兵援之，伯昇遁去。

　　士誠遣李伯昇率衆十萬攻長興。城中兵僅七千，耿炳文嬰城拒守，副元帥劉成出西門迎敵，敗之。追至東門，敵反兵力鬭，成戰死。伯昇攻城益急。上在江州，聞報，命常遇春往救之。遇春兵至長興，伯昇棄營遁。遇春追擊之，俘斬五千餘人。

克撫州。

　　吳宏等率兵取撫州，友諒右丞鄧克明拒守，宏遣人招之。克明意欲緩師，聞鄧愈駐兵臨川，乃遣人詣愈降。愈知其詐，即間道夜襲之。黎明，入其城。克明倉卒，單騎走，遂克之。愈號令嚴，秋毫無犯，民獻牛酒，悉却不受。

壬寅正月，上如龍興。

　　上發九江，如龍興。胡廷瑞等迎謁，上慰勞之。入城，先謁孔子廟，存恤孤寡，放友諒麋鹿于西山。召父老，諭之曰："陳氏據此，爾民甚苦之。今吾悉反其弊，軍需供億，俱不以相勞。爾等各事本業，爲吾良民，"士民大悦。乃改爲洪都府，以葉琛知府事。

寧州土豪陳龍以衆降。

　　初，徐壽輝破寧州，龍集衆結堡自固，旬日間，州境響應，衆至萬餘。至是，聞上至龍興，遣其弟良平率分寧、奉新、通州城、靖安、德安、武寧六縣民兵二萬來降。

僞漢平章彭時中以龍泉降。

二月，金華苗軍元帥蔣英等叛，殺守臣胡大海、郎中王愷、嚴州守將朱文忠，尋撫定之。

　　初，大海下嚴州，苗帥蔣英、劉震等自桐廬來降。大海喜其勇，留置麾下，待之不疑。震等謀作亂，以大海遇之厚，未忍發。其黨李福曰："舉大事，寧顧私恩乎？"衆從之，遂約衢處苗帥李祐之等，同日舉兵。蔣英陽請大海八咏樓下觀弩，袖鐵槌擊殺之。執郎中王愷，愷正色曰："吾職居郎署，同守此土，義當死，寧從賊耶？"劉震欲全之，賊黨吳得直與愷有隙，遂殺愷及其子寅。掾史章誠亦死之。典史李斌懷省印，縋城走嚴州，告變于朱文忠。英等大掠城中子女，西走，降于張士誠。文忠率將士馳至金華，鎮撫其民，人情乃安。

處州苗軍帥李祐之等作亂，殺守臣耿再成。

　　李祐之、賀仁得聞蔣英已殺胡大海，遂作亂。再成方與客飲，聞變，即上馬收兵，不滿二十人，迎賊，罵曰："俘奴，國家何負汝，乃敢反？速解甲，不然斮汝萬段。"揮劍連斷數槊，兵不繼賊刺再成，中頸死。執分省部事孫炎，幽之空室，脅使降，炎不屈。賀仁得以斗酒饋炎，炎不受，曰："今日乃爲鼠輩所困，然我死，死爲主。反覆賊死，犬且不食其餘。"守卒怒，拔劍叱炎解衣。炎曰："此紫綺裘，乃上所賜，吾當服以死。"遂被害。知府王道同〔五〕，亦不屈而死。上聞處州亂，命平章邵榮率兵討之。

張士誠遣弟士信率兵攻諸全，我師擊敗之。

　　士誠乘蔣英之亂，遣士信率兵萬餘圍諸全。守將謝再興告急于朱文忠，文忠遣胡德濟援之。再興以兵少，請益。是時，金華初定，而嚴州逼敵境，處州又爲叛苗所據。文忠自度兵少，不能應援，聞邵榮率兵討處州，將至，與都事史炳謀曰："兵法先聲而後實。諸全被圍日久，寇勢益張，而我軍少，非謀不足以制之。今邵平章來取處州，宜借以張聲勢，亦一奇也。"炳曰："善。"乃揚言右丞徐達、平章邵榮領大軍至嚴州，剋日進擊，使諜者揭榜于義烏之古朴嶺。士信兵見之，果驚，謀夜遁。德濟覘知之，密與再興謀，發壯士夜半開門出擊，鼓譟從之。寇兵亂走，自相蹂踐，溺死者甚衆。

復處州。

邵榮攻處州，燒其東北門以入。李祐之自殺。賀仁得走縉雲，耕者縛之，檻送，伏誅。

上還建康。

上以洪都舊城西南臨水，不利守禦，移入三十步。東南空曠，復展二里。留鄧愈守之，遂還建康。

四月，祝宗、康泰叛，陷洪都。右丞徐達尋復之。

初，洪都之降，非二人本意。上將還建康，胡廷瑞恐其爲變，微言于上。上令二人將所部兵，從徐達征湖廣。二人遂叛，反兵劫洪都，攻破新城門。鄧愈聞變，倉卒以數十騎走還建康。都事萬思誠、知府葉琛皆死于難。上命徐達還討之。達師抵城下，宗、泰分兵拒守，達攻破之。泰走康信，爲追兵所獲，送建康。泰，廷瑞之甥。上以廷瑞故，特宥之。宗走新淦，依鄧志明，後爲志明所殺。

五月，置禮賢館。

上聘諸名儒集建康，與論經史，及咨以時事，甚見尊寵。復命有司，即所居之西，創禮賢館處之，陶安、夏煜、劉基、章溢、宋濂、蘇伯衡等皆在館中。時，朱文忠守金華，復薦王褘、許元、王天錫至，上皆優禮之。

八月，陳友諒將熊天瑞陷吉安。大都督朱文正尋復之。

癸卯春正月，明玉珍稱帝于蜀。

三月，張士誠將呂珍陷安豐，我師擊走之。

先是，劉福通以安豐來附，士誠遣呂珍攻破其城，殺福通。上率徐達等擊之，三戰三勝，珍遁去。

四月，陳友諒圍洪都。

友諒忿疆場日蹙，乃作大艦，攻洪都。艦高數丈，上下三級，置櫓其中，自為必勝之計，載家屬、百官，空國而來，其氣甚勝。朱文正與諸將分城拒守。友諒攻撫州門，城壞三十餘丈，鄧愈以火銃擊退其兵。文正督諸將死戰，且戰且築，通夕復完。友諒復攻新城門，薛顯將銳卒開門突戰，斬其平章劉震照，敵兵乃退。友諒增修攻具，攻水關，欲破柵以入。文正使壯士以長槊從柵內刺之，敵奪槊更進。文正命煅鐵戟，穿柵更刺，敵手灼爛不得進。友諒盡攻擊之術，城中隨方應之，相持兩月餘，元帥趙德勝、牛海龍等皆戰死。

秋七月，上率兵救洪都，與友諒大戰于鄱陽湖，友諒敗死。

洪都被圍日久，內外阻絕。文正遣千戶張子明告急于建康。子明取小漁舟，夜從水關潛出，夜行晝伏，半月始達。上問："友諒兵勢何如？"對曰："友諒兵雖盛，而戰死者亦多。今江水日涸，巨艦將不利。若援兵至，可破也。"上曰："歸語文正，但堅守一月，吾當自取之。"子明還至湖口，為友諒所獲。友諒謂曰："若能誘城降，非但不死，且得富貴。"子明偽許之，至城下，大呼曰："大軍且至，但固守以待。"友諒怒，殺之。

上自將救洪都舟師二十萬，發建康。友諒聞之，即解圍，東出鄱湖迎戰。上謂諸將曰："友諒退兵逆戰，勢必死鬭。諸公當有進無退，剪滅此虜，正在今日。"丁亥，遇于康郎山，友諒將張定邊直犯上舟。舟適膠，勢甚危。牙將韓成曰："事急矣，臣不敢愛死。"乃服上冠服，投水中。敵信之，攻少緩。常遇春從旁射中定邊，敵始却，上舟得脱。既而，遇春舟亦膠，俄有敗舟順流而下，觸遇春舟，舟亦脱。會日暮，收軍。命徐達還守建康。己丑，復戰。友諒以巨舟連鎖爲陣，旌旗樓櫓，望之如山。我軍舟小，怯于仰攻，往往退縮，斬隊長十餘人，猶不能止。張志雄、丁普郎、余昶、陳弼、徐公輔皆戰死。

上不懌，郭興侍側，進曰："舟大小不敵，非諸將不用命也。臣以爲非火攻不可。"至晡，東北風起。上命以七舟載荻葦，置火藥其中，束草爲人，飾以甲胄，令敢死士操之，備走舸于後，將迫敵舟，乘風縱火，風急火烈，焚敵舟數百艘，燔烟漲天，湖水盡赤，死者大半。友諒弟友仁、友貴及其平章陳普略等皆焚死。友仁眇一目，有智數，梟勇善戰，至是死，友諒爲之喪氣。辛卯，復聯舟大戰，俞通海、廖永忠、張興祖、趙庸以六舟深入搏擊，望無所見，意已陷没。有頃，旋繞敵舟而出。我師見之，合戰益力，呼聲動天地，波濤起立，日爲之晦。自辰至午，敵兵大敗，棄旗鼓器仗，浮蔽湖面。張定邊欲挾友諒退保鞋山，扼不得出，乃斂舟自守。通海等還，上勞之曰："今日之捷，諸公之力也。"諸將議欲退師，少休士卒。上曰："兩軍相持，我先退，敵乘之，非計也。必移舟出湖，乃可無失。"至夜，銜尾而渡，泊於左蠡。友諒亦移舟泊渚磯。

上命舟師橫截湖口，邀其歸路。又令立柵于岸，控湖口。旬有五日，友諒不敢出，食盡，欲奔武昌，乃率樓船百餘艘，突出湖口。上麾諸將邀擊之，友諒中流矢死，衆潰，擒其太子善兒、平章姚天祥等，降士卒五萬餘人。張定邊乘夜載友諒屍及其子理奔還武昌，復立理爲帝，改元德壽。

九月，張士誠自稱吳王。

士誠令所部頌功，求王爵。元達識帖睦邇爲請于朝，不報。士誠遂自立爲吳王，立官屬。元遣使徵糧，士誠不奉命。

上還建康。

上至建康，論功行賞，賜諸將金幣有差。

上率常遇春等親征陳理于武昌。

上至武昌，命諸將立柵圍之，分兵徇漢陽、德安州郡，皆下。

十二月，上至建康。

上發武昌，命常遇春督諸將守營柵，諭之曰："彼猶狁處牢中，久當自服。若來衝突，愼勿與戰，但堅守營柵以困之，不患城不下也。"

甲辰春正月，上稱吳王。

李善長、徐達等以上功德日隆，屢表勸進。上曰："戎馬未息，天命難知。俟天下大定，行之未晚。"群臣固請不已，乃即吳王位，置中書省官屬。以李善長爲右相國、徐達爲左相國，常遇春、俞通海爲平章政事，諭之曰："卿等爲生民計推戴予，然建國之初，當先正紀綱。元氏昏亂，紀綱不立，威福下移，人心渙散，遂致天下騷亂。今將相大臣，當鑒其失，協心以成功業，毋苟且因循，徒取充位而已。"

二月，上復往武昌視師。陳理降，湖廣、江西悉平。

上以諸將圍武昌久不下，復親往視師。僞相張必先以岳州兵入援，去城二十里而軍。上命常遇春率精銳五千，乘其衆未集擊之，擒必先。城東南有高冠山，下瞰城中。上顧諸將："誰能奪此者？"傅友德請行，率帳下數百人，一鼓奪之。上遣友諒舊臣羅復仁諭陳理曰："理來，當不失富貴。"復仁入城，與理相持，痛哭，諭以上意。遂銜璧肉袒，率張定邊等出降。理至軍門，戰慄，不敢仰視。上見其稺弱，挈其手曰："吾不爾罪，勿懼也。"凡府庫儲蓄，令理自取。士卒無敢入城，市井晏然。城中民饑困，上命給米賑之。于是，漢、沔、利[六]、岳郡縣相繼降。立湖廣行中書省，以楊璟爲參政守之。未幾，友諒兄友才亦以潭州來降。

三月，上至建康，封陳理歸爲德侯。

江西行省進鏤金牀，毀之。

江西行省以陳友諒鏤金牀進，上曰："此與孟昶七寶溺器何異？以一牀工巧若此，其餘可知。陳氏父子窮奢極欲，焉得不亡？"即命毀之。

建忠臣祠於康郎山。

鄱湖死事之臣丁普郎、張志雄、韓成、宋貴[七]、陳兆先、余旭、昌文貴、王勝、李信、陳弼、劉義、徐公輔、李志高、王咬住、姜潤、石明、王德、朱鼎、王清、常德勝、王鳳顯、丁宇、王仁、汪澤、王理、陳冲、裴幹、王喜仙、袁華、史德勝、常推德、曹信、逯德山、鄭興、羅世榮等三十五人，封贈勛爵有差，令有司歲時祭之。

建忠臣祠於南昌府。

祠趙德勝、李繼先、劉齊、許圭潛、牛海龍、張子明、張德山、夏茂成、葉思誠、葉琛、趙天麟凡十四人。

七月，克廬州。

廬州被圍久，城中饑困，守將張渙開門降。改爲府，以俞通海守之。

八月，復吉安。

常遇春討江西未附州郡，平麻嶺諸寨，執鄧志明。進次吉安，饒鼎臣棄城，走安福，遂復吉安，引兵趨贛。

九月，取江陵。

徐達師逼江陵，守將故僞漢平章姜珏詣達降，曰："當死者，珏耳，百姓無辜。"達善其言，下令安輯。列郡聞之，望風歸附。尋改江陵爲荆州府。已而，夷陵守將楊以德、歸州守將楊興各以城降。

十一月，張士信攻長興，湯和擊敗之。

士信以兵侵長興，耿炳文破之，獲其帥宋興祖。士信怒，益兵圍長興。上命湯和援之，大破士信，虜甲士八千人。

十二月，克辰州，遂克衡州。

乙巳春正月，克贛州。

常遇春至贛，熊天瑞困固守，不下。上命汪廣洋至軍中，諭遇春曰："天瑞處孤城，若籠禽阱獸，豈能遁逸？但恐城破之日，殺傷過多，當保全生民，爲未附者勸。"遇春乃浚濠立柵以困之。天瑞子元震竊出覘兵，遇春從數騎出，猝與遇，遣騎擊之。元震奮鐵撾，且鬭且却。遇春曰："壯士也。"釋之。至是，天瑞糧盡出降。

克寶慶路。

徐達克寶慶，元守將唐隆道遁去。于是，靖州軍民安撫司皆來降，湖湘遂平。

故僞漢韶州守將張秉彝、南雄守將孫榮祖來降。

朱文正有罪，安置桐城。

文正，上兄南昌王子。少孤，上撫之如己子。既長，勇敢，有才略。然深狡，人莫敢犯。守江西，淫暴僭侈，奪民婦女。上遣使詰讓，文正慚懼，謀叛降張士誠，按察使李飲冰奏之。上曰："此子不才如此，非吾自行不可。"即日登舟至南昌，泊城下，詔文正。文正倉卒出迎。上泣，謂曰："汝何乃至是？"載與俱歸。群臣交章劾之，請寘于法。上曰："文正固有罪，然吾兄止有是子，不忍加誅。"止免官，安置桐城。召其子鐵柱，語之曰："爾父不率吾教，以貽吾憂。爾長，吾封爾，不以父廢也。"後文正卒，封鐵柱爲靖江王，改名守謙。

二月，元福建行省平章陳友定侵處州，參軍胡深擊走之。

張士誠將李伯昇攻諸全，右丞朱文忠大敗之。

士誠憤諸全之敗，集兵二十萬，遣李伯昇攻新城。守將胡德濟告急于嚴州，朱文忠率朱亮祖等馳赴之，且檄處州守將以兵來會。德濟遣使言："衆寡不敵，請濟師。"文忠曰："以衆，則我非彼敵；以謀，則彼非我敵。昔謝玄以兵八千破苻堅百萬，兵在精不在多也。"集諸將，戒曰："敵甚衆，當盡死力擊之。不如令者，斬。"旦日合戰，文忠從數騎，橫槊躍馬，衝其中堅，敵衆披靡，諸軍乘之，敵大潰，棄兵甲走，自相踐踏，死者以數萬，溪水盡赤。

四月，胡深取松溪，獲守將張子玉而還。

命常遇春率師取湖廣、襄漢諸郡。

上嘗與徐達、常遇春論襄漢形勢，曰："安陸、襄陽跨連荊、蜀，乃南北喉襟，英雄所必爭之地，不取將貽後憂。況沔陽新附，城中人民多陳氏舊卒，壤地相鄰，易於煽動。宜增兵守沔，而出師取安陸、襄陽，庶幾不失其宜。"遂命遇春將兵以往。

五月，常遇春克安陸，遂克襄陽。

遇春至安陸，守將任亮拒戰，擊敗之，執亮，遂克其城。進攻襄陽，守將棄城遁。遇春追擊之，俘其衆五千。元僉院張德山、羅明以穀城降。

克安福。

克樂清。

　　胡海攻下樂清，擒方國珍鎮撫周清。

胡深克崇安，進攻建寧，爲敵所執，死之。

　　胡深請發廣信、建昌兵攻崇安，因窺八閩。上命朱亮祖、王溥會深進兵，克崇安。進攻建寧，陳友定將阮德柔嬰城固守。師次城下，亮祖即欲攻之。深視氛祲不利，謂亮祖曰："天時未協，將必有災，未可與戰。"亮祖曰："參軍何得以災爲解？師已至此，庸可緩乎？且天道玄遠，山澤之氣變態無常，何足徵也？"迫深進兵。深不獲已，遂進攻，破其二門。德柔悉精銳扼深，圍之數重。深欲突圍出，馬蹶被執。送友定所，被害。深有文武才，上深悼之。

以儒士滕毅、楊訓文爲起居注。

　　上命毅、訓文集古無道之君行事以進，曰："往古人君所行善惡，可爲龜鑑。吾所以觀此者，欲知喪亂之由，以爲戒耳。"

七月，設太史監，以劉基爲太史令。

元平章余思志以竹山降。

九月，明玉珍遣使來聘。

　　玉珍遣參政江儼來通好，遣都事孫養浩報之。

十月，遣左相國徐達等帥師伐張士誠，克泰州。

　　徐達圍泰州，擊敗士誠湖北援兵。淮安兵來援，常遇春又擊敗之，遂克泰州。海安、通州以次俱下。

閏十月，湯和克永新。

　　初，周安據永新。陳友諒亡，安來附，命仍守永新。及我師討饒鼎臣，安疑復叛，與諸山寨相結，拒命。湯和進兵攻之，克其十七寨，遂圍永新。上遣使招之，安猶豫不决。至是，克其城，執安，送建康，斬之。

十一月，張士誠遣兵攻宜興，徐達擊敗之。

十二月，張士誠遣兵攻吉安，守將費子賢擊却之。

丙午春正月，定按察事宜。

上命按察僉事周禎等條議按察事宜，諭之曰："風憲紀綱之司當存，大體有可言者，勿緘默；不可言者，勿沽名。苟察察爲名，下必不堪，非吾所望也。"

三月，蜀明玉珍卒，子昇嗣。

昇年始十歲，母彭氏同聽政，改元開禧。

克高郵。

先是，徐達援宜興，令馮國勝圍高郵。士誠將俞同僉詐降，約推女墻爲應。國勝信之，夜遣康泰率五千人逾城而入，皆爲所殺。上聞之，怒責國勝。達自宜興還，力攻，拔之。

夏四月，克淮安，遂克興化。

高郵捷至，上命徐達乘勝取淮安。達襲破徐義軍于馬騾港，俘院判錢富等。進薄城下，守將梅思祖籍軍馬、府庫出降。達宿兵城上，民皆安堵。以指揮華雲龍守之。遂取興化，淮地悉平。

我師圍濠州，李濟降。

李濟據濠州，名爲張士誠守，實懷觀望。上命李善長以書招之，曰："順逆者，成敗之勢也；去就者，禍福之機也。審勢察機，惟豪傑能之，若竇融之于漢、李勣之于唐是也。足下若去逆就順，轉禍爲福，舉城來歸，則功不在二子下矣。如遷延疑貳，大軍一下，必有以足下圖富貴者，身爲俘虜，妻子僇辱，甚爲足下憂之。"濟得書，不報。乃命平章韓政將兵伐之。政至濠，雲梯炮石，四面並攻。濟度不能支，乃降。元樞密同知亦以徐、宿二州來降。

上如濠州。

　　上至濠州，省陵墓，欲改葬，恐洩山川靈氣，乃止，但增土培其封。濠州父老經濟等上謁。上與宴，慰之曰："吾去此久，念父老遭罹兵難，未遂生息，吾甚憫焉。故鄉，墳墓所在，豈能忘之？然不得久留此。父老歸，宜教子孫爲善，各厚自愛，以樂高年。"濟等頓首謝，歡醉而罷。

克安豐。

　　徐達圍安豐，分兵扼其四門，晝夜攻之，不下。乃穿龍尾壩，墮其城二十餘丈，遂克之。守將忻都、竹昌、左君弼皆出走。我師追奔四十餘里，獲忻都昌、君弼走汴。晡時，元將竹貞引兵來援，復大敗之。

五月，上還自濠州。

購求遺書。

　　上命有司訪求古今書籍，藏之秘府，以資覽閱。因謂侍臣詹同等曰："三皇五帝之書不盡傳于世，故後世鮮知其行事。漢武購求遺書，六經始出，唐虞三代之治，始可得而見。武帝雄才大略，後世罕及，至表章六經，開闡聖學，大有功于後世。吾每宮中無事，取孔子之言觀之，如'節用愛人，使民以時'，真治國之良規。孔子，誠萬世之師也。"博士許存仁進講《洪範篇》至休徵、咎徵之應，上曰："天道微妙難知，人事感通易見。君能修德，則七政順度，雨暘應期；不能修德，則三辰失行，乖異迭見，其應如響。箕子以是告武王，爲君人者之警戒。然爲臣者，亦宜修省，以輔其君。上下交修，斯爲格天之本。"

　　上御白虎殿，閱《漢書》。侍臣宋濂、孔克仁等在側，上顧謂曰："漢治不及三代，其故何也？"克仁對曰："王霸雜故也。"

帝曰："咎在誰？"克仁曰："責在高祖。"帝曰："高祖遭秦滅之後，干戈甫息，斯民憔悴，禮樂之事固所未講。孝文爲漢令主，正當制禮作樂，以復三代之舊，乃謙讓未遑，遂使漢業不光。夫賢如孝文，而猶不爲，誰當爲者？帝王之道，貴不違時。有其時而不爲，與無其時而爲之者，皆過。三代之主，蓋有其時而能爲，漢文有其時而不爲，周世宗則無其時而爲之者也。"

八月，拓建康城。

建康舊城，西北控大江，東盡白下門，外距鍾山既闊遠，而舊內在城中，因元南臺爲宮，稍湫隘。上乃卜地，作新宮于鍾山之陽。在東白下門外二里許，增築新城，盡鍾山之麓，周迴五十餘里，規制雄壯，山川形勝，包括無遺。

以徐達爲大將軍、常遇春爲副將軍，帥師伐張士誠。

上議伐張士誠。李善長曰："張氏兵力未衰，恐難猝拔，宜俟隙而動。"上曰："今不除，終爲後患。且長、淮東北皆爲我有，以勝師臨之，何憂不拔？"徐達進曰："張氏驕橫暴殄，此天亡之時也。其居中用事者，黃、葉、蔡三參軍，皆白面書生，不知大計。臣奉威德聲罪致討，三吳可計日而定。"上喜，顧達曰："諸人局於所見，獨汝合吾意，事必濟矣。"遂以達爲大將軍，遇春副之，帥師二十萬伐士誠。上集將佐，諭之曰："自大亂以來，豪傑並起，陳友諒、張士誠皆連地千里，擁衆數萬。吾介二人之間，與相抗者十餘年。觀其所爲，豈在救民？不過貪富貴，苟且目前而已。友諒敗滅，士誠恃其強力，數侵我疆場。賴諸將戮力，克取兩淮，惟浙西、姑蘇尚未下。故命卿等討之，宜戒飭士卒，毋擄掠，毋妄殺。聞士誠母葬姑蘇城外，慎毋侵毀其墓。汝等無忘吾言。"諸將再拜受命。將發，上問："用兵孰先？"遇春曰："逐梟者必覆其巢，去鼠者必熏其穴，當直擣姑蘇。姑蘇破，餘郡可不勞而下。"上曰："不然。士誠與張天騏、潘原明相爲手足。士誠窮蹙，天騏輩必併力來援，難以取勝。莫若先攻湖州，翦其羽翼，然後移兵姑蘇，取之必矣。"遇春猶執前議，上作色，曰："攻湖失利，吾自任之。若攻姑蘇失利，不汝貸也。"遇春乃不敢復言。

徐達等大敗張士誠兵于湖州。

達等師至太湖，連敗士誠兵，擒其將尹義、石清。張士信駐軍湖上，望風而遁。至湖州三里橋，張天騏分兵三路以扼我師。常遇春奮前，擊敗之。士誠遣李伯昇來援，由荻港潛入，我軍四面圍之。士誠悉發境内兵，號三十萬，屯于舊館，出我師之背。遇春以奇兵由大全港入，結營于東阡，復出敵背，以絕舊館之援。士誠見事急，親率兵來援。達等與戰于皂林之野，又敗之。

九月，明昇遣使來聘。

冬十一月，克湖州。

士誠遣右丞徐義援舊館，常遇春襲破之，縱火焚其舟，軍資俱燼。舊館兵援絕，多降。達復攻昇山水寨，五太子盛兵來援，戰甚力，遇春稍却。薛顯率舟師直前奮擊，敵大潰。五太子及朱暹、吕珍等以舊館降，得兵六萬人。遇春謂薛顯曰："今日之捷，將軍之力，吾不如也。"五太子者，士誠養子，短小精悍，能平地躍起丈餘。暹、珍亦善戰，士誠倚之。及三人降，士誠奪氣。徐達以吕珍等徇城下，語李伯昇出降。伯昇曰："張太尉待我厚，不忍背之。"抽刀欲自殺，左右抱持，得不死，乃與張天騏以城降。士誠遁去。

朱文忠攻杭州，潘原明降。

先是，徐達圍湖州。上命文忠攻杭州，以牽制士誠。文忠攻破餘杭，進次杭州。潘原明懼，遣方彝詣軍門納款。文忠引入卧內，命條畫入城次第，遣還。原明封府庫，籍兵餉，執蔣英、劉震出降，伏謁道左，以女樂前導。文忠叱去之，宿城上。下令：擅入民居者，斬。一卒借民釜，即戮以徇。城中晏然。未幾，紹興守將李思忠、嘉興守將宋興各以城降。

我師圍蘇州。

徐達既下湖州，直抵姑蘇，四面築長圍，架木塔，與城中浮屠等。築臺三層，下瞰城中，設襄陽礮其上，礮所著，人皆死。城中大震。無錫莫天祐與士誠為聲援，其部將楊茂善沒水，天祐潛遣為偵，邏卒獲之。達釋其縛，待以腹心，令茂出入往來，因得其書，由是盡知城中虛實。

十二月，以朱文忠為浙江等處行中書省平章政事，復姓李氏。

文忠，上甥也，自幼育之，賜以姓。至是，命復李姓。

建廟社，立宮闕。

上命有司建圜丘于鍾山之陽，祀上帝；方澤於鍾山之陰，祀地祇；及建廟社，立宮闕。主者以宮室圖進，上見有雕琢奇麗者，即去之。謂中書省臣曰："宮室取完固而已，何必雕琢？昔帝堯茅茨土階，可謂極陋。然千古稱盛德者，必以堯為首。後世競為奢侈，極宮室、苑囿之娛，窮輿馬、珠玉之玩，欲心一縱，亂由是起。吾謂珠玉非寶，節儉為寶。諸所締搆，一以朴素，不必極雕琢，殫民力也。"

禁箋文頌美之辭。

上謂中書省臣曰："古人頌祝其君，皆寓警戒之意。邇來箋文，頌美過多，規戒未見，殊非古君臣相戒之道。今後勿以虛詞為美。"

我師圍沅州，故陳友諒守將李興祖出降。

韓林兒卒。

　　先是，林兒爲張士誠所逼，上迎之金陵，欲奉爲主，劉基不可，乃止。居邸舍三年。至是，遷之楊州，至瓜步，覆舟而死。

丁未，吳元年。

二月，元兵侵徐州，指揮傅友德擊敗之。

　　擴廓帖木兒遣其將李二侵徐州，兵駐陵子村。參政熊聚令友德御之。友德率兵三千，泝舟至呂梁，伺其出掠，即舍舟登陸擊之。李二遣禆將韓一迎戰，友德奮槊刺一，墜馬，餘衆敗走。友德度二必益兵來鬪，趨還，陣城外，令士皆卧鎗以待，聞鼓聲即起。有頃，二果率衆至，友德命鳴鼓，我師奮起衝其前鋒，敵大潰，多溺死，遂擒二。

三月，定文、武科取士。

　　先是，令有司每歲舉賢才及武勇、謀略通曉之士。至是，復下令曰："帝王創業之際，用武以安天下，至于經綸撫治，則在文臣，二者不可偏用也。茲上稽古制，設文、武二科，廣求天下之賢。應文舉者，察之言行，以觀其德；考之經術，以觀其業；策以時務，以觀其政事。應武舉者，先謀略，次武藝。俱求實效，不尚虛文。有司預爲勸諭民間秀士及智勇之人，及時勉學，俟開舉之歲，充貢京師。其科目等第，各出身有差。"

命國史直書。

　　上諭起居注詹同等曰："昔唐太宗觀史，命直書建成之事，是欲以公天下也。予平日言行，是非善惡皆不可隱，當明白直書，庶後世觀之，不失其實。"

夏五月，置翰林院。

六月，免徐宿、濠、泗等郡稅糧三年。

九月，命朱亮祖帥師討方國珍。

方國珍既入貢，復陰通擴廓，交陳友定。王師討姑蘇，國珍擁兵觀望。上以國珍反覆，貽書數其十二罪，不報，乃命亮祖討之。

太廟成。

四祖各爲一廟，德祖居中，懿祖居左，熙祖居右，仁祖居懿祖之左。

我師克姑蘇，執張士誠以歸。

徐達圍姑蘇，久不下。上貽書士誠，招之，不報。士誠欲背城一戰，覘城左方陣嚴，不敢犯。轉至閶門，奔常遇春營，戰良久，不決。士誠益兵助之，鬭甚力。遇春撫王弼背，曰：“軍中號爾爲猛將，能爲我取此乎？”弼揮雙刀，馳入其陣，敵衆却，遇春乘之。士誠大敗，馬逸墮水，幾被獲，肩輿入城，計無所出。李伯昇遣客説之，使降。士誠猶豫不決，復率兵突出胥門，遇春御之，兵稍却。士信忽于城上大呼，曰：“士疲矣。且休。”遽鳴金收軍。遇春因乘勢奮擊，大破之。諸將攻城益急，士信中飛礮死。熊天瑞教敵作嚴礮，擊我師，亦多中傷。城中木石俱盡，拆祠宇、民居爲礮具。徐達令軍中架若木屋，伏承以竹笆，伏軍其下，載以攻城，矢石不得傷，遂破葑門。常遇春亦破閶門。士誠將唐傑、周仁、徐義、潘元紹等皆投兵降。士誠猶收餘兵巷戰，復敗，倉惶歸，距户自經，不死，被執。

初，士誠將敗，謂其妻劉氏曰：“我敗且死，若何爲？”氏曰：“君勿憂，妾必不負君。”乃積薪齊雲樓下。及城破，驅群妾登樓，趣使自盡，令養子縱火焚之，氏自縊。達令潘元紹勸諭士誠，反覆數四，士誠瞑目不言。乃昇至舟中，并所部官校及流寓二十餘萬，皆送建康。士誠至，上欲全之，使李善長諭意，士誠出言不遜，竟自縊死。磔叛將熊天瑞于市。

克通州。

莫天祐以無錫降。

姑蘇捷至，上即命胡廷瑞帥師取無錫，天祐窘促，出降。

克台州。

朱亮祖師至台州，方國瑛拒戰，大敗，乃以巨艦載妻子走黃巖，遂拔其城。

新宮成。

正殿曰奉天殿，其後曰華蓋，又後曰謹身。殿左右文、武二樓。宮曰乾清，曰乾寧，六宮以次而列。周以皇城，城門南曰午門，東曰東華，西曰西華，北曰玄武，制皆樸素，不爲雕飾。命博士熊鼎類古人行事可爲鑒戒者，書于壁。又命侍臣書《大學衍義》于兩廡，上曰："前代宮室，多施繪畫。予書此，以備朝夕觀覽。豈不愈于丹青乎？"有言瑞州出文石，可甃地者，上曰："爾不能以節儉之道事予，乃導以侈麗乎？遠取文石，能不厲民？"言者慚而退。

十月，克黃巖。

置御史臺，以湯和、鄧愈爲左、右御史大夫，劉基、章溢爲御史中丞。

上諭之曰："國家新立，惟三大府總天下之政。中書政本，都督府掌軍旅，御史臺司糾察，朝廷紀綱盡繫于此。而臺、察之任，實爲清要，當正己以率下，忠勤以事上。毋委靡以縱奸，毋挾私以害人。詩云：'剛亦不吐，柔亦不茹。'大臣之體也，卿等勉之。"

置大理寺。

定律令。

上以唐、宋斷獄皆有成律，惟元不倣古制，取一時行事爲條格,胥吏易爲奸弊。乃命李善長、劉基、陶安等詳定律令,諭之曰:"立法貴簡明,使人易曉。若條緒繁多,或一事而兩端、可輕可重,奸貪之吏得夤緣爲奸,非良法也。夫網密則水無巨魚,法密則國無全民。宜盡心參究,吾與卿等而議斟酌之,庶可爲久遠之法。"

以湯和爲征南將軍,帥師討方國珍。

以徐達爲征虜大將軍,常遇春爲征虜副將軍,帥師北伐。

上將命諸將北伐,謂徐達等曰:"自元失其政,兵戈四興,生民塗炭。予與諸公,仗義而起,率衆渡江,與群雄相角,遂平陳友諒,滅張士誠。尚念中原擾攘,人民離散,今欲命諸公北伐,計將安出?"遇春對曰:"今南方已定,兵力有餘,直擣元都。以我百戰之師,敵彼久逸之卒,可不勞而下也。都城既克,乘勝長驅,勢若破竹矣。"上曰:"元建都百年,城守必固。若懸師深入,頓于堅城之下,饋餉不繼,援兵四集,此敗道也。莫若先取山東,撤其屏蔽,還收河南,西拔潼關,天下形勢入我掌握。然後進兵元都,彼勢孤援絕,不戰可克。既克都城,鼓行而西,秦晉可席卷而下。"諸將皆曰:"善。"于是,命達爲征虜大將軍,遇春副之,率甲士二十五萬,由淮入河,北取中原。復召諸將,諭之曰:"征伐,所以奉行天討,平禍亂安生民,故命將出師,必在得人。今諸將非不健鬭,然能持重,師有紀律,戰勝攻取,得爲將之體者,莫如大將軍達;當百萬之衆,勇敢先登,摧鋒陷陣,所向無前,莫如副將軍遇春。然吾不患遇春不能戰,但患其輕敵耳。切宜戒之。"臨發,復諭將士曰:"此行,非必略地攻城而已,要在削平禍亂,以安生民。所經之處,及城下之日,勿妄殺人,勿奪民財、毀民居、掠人子女,此陰騭事,好共爲之。"因檄諭中原之民曰："自古帝王臨御天下，中國居內，以制夷狄；夷狄居外，以奉中國。未聞以夷狄居中國治天下者也。自宋祚傾移，元以北狄入主中國，四海內外，罔不臣服，此豈人力？實乃天授。然達人志士，有冠履倒置之羞。及其後嗣荒淫，宰相專權，有司毒虐，于是人心離叛，天下兵起，使我中國之民，死者肝腦塗地，生者骨肉不相保，此天厭其德而棄之之時也。古云：'胡虜無百年之運。'驗之今日，信乎不謬。予本淮右布衣，因天下亂爲衆所推，率師渡江，居金陵形勝之地，十有三年。西抵巴蜀，東連滄海，南控閩越，湖湘、漢沔、兩淮、徐邳皆入版圖。視我中原之民久無所主，深用疚心，方欲遣兵，北逐群虜，拯生民之塗炭，復漢官之威儀。民人未知，反爲我讐，挈家北走，陷溺尤深。故先諭告：兵至，民人勿避，予號令嚴肅，無秋毫之犯，歸我者永安于中華，背我者自竄于塞外，蓋我中國之民，天必命中國之人以安之，夷狄何得而治哉？爾民其體之。"

以胡廷瑞爲征南將軍，何文輝爲副將軍，率師取福建。

命湖廣平章楊璟率師取廣西。

十一月，徐達克沂州。

初，元興化人王宣爲司農掾，會河決，元以宣爲淮南北元帥府都事，募丁夫治河。功成，命爲招討使，宣與子信乘亂遂據沂州。徐達師至淮，宣遣人約降，陰持兩端，使信潛出，募兵爲備御計。上遣徐唐臣招之，宣以兵劫唐臣，欲殺之，衆亂，唐臣得脫。達怒，遂進兵，急攻其城。宣待信援不至，乃降。於是，嶧、莒、海三州，及沭陽、日照、贛榆諸縣皆相繼降。達以宣反覆，斬之。

朱亮祖克溫州。

湯和克慶元。

和兵次餘姚，降知州李樞及上虞尹沈煜。遂進兵慶元城下，府判徐善等率耆老出降。方國珍驅部下乘海走，和追之，國珍逆戰，大敗，遁入海。和徇下定海、慈溪等縣。

方國珍來降。

國珍見勢窘促，遣其子明完奉表乞降，上許之。國珍乃與弟國瑛等率所部詣湯和降。和送國珍至建康。上赦其罪，以爲廣西行省左丞，居京師。

圜丘成。

上問起居注熊鼎曰："此與古制合否？"對曰："小異。"上曰："古人郊，掃地而祭，器用匏陶，以示儉朴。周有明堂，其禮始備。予創立斯壇，雖不盡合古制，但一念事天之誠，不敢頃刻怠耳。"

頒《戊申大統曆》。

劉基、高翼所定也。本元郭守敬之法，稍增減之，至是成，命頒行之。

徐達克益都。

徐達兵略滕州，守將楊瓊遁去。進至益都，元平章老保等城守，不下。達曰："彼所恃者，河上援兵耳。吾已分兵扼黃河，斷其右臂，彼尚爲釜魚之計耶？"督兵急攻，拔之。執老保與白知院等，平章普顏不花不屈死。遂徇下壽光、臨淄、昌樂、高苑等縣，及濰、膠、博、興等州，令指揮葉國珍守之。

十二月，律令成。

凡爲令一百四十五條。律准唐舊而增損之，計二百八十五條。

汪興祖克東平。

　　興祖師至東平，元平章馬德棄城遁。至東阿，元參政陳壁以所部五萬人降。

封孔希學爲衍聖公。

　　希學，孔子五十六世孫也。聞大軍至，率曲阜縣尹孔希舉等，迎見汪興祖於軍門，興祖禮之。上以希學襲封衍聖公。

徐達下濟南。

　　達軍至濟南，元平章達朵兒只進巴等以城降。

胡廷瑞克邵武。

汪興祖克濟寧。

胡廷瑞克建陽。

命征南將軍湯和、副將軍廖永忠帥舟師自海道取福州。

廣信衛指揮沐英克崇安。

傅友德取萊陽。

湯和克福州。

　　陳友定聞我師入杉關，留同僉賴正孫守福州，自率精銳據延平以待。湯和率舟師自明州徑抵福州城下。平章曲出拒戰，指揮謝得成擊敗之，衆潰入城。參政袁仁遣人納款，我師蟻附登城，遂克之。正孫、曲出皆懷印綬，挈妻子，遁去。參政尹克仁赴水死。僉樞柏鐵木兒聞大將軍攻城急，曰：「戰守非我得爲，無以報國。」乃積薪樓下，殺其妻妾及兩女，縱火焚之，遂自刭。湯和入省署，撫輯軍民，分兵徇未下諸郡。

校勘記

〔一〕"潁"，原訛作"穎"。以下徑改，不再一一出校。

〔二〕"掾",原訛作"椽"。以下徑改,不再一一出校。

〔三〕"葉儀",底本作"禁儀",據《明史》卷一百四十《王宗顯傳》、卷二百八十二《范祖幹傳》,(清)谷應泰《明史紀事本末》卷二,當作"葉儀"。

〔四〕"赤幟",底本無。據《大明太祖高皇帝實錄》卷之八、(清)谷應泰《明史紀事本末》卷二、(清)徐乾學《資治通鑑後編》卷一百七十九,當有"赤幟"二字。

〔五〕"同",底本無。據《明史》卷一《太祖本紀》、卷二百八十九《孫炎傳》,(清)徐乾學《資治通鑑後編》卷一百八十,(清)谷應泰《明史紀事本末》卷二,當作"王道同"。

〔六〕"利",當作"荆"。

〔七〕"宋貴",底本作"朱貴",據《明史》卷一百三十三《趙德勝傳》、(清)谷應泰《明史紀事本末》卷三、(清)徐乾學《資治通鑑後編》卷一百八十二,當作"宋貴"。

國史紀聞卷二

戊申，洪武元年春正月乙亥，太祖高皇帝即皇帝位。

　　先是，李善長等屢表勸進，上未之許。至是，善長等復請曰："主上起濠梁，不階尺土，遂成大業。四方群雄芟除殆盡，遠近莫不歸心，天命所在，願早正位號，以慰民望。"上曰："自古帝王天命已歸，猶且謙讓未遑，以俟有德。吾嘗笑陳友諒，初得一隅，妄自稱尊，志驕氣盈，卒至覆滅。豈得自蹈之？"善長等請益力。上曰："中原未平，軍旅未息，吾意天下太定，然後議此。而卿等屢請不已，此大事，當斟酌禮儀而行。"翼日，善長率群臣以即位禮儀進。上允之，遂于是月乙亥，祀天地于南郊，即帝位，建國號曰大明，建元洪武。

追尊四代祖考。

　　尊皇高祖考曰玄皇帝，廟號德祖，妣曰玄皇后。皇曾祖考曰恒皇帝，廟號懿祖，妣曰恒皇后。皇祖考曰祐皇帝，廟號熙祖，妣曰祐皇后。皇考曰淳皇帝，廟號仁祖，皇妣陳氏曰淳皇后。

立妃馬氏爲皇后，世子標爲皇太子。

製太廟祭器。

　　上曰："今之不可爲古，猶古之不可爲今，禮順人情，可以義起。近世泥古，好用籩豆之屬以祭其先，生既不用，死而用之，似亦無謂。孔子曰：'事死如事生，事亡如事存。'其製廟器，皆如事生之儀。"于是，盤盂壺盞之類皆用時器。

宴群臣于奉天殿。

　　宴罷，諭群臣曰："朕以布衣，賴諸將輔佐，尊居天位。念天下之廣，生民之衆，萬幾方殷，朕中夜寢不安枕，憂懸于心。"

劉基對曰："往者，四方未定，勞煩聖慮。今四海一家，宜少紓其憂。"上曰："堯舜處無爲之世，尚猶憂之，矧天下方脫創殘，其得無憂乎？"又曰："忠臣愛君，有過必諫。比來朕每發言，百官但唯諾而已，雖有不善，無由得聞。自今宜盡忠讜，以匡朕不逮。"

興化州民李子成率衆降。

元守將葉萬戶聞福州不守，遁去，子成等詣湯和納款。和遣都指揮俞良輔守之。于是，莆田等十二縣皆來附。

居新宮。

以李善長、徐達爲左右丞相，章溢、劉基爲中丞。

以廷臣兼東宮官。

時，中書省議倣元制設中書令，以太子爲之。上曰："元胡人事不師古，豈可取法？且太子年未長，學未充，更事未多，宜尊禮師傅，講習經史，博古通今，識達機宜。他日軍國重務，皆令啓聞。何必作中書令乎？"禮部尚書陶凱請選東宮官屬，上曰："朕嘗見廷臣與東宮官屬有不相能，遂生嫌隙，離間骨肉。若江充事，可爲明鑒。今令臺省等官兼東宮官贊輔之，父子一體，君臣一心，庶無相搆之患。"乃以善長等皆兼東宮官。未幾，復選國子生周琦等十人，侍太子講讀。

定中書省官制。

初，設左右相國，今改左右丞相各一人，左右丞各一人，參知政事二人；其屬左右司郎中各一人，員外郎各一人，都事各一人，中書舍人二十餘人。

戒諭群臣。

帝諭省府諸大臣曰："古之君臣，居安不忘警戒，兢兢業業，日慎一日，故能始終相保。至承平之後，舊臣多獲罪者，由事主之心日驕，富貴之志日侈，以至于敗耳。宜慎之。"

上御東閣，與陶安等論前代興亡事，曰："喪亂之源，由于驕侈。大抵居高者易驕，處侈者易侈。驕則善言不入而過不聞，侈則善道不立而行不顧。如此者，未有不亡。"

上朝罷，從容謂劉基、章溢曰："朕思戰陣之際橫罹鋒鏑者，多常惻然于懷。今民脱喪亂，猶出膏火之中，當寬恤以惠養之。"基對曰："自元氏法度縱弛，上下相蒙，遂至于亂。今當維新之治，非振以法不可。"上曰："不然。夫亂民思治，猶饑渴之望飲食。體養生息，猶恐未蘇。若更敺以法，譬以鴆療疾，將欲救之，乃反害之。"溢頓首曰："陛下深知民隱，天下蒼生之福也。"

上謂宰臣曰："朕每燕居，思天下之事，未嘗一刻自安。蓋治天下，猶治絲，一絲不理，則眾緒棼亂。故凡事必精思而後行，惟恐不當，致生奸弊，以殃吾民。至于刑法，尤所關心，然此非一人所能獨理。卿等皆須究心，庶人無冤抑，刑獄清省。漢宣帝言：'獄者，所以禁暴止奸，養育群生。'甚得用法之意，宜體之，毋忽也。"

上與陶安論學術邪正，曰："邪説害道，猶美色眩目，鮮不爲惑，自非豪傑不能決去之。夫邪説不去，則正道不行，天下安得而治？"安曰："陛下所言，深探其本。"

天下官來朝。

來朝官陛辭，上諭之曰："天下初定，百姓財力俱瘅，要在休養生息之而已。惟廉者能約己而利人，貪者必朘人而厚己。爾等當深戒之。"

遣周鑄等覈浙西田。

上慮兵革之餘，版籍多亡，田賦不無增損，征斂失中，乃使周鑄等一百六十餘行郡縣，覈實田畝，定其賦稅。諭之曰："爾經理第以實聞，無踵襲前弊，妄有增損，以病吾民。否則，國有常憲。"各賜衣冠，遣之。

胡廷美克建寧。

廷美師至建寧，元參政陳子琦爲守將，達里麻畫策固守，以老我師。廷美等數挑戰，不出，督兵急攻之。達里麻不能支，夜潛至副將軍何文輝營納款。廷美怒不詣己，欲屠其城。文輝止曰："吾與公受命至此，爲安百姓耳。以私忿殺人，可乎？"廷美止。乃整軍入，申嚴號令，秋毫無犯。執子琦，送京師。以指揮費子賢守之。廷美即廷瑞，以避御字改名。

湯和克延平，執元守將陳友定。

先是，上遣使招友定。友定大會諸將，殺使者，誓衆死守。湯和軍至，友定欲持久，以困我師。部將劉守仁請戰，不許，數請，友定疑守仁有二心，收其兵。守仁懼禍，來奔，士卒多逾城降。友定見勢急，乃與副樞謝英輔訣曰："大事已去，吾無以報國，惟有死耳。"乃仰藥飲之。英輔自縊死。賴正孫等開門納我師。友定氣未絕，械送京師。上詰責之，曰："元綱不振，海内土崩，豈人力所能爲？爾負固逆命，殺吾使者，意欲何爲？"對曰："事敗身亡，惟有一死，尚何言？"遂斬之。

彗星見於茆畢。

二月朔，定郊社宗廟。

上諭禮官曰："自昔聖帝明王，莫嚴于祭祀。朕誕膺天命，首崇祀事，顧草創之初，典禮未備，何以交神明、致靈貺？其酌古今之宜，定議以聞。"于是，李善長等奏："有國大祀，曰圜丘、方丘、宗廟、社稷。"各具沿革以進。

圜丘説曰：天子之禮，莫大于祀天，故有虞、夏、商皆郊天配祖，其來尚矣。《周官·大司樂》：「冬至，祀天于地之圜丘。」《大宗伯》：「以禋祀祀昊天上帝。」《孝經》曰：「郊祀后稷以配天；宗祀文王于明堂，以配上帝。」皆所以重報本反始之義，見于遺經者可考也。秦仍西戎之俗，立四時以祀白、青、黄、赤四帝。漢高因之，又增北畤，兼祀黑帝。至武帝，有雍五畤之祠，又有渭陽五帝之祠、甘泉太乙之祠，而昊天上帝之祠則未嘗舉行。元帝祀〔一〕，合祭天地。光武，祀太乙，遵元始之制，而先王之禮變易盡矣。魏晉以來，郊丘之說互有異同。宗鄭玄者，以爲天有六名，歲凡九祭。六天者，北辰曜魄寶、蒼帝威靈仰、赤帝赤熛怒、黄帝含樞紐、白帝白招拒、黑帝協光祀是也〔二〕。九祭者，冬至，祭昊天上帝于圜丘；立春、立夏、季夏、立秋、立冬，祭五帝于四郊；王者各禀五帝之精而主天下，謂之「感生帝」，于夏正之月，祭于南郊；四月，龍見而雩，總祭五帝于南郊；季秋，大享于明堂是也。宗王肅者，則以天體惟一，安得有六？一歲二祭，安得有九？大抵多參二家之說行之。至唐武德、貞觀間，用六天之義。永徽中，從長孫無忌等議，廢鄭玄説，用王肅説。乾封中，復從鄭玄議。宋乾德元年，冬至，合祭天地于圜丘。元豐中，罷合祭。紹聖、政和間，或分或合。南渡以後，惟用合祭之禮。元初，用其國俗，拜天于日月山。大德六年，建壇，合祭天地、五方帝；九年，始立南郊，專祀昊天上帝。泰定中，又合祭。然皆不親郊。文宗至順以後，親郊者凡四，惟祀昊天上帝。今當遵古制，分祭天、地于南郊。冬至，則祭昊天上帝于圜丘，以大明、夜明、星〔三〕、太歲從祀。

方丘説曰：按三代祭地之禮見于經傳者，夏以五月，商以六月，周以夏至。蓋王者事天明，事地察，故冬至報天，夏至報地，所以順陰陽之義也。祭天于南郊之圜丘，祭地于北郊之方澤，所以順陰陽之位也。然《禮》曰：享帝于郊，祀社于國。

又曰：郊所以明天道，社所以明地道。又曰：郊社，所以祀上帝。又曰：明郊社之禮。或以社對帝，則祭祀所乃所以親地也〔四〕。《書》曰敢昭告于皇天后土，《左氏》曰戴皇天履后土，則古者亦命帝祇爲后土矣，曰地祇、曰后土、曰社，皆祭地也。自鄭玄惑于緯書，而謂夏至于方丘之中〔五〕，祭昆侖之祇；七月，于泰坼之壇，祭神州之祇。析而二之，後世宗焉，一歲二祭。漢武用祠官寬舒義，立后土祠於汾陰，禮如祀天。而後世又宗之於北郊之外，仍祠后土。元始間，王莽奏罷甘泉泰畤，復長安南北郊，以正月上辛若丁，天子親合祀天地於南郊，而後世又因之多合祭焉。蓋由漢歷唐千餘年間，祀北郊者，惟魏文帝之太和、周武帝之建德、隋高祖之開皇、唐玄宗之開元四祭而已。宋元豐中，議專祭北郊，故正和中，專祭者凡四。元皇慶間，議夏至專祭地，未及施行。今當以經爲正，夏至日祭方丘，以五嶽、五鎮、四海、四瀆從祀。

　　宗廟說曰：《傳》云：萬物本乎天，人本乎祖。故爲之宗廟，以享祖考，而致報本之意也。德有厚薄，故制有隆殺。自天子至官師，其制不同。周制天子七廟，而《尚書·伊尹》曰"七世之廟，可以觀德"，則知天子七廟，自古有之，不獨周爲然也。太祖百世不遷，三昭三穆，以世次比，至親盡而遷焉，此有天下之常禮也。周穆王時文王親盡當祧，共王時武王親盡當祧，以其有功當宗，故皆別立一廟，而謂之"世室"，亦皆百世不遷。漢高承秦之弊，未嘗立七廟。至太上皇崩，始詔郡國立廟，而皇祖以上無聞焉。惠帝詔有司立原廟，又以沛宮爲高祖廟，又以陵傍立寢園廟。自後每帝輒立一廟，不序昭穆。景帝尊高帝爲太祖，文帝爲太宗，宣帝又尊武帝爲世宗，皆世世不毁。至元帝，始罷郡國廟及寢園廟。光武于洛陽立高廟，祀高祖，及文、武、宣、元五帝，天子親奉祀。于長安故高廟祀成、哀、平三帝，京兆尹侍祀，又別立四親廟于南陽春陵，祀父南頓君、祖鉅鹿都尉、曾祖鬱林太守、高祖春陵節侯，皆歲時郡縣侍祀。至明帝，遺詔藏主于光烈皇后更衣別室，後帝相承，皆藏主于世祖文廟。由是，同堂異室之制至于元，莫之能改。唐高祖追尊高曾祖考，立四廟于長安。太宗議立七廟，虛太祖之室。玄宗創制，立九室，祀八世。文宗開成中，禮官以景帝受封于唐高祖，太宗創業受命，有功之主，百代不遷。親盡之主，禮合祧遷，至禘祫，則合食如常。其後，以敬、文、武三宗爲一代，故終唐之世，常爲九世十一室。宋太祖追尊僖、順、翼、宣四祖，每遇禘，則以昭穆相對，而虛東向之位。神宗熙寧中，奉僖祖爲太廟始祖。至徽宗時，增太廟爲十室，而不祧者五宗。崇寧中，主王肅説，謂二祧在七世之外，乃建九廟。至寧宗時，始別建四祖殿，而正太祖東向之位。元世祖初建宗廟，以太祖居中，爲不遷之祖。至泰定中，爲七世十室。今擬四代各爲一廟，廟皆南向，以四時孟月及歲除，則合祭于高廟。

社稷説曰：周制，少宗伯掌建國之神位，右社稷，左宗廟。社稷之祀，壇而不屋，必受霜露風雨以達天地之氣。凡起大事、動大衆，必先告于社而後出，其禮可謂重矣。蓋古天子，社以祭五土之祇，稷以祭五穀之神，其制在中門之外、朝門之内，尊而親之，與先祖等，人非土不立、非穀不食，以其同功均利以養人，故祭社必及稷，所以爲天下祈福報功也。然天子有三社，爲〔六〕群姓而立者曰"大社"，其自爲立者曰"王社"，又有所謂"勝國之社"，屋之不受天陽，國雖亡而存之以重神也。後世天子之禮，惟立大社、大稷以祀之，社皆配以勾龍，稷皆配以周棄。漢立官，大社、大稷一歲各再祀。光武立大社稷於洛陽，在宗廟之右，春、秋二仲月及臘，一歲三祀。唐因隋制，並建社稷于含光門之右，仲春、仲秋二時戊日祭之。玄宗升社稷爲大祀，仍以四時致祭。宋制，每歲以春、秋二仲月及臘日祭之。元世祖營社稷于和義門内少南，以春、秋二仲月上戊日致祭。今宜祀以春、秋二仲月上戊日。

上皆從之。

元漳州總制陳馬兒以城降。

湯和傳檄至漳州。元達魯花赤迭理迷實北面再拜，自刎死。總制陳馬兒以城降。

以廖永忠爲征南將軍，朱亮祖副之，帥師取廣東。

元汀州守將陳國珍來降。

祀孔子以太牢。

以太牢祀孔子于國學，仍遣使詣曲阜致祭。

禁胡服、胡語。

常遇春克東昌。

楊璟克寶慶。

定役法。

上恐經營興作，役及貧民。中書省議：田一頃出夫一人；不及頃者，以别田足之。應天十八州郡、及江西饒、江、康三府，計田三十五萬七千二百六十九頃，出夫如田之數。遇有興作，于農隙徵發。上曰："民力有限，徭役無窮，當節其力，無重困之。凡有興作不獲已者，暫借其力；其不急之役，悉罷。"

定祭禮冕服。

陶安等奏：古者天子祭天地、宗廟、社稷諸神，有五冕。上曰："五冕太繁。今祭天地、宗廟則服衮冕，社稷等祀則服通天冠、絳紗袍，餘不用。"

命臺臣直言。

上諭侍御史文原吉等曰："比來臺臣久無諫諍，豈朝廷庶務盡善？抑朕不能聽受，故爾嘿嘿乎？夫君有過舉，而臣不言，是臣負君；臣能直言，而君不納，是君負臣。朕嘗思，一介之士，于萬乘之尊，其勢懸絕，臨對之際，或畏怯不能盡其詞，或倉卒不能盡其意，故常霽色納之，惟恐其不盡言也。至于言無實者，亦略而不究。爾等以言爲職，當使忠言日聞，以匡朕闕失。"原吉對曰："陛下此心，即大禹拜善言、成湯不吝改過之心也。無實者不究，尤見天地之量。"上曰："有其實而人言之，則當益勉于善；無其實而人言之，則當益戒于不善。何庸究？"

三月，命修《女戒》。

上謂學士朱昇等曰："治天下者，修身爲本，正家爲先。正家之道，始于謹夫婦。后妃雖母儀天下，然不可使預政事。至嬪嬙之屬，不過備職事，侍巾櫛。若寵之太過，則驕恣犯分，上下失序。觀歷代宮闈，政由内出，鮮有不亂者。夫内嬖惑人，甚于鴆毒，惟明主能察之。卿等纂修《女戒》，爲後世法。"

克全州。

元左丞何真以廣東來降。

真，東莞人。少英偉，好書劍，仕爲河源務副使。嶺海騷動，棄官，歸鄉里，集衆自保。邑人王成、陳仲玉搆亂，真請于行省，舉義兵除之，擒仲玉。成築砦自守，圍之，久不下。真募人能縛成者，予鈔十千。成奴縛成以獻，真笑謂成曰："公奈何養虎爲害？"成慚謝。奴求賞，真如數與之。使人具湯鑊，駕車上。成懼，爲將烹己也。真乃縛奴于上，促烹之，使數人鳴鼓推車，號于衆曰："四境有如奴縛主者，視此。"于是，人服其賞罰有章，競歸之。遂併有循、惠二州，嶺表民賴以安。元授以江西分省左丞，或勸爲尉陀計者，輒斥絕之。永忠等師至潮州，真遣其都事劉克佐上其印章，併籍所部郡縣戶口、兵糧，奉表歸附。

蘄州進竹簟，却之。

上謂省臣曰："古者方物之貢，惟服食器用，無耳目之翫。竹簟，固爲用物。但未命而獻，若受之，天下聞風爭進奇巧，勞民傷財，自此始矣。"却之。仍令四方非朝廷所需，毋得妄進。

廖永忠擊破邵宗愚，斬之，廣州平。

陸仲亨略定英德、清遠、連州、肇慶等郡縣，進攻德慶，守將張鵬程棄城遁。仲亨遂引兵與永忠會，至廣州元將盧左丞降，得海舟五百艘、甲士三千人。邵宗愚據三山寨，遣使約降，實覘兵勢。永忠謂之曰："欲降，即來，毋虛言以相款也。"宗愚竟遷延不至。永忠乃乘夜率兵，直抵其寨。詰旦，破之，擒宗愚及其徒，皆戮于市。新會土豪黃彬、何源、曹文昌等聚衆作亂，復捕斬之。廣州遂平。進兵，取廣西。

楊璟攻武岡州，元守將曾權以城降。

鄧愈取南陽。

徐達略汴梁，左君弼以城降。

先是，君弼自杭州走安豐。安豐破，復走汴，守將李克彝使守陳州。上以書招之，君弼猶豫不決。上歸其母于陳州，始感激，欲來附。及徐達師至陳橋，李克彝授以兵，使拒達。君弼曰："南軍鋒不可當，況徐相國善用兵，所向克捷，君弼安敢受命？"克彝計無所出，乃夜驅軍民，奔河南。君弼與竹昌等率所部降。上命都督僉事陳德守之。達等進取河南。

彗出昴北。

編《存心錄》。

上以祭祀國家大事，儆戒或怠，則無以交神明，乃命禮官及諸儒臣編集郊祀、宗廟、山川等儀及歷代帝王祭祀、感應、祥異可爲鑒戒者，爲書以進。

夏四月，命繪古孝行及身所歷艱難戰伐圖。

上曰："富貴易驕，艱難易忽，久遠易忘。後世子孫，生長深宮，惟見富貴，習于奢侈，不知祖宗積累之難。故繪此示之，使朝夕覽觀，庶有所警。"

徐達克河南，遂取嵩州。

達師自虎牢入，元將脫因帖木兒以兵五萬逆戰，陣洛水北。常遇春單騎突入其陣，敵二十騎攢槊刺之，遇春一笑，殪其前鋒，敵兵奪氣。達揮衆乘之，俘斬無算。脫因帖木兒將散卒，走陝州。元梁王阿魯溫以城降，達使左丞趙庸守之。遇春下嵩州，鈞、許、鞏、陝〔七〕，次第皆附。

禁宦官預政典兵。

上謂侍臣曰："吾觀史傳，漢唐末季，皆爲宦官敗蠱，不可救拯，未嘗不爲惋嘆。此輩止可使供灑掃、給使□而已〔八〕，豈宜預政典兵？漢唐之禍，亦人主寵愛使然。向使不得典兵預政，雖欲爲亂，其可得乎？"

楊璟克永州。

璟圍永州，元右丞鄧祖勝固守，不下。璟環城築壘，示以必克。祖勝食盡力窮，仰藥死，參政張子賢等猶率衆拒守。璟急攻之，城破。子賢巷戰，衆潰，與元帥鄧思誠等皆被執。于是，耒陽等州皆遣人降。

馮宗異取陝州。

上如汴梁。

時，言者皆謂宜都中土，汴梁，宋故都，勸上往觀其形勝，且會大將軍，謀取元都。車駕遂發京師。

馮宗異入潼關，徐達遣僉事郭興守之。宗異還軍河南。

宗異進兵，攻潼關，李思齊、張良弼遁，其部將張德、欽穆拒戰。宗異先登，擊敗之，遂入關。引兵西至華州，守將望風奔潰。宗異請于達曰："潼關，三秦門戶，當益兵戍守。"達遣郭興與指揮于光、金興旺守之。宗異還軍河南。

廖永忠等克梧、藤。

永忠、朱亮祖兵至梧州，元達魯花赤拜住率父老迎降。時，元吏部尚書普顏帖木兒、張翔方駐藤州，伺永忠兵至，募兵欲迎戰，無應之者。既聞守將吳鏞出降，乃率所部百餘人走鬱林。亮祖勒兵追之，普顏帖木兒戰死，張翔赴水死。于是，潯、容、貴、橫、鬱林等州郡以次皆降。

上至汴梁。

徐達、常遇春、馮宗異至行在，謁見。上慰勞之，因問取元都計，達曰："臣平齊魯，下河洛。王保保逡巡太原，擁兵觀望。今入潼關，良弼、思齊失志西竄。元之聲援已絕，乘勢搏其孤城，克之必矣。"上據圖指示曰："卿言固是。然北土平曠，利于騎戰，不可無備。宜選偏裨提精兵為前鋒，將軍督水陸之師繼其後，下山東之粟以給饋餉，轉臨清而北，直擣元都。彼外援不及，內自驚潰，可不戰而下。"達頓首受命。

元海南、海北道元帥羅福等遣使來降。

楊璟克靖江。

璟、朱亮祖與周德興、張彬合兵攻靖江，元平章也而吉尼堅守，不下。璟曰："彼所恃者，濠水耳。"乃攻殺其守堤卒，潰堤，濠水涸，因築壘逼之。相持凡兩閱月，攻圍益力。也而吉尼勢窮蹙，其部將張榮夜遣麾下裴觀見璟，備言城中食竭，人無鬭志,約爲內應。璟慰而遣之。至期,璟率衆登城。也而吉尼聞變,倉卒走,追于東門,執之。其都事趙元龍等七人皆自殺。張彬始攻城,爲守者所詬,恚曰:"城破之日,悉屠之。"比克城,璟恐彬縱殺,令曰:"殺人、傷人及剽掠者,死。"彬乃止,衆心遂安。廖永忠進至南寧,元屯田千户宋真執其守將平章咬住降。于是,土官黃英衍、岑伯顏等,各遣使齎印章詣楊璟納款。元平章阿思蘭保保象州〔九〕,亦率所部詣永忠降,廣西悉平。

陳友定故將金子隆陷將樂。命平章李文忠將兵擊之。

　　陳友定既敗,其將金子隆、馮谷保等糾合散卒,攻將樂,勢甚猖獗。守禦千户宋國成棄城遁。子隆等遂陷將樂,殺知縣馮源,乘勝攻延平。指揮蔡玉、羅德聚大敗其衆,追至沙縣之青雲寨,子隆等負險拒守。上乃命文忠率兵討之。

七月,徵賢才爲守令。

　　上語省臣曰:"治國家以得賢爲先,然布衣之士新授以政,必有以養其廉恥,然後可責其成功。"乃敕諭之曰:"新附之邦,生民凋瘵,不有休養,將復流離,宜體朕意,善撫循之。"厚賜遣之。

遣使賑恤中原。

　　上謂省臣曰:"中原兵難之後,孤貧者多失所,宜遣人賑恤之。"省臣以"國用不足"對,上曰:"得天下者,得民心也。豈可置其困窮而不之恤?且不患無財,惟患無心,能推是心,何憂不足?宜速行之。"

康茂才兵至河北,安、夏縣降。

上還京,命右副將軍馮宗異守汴梁。

　　上將發汴,大將軍達等入辭,上諭之曰:"朕與卿等率衆渡江,誓除禍亂以安天下。今士卒戰鬬于矢石之間,百死一生,久未休息。朕每惕然,非得已也。中原之民,久爲群雄所苦,死亡流離,徧于道路。天監在兹,朕不敢忘,故命爾等帥師北征,廓清中原,拯民艱苦。昔元起沙漠,其祖宗有德,入主中國,將及百年。今其子孫怠荒,罔恤民艱,天厭棄之。君則有罪,民復何辜?前代革命之際,兵戈相加,視如仇讐,肆行屠戮,違天虐民。朕實不忍,爾諸將當以爲戒。克城之日,毋擄掠,毋焚蕩,毋妄殺人,必使市不易肆,民安其生。元之宗人,皆善待之。庶幾上合天心,下慰人望,以成朕伐罪救民之志。有不恭命,必罰無赦。"諸將受命而退,車駕遂還京師,命馮宗異留守。徐達乃檄都督同知張興祖、平章韓政、都督副使孫興祖、指揮高顯等益都、濟寧、徐州之師會于東昌。

閏七月,徐達兵進河北,攻下衛輝、彰德、廣平諸郡,進次直沽。

達遣右丞薛顯、參政傅友德取衛輝,元將平章龍二棄城走。進攻彰德、廣平,皆下。師次臨清,韓政、孫興祖皆以師來會。達遣友德開道,以通步騎;顧時浚閘,以通舟師。至德州,常遇春、張興祖、高顯等俱會。至長蘆,元守將左僉院遁去,達命指揮費子賢守之。至直沽,作浮橋以濟師。元丞相也速等捍御海口,望風奔遁,元都大震。

何真入朝,以爲江西行省參政。

上諭之曰:"頃者,師臨閩越,卿即輸誠來降,不煩一旅之兵,兵不血刃,民庶安堵,可謂識時變矣。夫能不賈禍于生民者,必世享其澤。嘉卿忠誠,授江西行省參政,以表來歸之誠。古云:'令名,德之輿也。'卿令名已著,尚懋修厥德以輔我國家。"真頓首謝。

李文忠破清流諸寨,擒金子俊,斬之,閩地悉平。

以張正常爲眞人。

上諭群臣曰："至尊惟天，豈有師也？以此爲號，褻瀆甚矣。"命去其天師之稱，止稱眞人。

壬戌，白虹貫日。乙丑，白虹復貫日。

大將軍達大敗元師于河西務，遂入通州，元主北走開平。

達等師至河西務，元平章俺普達朵兒只進巴迎戰。我師大敗之，進次通州，與副將軍夾河而營。衆欲速攻之，指揮郭英曰："吾師遠來，敵以逸待勞，攻城非我利也，宜出其不意破之。"翼日，大霧。英以千人伏道傍，率精騎三千直抵城下。元將五十八國公率敢死士萬餘，張兩翼而出，與戰良久。英佯敗，歙乘勝來追，伏兵中起，截其軍爲兩道，斬首數千級，擒元宗室梁王孛羅，遂克通州。元主聞報，大懼，與后妃、太子同議，避兵北行。遲明，召群臣會議端明殿，門開，忽有二狐自殿上出，元主嘆曰："宮禁嚴密，此物何得至此？殆天所以告朕，朕其可留哉？"左丞相失烈門等勸固守京城，不聽。命淮王帖木兒不花監國，丞相慶童同留守燕京。夜半，遂開建德北遁。

八月，詔以金陵爲南京，大梁爲北京。

大將軍徐達克元都。

徐達兵至齊化門，命將士填濠登城而入。執淮王帖木兒不花及丞相慶童、張康伯等，戮之。并獲宣府、鎮南、威順諸王子六人及玉印二、玉璽一，封府庫及圖籍寶物，令指揮張煥以兵守宮門。宮人、妃主，令其宦寺護視，號令嚴肅士卒，無敢侵暴，人民安堵。

詔群臣議便民事宜。

上語中書省臣曰："近京師火，四方水旱相仍，朕夙夜不遑寧處，其形罰失中，兵戈未息，徭役屢興，賦斂不時，以致陰陽乖戾而然耶？宜輔朕修省，以消天譴。"參政傅瓛對曰："古人有言，天心仁愛人君，必出災異以譴告之，使知自省。人君遇災而懼，則天變可彌。今陛下修德省愆，憂形于色，居高聽卑，天實鑒之。臣等待罪宰輔，有乖調燮，咎在臣等。"上曰："君臣一體，苟知戒懼，天心可回。卿等其盡心以匡朕不逮。"于是，詔中書省議便民事宜以聞。上謂宋濂曰："秦皇、漢武好神仙，以求長生，疲精勞神，卒無所得。使移此以圖治，天下安有不理？以朕觀之，人君能清心寡欲，勤于政事，功業垂于簡策，聲名流于後世，此即長生不死也。"濂對曰："陛下斯言，足破千古之惑。"

始置六部官。

先是，中書省惟設四部，掌錢穀、禮儀、刑名、營造，外有司農、大理二司。至是，始置吏、户、禮、兵、刑、工六部，分理庶務；各設尚書、侍郎、郎中、員外、主事。以滕毅為吏部尚書，楊思義為户部尚書，錢用壬為禮部尚書，陳亮為兵部尚書，周禎為刑部尚書，張仁為工部尚書，皆隸中書省，革去司農、大理二司。毅等入見，上諭之曰："國家之事總之者中書，分之者六部，至為要職。凡諸政務，須竭心經理，或有乖謬，則貽患于天下，不可不慎。"

改太史院為司天監。

御史中丞劉基致仕。

上之北巡，李善長及基留守。基素剛嚴，凡中書僚吏，有犯即捕治之，人皆側足。中書都史李彬，素附善長，竊弄威權，有發其奸狀者，善長托基緩其事。基不許，遣人馳奏，請誅彬，上可其奏。時大旱，方請禱，誅彬報適至。善長曰："今禱雨，可殺人乎？"基曰："誅彬，天必雨。"遂斬彬，善長銜之。及上還，怨基者多訴于上。善長亦譖其專恣，上不從。會基以妻喪，告歸，許之。

大赦天下。

放元宮人。

命大將軍徐達、副將軍常遇春帥師取山西。

　　帝以元都既克，命達及遇春帥師取山西。留兵三萬人，令孫興祖、華雲龍統之，守北平。以湯和爲偏將軍，與馮宗異、楊璟，各帥師以從。

徐達遣傅友德、薛顯將兵略大同。

下詔求賢。

　　詔略曰：天下之廣，非一人所能治，必得天下之賢共理之。朕雖賴一時輔佐匡定大業，然懷才抱德之士，隱于岩穴者尚多，豈朕寡德，不足以致賢歟？抑在位者壅蔽，使不得上達歟？不然，賢士大夫，幼學壯行，思欲堯舜君民者，豈固沒世而已哉？今天下甫定，願與諸儒講明治道，啓沃朕心，以臻至治。有能以賢輔我以德濟民者，有司禮遣之，朕將擢用焉。

　　上謂省臣曰："任人之道，因材而授職，如良工之于木，小大曲直，各當其用，則無棄材。夫驊騮能歷險致遠，若使攫兔，不如韓盧。故國家用人，當因其材，不可一律也。不然，則人材不得盡其用，而朝廷有乏人之患矣。"

常遇春下保定、中山，遂帥師趨真定。

徐達下河間。

馮宗異、湯和下懷慶，遂取澤潞。

以元都平，詔天下。

徐達克雄州。

毀元水晶刻漏。

司天監進元主所製水晶刻漏，備極工巧，中設二木偶人，能按時自擊鉦鼓。上覽之，謂侍臣曰："廢萬幾之務，而用心于此，所謂作無益害有益也。使移此心以治天下，豈至滅亡。"立命碎之。

定正旦朝會禮。

十一月，定諸祀典。

禮臣奏：天子親祀圜丘、方澤、宗廟、社稷，若三皇、孔子、風、雲、雷、雨、聖帝明王、忠臣烈士、先賢等祀，則遣官。郡縣立社稷，有司春秋致祭。庶人祭里社、土谷之神，載諸祀典。餘不當祀者，禁止。

遣詹同等分行天下，訪求賢才。

上諭之曰："天生人才，必爲世用。然人之材器不同，明銳者，或輕剽；敦厚者，或迂緩；辯給者，行多不逮；沉默者，德必有餘。宜加精鑒，不患無賢，患知人之難耳。苟所舉非所用，爲害甚大，其慎之。"

建大本堂。

堂成，命取古今圖籍充其中，延四方名儒，以教太子、諸王，分番夜直，仍選才俊之士伴讀。上謂皇太子曰："天子之子，與公卿士庶人之子不同。公卿士庶人之子係一家盛衰，天子之子係天下安危。公卿士庶人之子不能修身齊家，敗止于一身一家；若天子不能正身修德，將宗廟社稷不保，天下生民受殃，可不懼哉？"

上嘗退朝，太子、諸王侍，上指宮中隙地，謂曰："此非不可起臺榭，爲遊觀之所，今但令種蔬，誠不忍傷民財、勞民力耳。昔商紂崇飾宮室，不恤民怨，身死國亡。漢文帝欲作露臺，而惜百金之費。致民安國富，奢儉不同，治亂懸絕。爾等記吾言。"

上御文樓，太子侍，因問："近與儒臣講何史？"對曰："漢七國事。"上問："曲直安在？"對曰："曲在七國。"上曰："此講官一偏之説。景帝爲太子時，以博局殺吳世子。及爲帝，又輕聽晁錯，黜削諸侯。七國之變，實由于此。若爲諸子講此，則當言藩王當上尊天子，無撓天下公法。如此，則爲太子者，知隆親親之恩；爲諸子者，知夾輔王室，以盡君臣之義。"

又諭太子賓客王儀等曰："範金礱玉，所以成器，尊師重傅，所以成德。朕命卿等輔導太子，必先養其德性，使進于高明，于帝王之道、禮樂之教及往古成敗之迹、民間稼穡之事，朝夕與之論説，日聞讜言，積久以化，異日爲政，自然合道。卿等勉之。"

封孔希學爲衍聖公，以孔希大爲曲阜知縣，皆世襲。

希學，孔子五十六代孫也，命襲衍聖公。又立孔、顏、孟三氏教授司，及立尼山、洙泗二書院，各復其家。

徐達克趙州。

詔御史中丞劉基入朝。

定冠服之制。

十二月，徐達等襲破元擴廓帖木兒兵，遂克太原。

擴廓帖木兒率兵出雁門，將復北平。徐達謂諸將曰："擴廓帖木兒率師遠出，太原必虛。北平孫都督總六衛之師，足以禦之。我乘其不備，直抵太原，傾其巢穴，此兵法所謂批亢擣虛也。若彼還軍自救，進退失利，必成擒矣。"皆曰："善。"遂引兵徑進。擴廓帖木兒至保安州，聞之，果還，其鋒甚鋭。常遇春謀于達曰："我騎兵雖集，而步兵未至，未可與戰。莫若夜襲其營，其衆可亂，主將可縛。"達然之。于是，遣精兵夜襲之。擴廓帖木兒方燃燭帳中觀書，聞變，亟納靴未竟，跣一足，乘騾馬從十八騎遁去。其部將豁鼻馬以太原降。得兵四萬人、馬四萬餘匹。擴廓帖木兒奔大同，遇春以兵追之，不及，遂走甘肅。

定喪服之制。

御史高原侃上言：京師人民習元氏舊俗，凡有喪葬，宴會、娛樂，無哀戚之情，乞禁止，以厚風俗。上是其言，及令禮官定喪服之制。

馮宗異克平陽、絳州。

使諭高麗、安南。

以即位語也。

立功臣廟于雞鳴山。

徐達、常遇春、李文忠、鄧愈、湯和、沐英、胡大海、馮國用、張德勝、吳良、吳禎、曹良臣、康茂才、吳復、茅成、孫興祖等，凡二十一人，死者塑像祀之，仍虛生者之位。

定太廟功臣侑享。

廖永安、俞通海、張德勝、辛世傑〔一〇〕、耿再成、胡大海、趙德勝，凡七人。後罷永安，而徐、常、李、鄧、湯、沐六人，候其卒，進侑。

建元右臣余闕、總管李黼祠。

以周禎爲刑部尚書。

置長蘆、河東都轉鹽運使司。

己酉，二年春正月〔一〕。

免山東、北平、山西、河南田租、税糧。

詔諭四夷君長。

遣使以即位詔諭日本、占城、爪哇、西洋諸國。

常遇春師至大同,元守竹真棄城走。

二月,詔修《元史》。

以李善長監修,宋濂、王禕爲總裁,徵山林隱逸之士汪克寬等一十六人同纂修,開局于天界寺,取元十三朝《實錄》及《經世大典》諸書,以資參考。

享先農,遂耕籍田于南郊。

徐達克河中,遂取陝西。

以詹同爲侍講學士,秦裕伯爲待制。

裕伯,仕元,爲福建行省郎中,會世亂,避地松江。張士誠據姑蘇,招之,不赴。士誠平,上命中書遣使徵之。裕伯對使者曰:"裕伯食元祿二十餘年,背之,是不忠也。母喪未終,忘哀而出,是不孝也。不忠不孝之人,何益于國?"乃上書與中書,固辭。洪武元年,省臣復檄起之。裕伯稱疾,不出。上手書諭之,乃入朝,以爲待制。

上謂詹同曰:"以仁義定天下,雖遲而長久;以詐力取天下,雖易而速亡。鑑于周、秦可見矣。若漢、唐、宋之政,亦互有得失。但當取其所長,而舍其所短,可也。"又曰:"古人爲文章,或以明道德,或以經世務,如典謨之言,皆明白簡易,無深怪險僻之語。近世文士不究道德之本,不達當世之務,辭雖艱深,意實淺近,即使過于相如、揚雄,何俾實用?自今翰林爲文,但取通道理、明世務者,無事浮藻。"

上與裕伯論學曰:"爲學之道,志不可滿,量不可陿,意不可矜。滿則盈,陿則驕,矜則小。故聖人之學,以天爲準;聖賢之學,以聖爲則。苟局于小而拘于近,豈能充廣聖學哉?"裕伯對曰:"誠如聖言。"

上與儒臣論《易》，至"天地養萬物，聖人養賢以及萬民。"上曰："人主，職在養民，但能養賢與之共治，則民皆得所養。然知人最難，若所養果賢則民獲實惠；苟所養非賢，反以厲民。故養賢非難，知賢爲難。"

上與侍臣論待大臣之禮，劉基曰："古者公卿有罪，盤水加劍，詣請室自裁，未嘗鄙辱之，存待大臣之體也。"時，詹同侍坐，因取《大戴禮》及賈誼疏以進，且曰："古者刑不上大夫，所以勵廉恥，而君臣之恩義兩盡也。"上深然之。

上讀《叔孫通傳》，至"魯兩生不肯行"，因謂侍臣曰："叔孫通雖云'竊禮樂之糠秕'，然創禮儀于煨燼之餘，成一代之制，亦可謂難矣。如兩生之言，不無迂耶？若禮樂必待百年而後可興，當時朝廷之禮廢矣。"

徐達克奉元。

達遣郭興輕騎擣奉元，自率大軍繼進。至三陵坡，父老千餘迎降。達按兵，令左丞周凱入城撫諭。明日，整師入。改奉元路爲西安府，以夏德潤署府事。元西臺御史桑哥失里、郎中王可、檢校阿失不花皆不屈死。三原尹朱春謂其妻曰："吾其以死報國。"妻曰："卿能盡忠，妾不能盡節耶？"俱投崖死。時關中飢，上聞之，命戶給米三石，民大悅。

常遇春克鳳翔，李思齊奔臨洮。

傅友德克鳳州。

夏四月，徐達克秦隴。

達至鳳翔，會諸將議師所向。諸將咸以張思道才略不如李思齊，欲先取慶陽，後攻臨洮。達曰："不然。思道城險而兵〔一二〕，未易猝拔。臨洮，則西通番夷，北界河湟，其人足以備戰鬭，其土足以供軍儲。今以大軍蹙之，思齊不西走胡，則束手就降矣。

臨洮既克，旁郡自下。"諸將然之。乃留湯和守輜重，金興旺、余思明等守鳳翔。遂趨隴州，克之。進至秦州，獲元守將呂德、張義，遂克其城。

編《祖訓録》。

定封建制。

鞏昌守將梁於中降。

顧時克蘭州。

李思齊以臨洮來降。

初，思齊奔鳳翔，上以書諭之，思齊有降意。其養子趙琦給與西入吐蕃，思齊信之，遂奔臨洮。琦私竊珍貨婦女，匿山谷間，思齊窮促。及馮宗異師至，遂降。琦等亦相繼來降。臨洮捷至，上遣使諭達曰："思齊納款。慶陽、寧夏攻取如何？張思道譎詐多端，若其來降，宜審處之，勿墮其計也。"思齊入見，命爲江西行省左丞，食禄京師。

遣使詔吐蕃。

五月，徐達出蕭關，遂下涇涼、鄜延。

張良臣以慶陽降，尋叛。

張思道聞王師克臨洮，懼，走寧夏，使弟良臣守慶陽。思道至寧夏，爲擴廓帖木兒所執。徐達遣人招良臣，良臣以其兄被執，偽降。達遣右丞薛顯將兵萬人赴慶陽，良臣出迎，蒲伏，佯示卑順。逮暮，以兵劫營，我兵亂潰，指揮張煥被執，顯被傷走。達聞，謂諸將曰："上明見萬里，今日之事果如前諭。然良臣之叛，祗取滅亡耳，當與諸公戮力剪之。"馮宗異、傅友德、湯和聞張良臣叛，各率所部來會。達恐其黨與相扇爲聲援，分兵抄絶其出入之路。

署福建行省，以蔡哲爲參政，以福、汀、漳、泉、建寧、邵武、興化、延平八府隸之。

御史中丞章溢卒。

溢，有文武才。涖官，每臨大事，議論不爲詭隨，必折衷于理。凡有諍論，上委曲從之。至是，居母喪，悲戚過度，感疾而卒。上憫悼，親製文祭之。

常遇春克開平，元主北走。

遇春與李文忠率步騎十萬，自北平進取開平，敗故元將江文靖于錦川。次全寧，復敗其丞相也速。至大興州，文忠度元兵必遁，分兵伏其歸路。虜果夜遁，遇伏大敗。進攻開平，元主先已北奔，追數百里，俘其宗王慶生及平章鼎住等，斬之。凡得將士萬人、車萬輛、牛馬八萬餘，薊悉平。

以宋濂爲翰林院學士。

安南遣使入貢。

安南國王陳日煃遣使來，朝貢方物，因請封爵。詔封日煃爲安南國王，賜以金印。

七月，征虜將軍中書平章鄂國公常遇春卒于軍，詔李文忠代領其衆。

遇春，長材偉貌，膂力絶人，軍中稱"萬人敵"。每戰，必奮槊先登，所至人馬辟易。未嘗學古兵法，而決策致勝，屢建奇功。從大將軍，謹聽約束，及秉鉞專征，節制諸將，無不用命。生平謙謹不伐，在上前又能直言。渡江開拓之功，十居七八。卒年四十三。喪至龍江，上親迎哭。贈開平王，謚忠武，侑享太廟。

元王保保部將韓札兒陷原州。

保保欲爲張良臣聲援，遣其將韓札兒攻破原州，指揮陳壽陷没。馮宗異移軍驛馬關，以扼其衝，徐達然之。宗異遂引兵西去慶陽三十里而軍，札兒復陷涇州。宗異馳赴之，札兒遁走。

蜀主明昇遣使來貢。

關西既定，蜀人震恐。戴壽謂昇曰："明師所向無敵，以王保保、李思齊之強，尚莫能禦，況蜀乎？"因勸昇修好，以援□〔一三〕我師。昇從其言，復遣使入貢。上賜璽書答之。

元兵攻大同，李文忠擊敗之，擒其將脫伯列。

元主使脫伯列以重兵攻大同，將圖恢復。李文忠受詔援慶陽，至太原，聞大同急，謂諸將曰："閫外之事，有利于國者，專之可也。今大同甚急，若俟進止，豈不失機？"遂由代出雁門，至馬邑。元游騎數千奄至，擊敗之，擒平章劉帖木。進次白揚門，又擒四大王。時，天雨雪，文忠疑有伏，引數騎入山覘虜。前軍去敵五十里，文忠至，遽令前徙五里，阻水為營。脫伯列果悉銳來攻，文忠令將士抹〔一四〕馬蓐食，堅壁不動。先以兩營餌敵，令死戰。自寅至辰，度其飢疲，乃分軍為左右翼，自為前鋒奮擊，大敗之。生擒脫伯列，降其眾萬餘。進兵東勝州，不見虜而還。

八月，定內侍諸官制。

上諭吏部曰："朕觀《周禮》所記，內侍不及百人，後世至逾數千，卒為大患。今雖未能復古，亦當為防微之計。可斟酌其宜，毋令過多。"又顧謂侍臣曰："此輩良善者，百不一見，用以為耳目，即耳目蔽；以為腹心，即腹心病。但當使之畏法，不可使之有功。有功則驕恣，畏法則檢束，檢束則不敢為非也。"乃定置監局、司庫、東宮、各門，共一百六十餘人。

《元史》成。

遣使封高麗。

遣符寶郎偰斯齎詔及金印、誥文，封朝鮮王顓為高麗國王。

徐達克慶陽，執張良臣，誅之。

　　初，良臣之叛，自以其城險兵精，與王保保爲聲援，欲拒守以圖大功。及被圍久，數出戰，不利。遣人赴寧夏求援，皆被執。糧絕，至煮人汁丸泥食之。平章姚暉等知事不濟，開門納降。達勒兵入，良臣投井中，引出，斬之。誅其黨二百餘人。

元將賀宗哲攻蘭州，馮宗異擊走之。

九月，詔儒臣纂修《禮書》。

大將軍徐達還京，以右副將軍馮宗異總制軍事。

立中都。

　　上問諸臣以建都所宜，或言關中險固，天府之國；或言洛陽天地之中，四方朝貢，道理適均；或言北平宮室完備，因之可省民力。上曰："長安、洛陽，實從古建國之地，但平定之初，民未蘇息，若建都于彼，供給力役，悉資江南，重勞民力。若就北平，宮室不能無更，亦未易也。建業，長江天塹，龍蟠虎踞，形勝之地，真足以立國。臨濠前江、後淮，以險可恃，以水可漕，朕欲以爲中都，何如？"群臣稱善，乃命有司建城池、宮闕，如京師之制。

製鐵券賜功臣。

　　上欲封功臣，議爲鐵券，而未有定制。有言台州民錢允一吳越王鏐之裔，家藏唐昭宗所賜券，遂遣使取之。準其式，稍加損益，第爲七等：公二等，侯三等，伯二等。其製如瓦，外刻履歷、恩數之詳，以記其功；中鎸免罪、減禄之數，以防其過。剖而爲二，一賜功臣，一藏内府，有故則合之以取信。

吐蕃寇臨洮，指揮韋正擊敗之，遂來降。

征南將軍廖永忠、參政朱亮祖等率師還。

甘露降于鍾山。

群臣稱賀。上曰："休咎之徵，雖以類應，朕涼德，烏足以致此？"翰林雎稼對曰："聖人之德，上及太清，下及太寧，中及萬靈，則膏露降。陛下恭敬天地，輯和人民，故嘉祥顯著。"起居注魏觀曰："帝王恩及于物，順于人而甘露降。陛下寬租賦，減徭役，百姓勸豫，神應之至，以此故也。宜告宗廟，頒示史館。"上曰："卿等援引載籍，言非無徵。然朕存心謹惕，惟恐不至。一或忘戒而生驕逸，安知嘉祥不爲災異之兆乎？告諸宗廟，頒之史館，非所以垂示于天下、後世也。"

詔郡縣立學校。

上諭省臣曰："治國之要，教化爲先。教化之道，學校爲本。今京師雖有太學，而天下學校未興。宜令郡縣皆立學，禮延師儒，教授生徒，講明聖道，使人日漸月化，以革污染之習。"

遂詔天下郡縣并建學校，府學，設教授一，訓導四，生員四十人。州學，學正一，訓導三，生員三十人。縣學，教諭一，訓導二，生員二十人。學者專治一經，以禮、樂、射、御、詩、數設科分教，務求實才，頑不率者黜之。

思州蠻作亂，總兵丘廣討平之。

十一月，大將軍徐達振旅而還。

馮宗異還京師。

宗異以關陝既平，不請命，輒引還。上責之曰："將軍鎮撫關中，所托非輕。不俟命輒還，閫外之事，將誰任之？"宗異頓首拜。上念其功，姑置之。

遣使諭安南。

占城遣使來，言安南侵擾。上命編修羅復仁齎詔諭之。二國聽命，罷兵。

封阿答阿者爲占城國王。

大賞平定中原及征南將士于奉天殿。

十二月，元王保保圍蘭州，鞏昌指揮于光來被執，死之。

　　保保偵知大軍還，遂襲蘭州，圍城數重，守將張文堅守不戰。于光守鞏昌，聞變來援，至馬蘭灘，卒遇保保兵，戰敗被執。至蘭州城下，使呼文出降。光大呼曰："我不幸被執。公等堅守，大將軍且至矣。"敵怒，批其頰，遂遇害。城中守益堅，保保進攻不利，乃引去。

庚戌，三年春正月，以徐達爲征虜大將軍，李文忠、馮勝、鄧愈、湯和爲左右副將軍，率師北伐。

　　上以王保保爲西北患，復命右丞相達爲征虜大將軍，李文忠、鄧愈爲左副將軍，馮勝、湯和爲右副將軍，統兵北伐。上問計諸將，皆曰："保保寇邊不已，以元主尚在也。若直取元主，則保保可不戰而降。"上曰："保保方擾邊，乃忘近而趨遠，失緩急之宜。吾意欲分兵二道：一令大將軍出西安，擣定西，以取王保保；一令左副將軍出居庸，入沙漠，以追元主。使彼此自救不暇，取之必矣。事有一舉而兩得者，此是也。"諸將皆曰："善。"

定朝日、夕月禮。

　　築朝日壇于東郊，夕月壇于西郊。祭朝日以春分，夕月以秋分。星辰，則附祭于月壇。

關中饑，遣使賑之。

　　西安、鳳翔飢。上欲賑之，戶部請運粟。上曰："民旦暮待食，若須運粟，死且多矣。"即命戶部主事李亨馳驛發倉賑之，戶給粟一石。

以胡惟庸爲中書省參知政事。

二月，令群臣親老者，許歸養。

  上行後苑，見巢鵲卵翼之苦勞，嘆曰："禽鳥劬勞如是，況人父母之恩乎？"乃令，群臣有親老者，許歸養。

追封郭子興爲滁陽王。

  立廟滁州，命有司致祭。

金朝興取東勝州。

三月，免南京、河南、山東、北平田租。

鄭州知州蘇琦上言時事。

  琦上言三事：其一，謂關輔、薊遼與虜相接，一有警息，調兵轉粟，事難卒辦。請屯田、積粟，以爲長久之計。其二，謂宜選股肱重臣，分鎮要害，統制諸番。若其來歸，懷之以德。其叛也，示之以威。勿啓釁，以疑遠人；勿連兵，以勞中國。至沙漠之地，當毀其城郭，徙人民于內地。其三，謂自中原兵起，天下騷然，耕桑之地，變爲草莽。當責守令，召誘流移，官給牛種，開墾荒蕪，責以成效。若田不加闢，民不加多，則覈其罪。如此，則中原漸實，省轉運之勞。流移人民，亦得永安田野矣。

  書奏上，謂省臣曰："屯田以守要害，此馭夷長策。李牧、趙充國用此道，故能有功。至于墾田實地，亦王政之本。但喪亂以來，中原之民久失其業，誠得良守，令勸誘耕桑，休養生息，數年之後，可望其成。琦言有可采者，其酌行之。"

置秘書監。

置南寧、柳州二衛，改慶遠安撫司爲慶遠府。

  廣西行省官上言：廣西地接交趾、雲南，所治皆溪洞苗蠻，叛服不常。府衛之兵遠在靜江數百里外，率有警急，難相爲援。請于南寧、柳州立衛以鎮之。又言：慶遠，故府地，今爲軍民安撫司，統地十有七州，皆深山廣野。同知莫天護庸懦不能御衆，其宗族强者，動肆跋扈，至與諸蠻相扇爲亂，恐貽禍將來。乞罷安撫司，復設府，宿重兵以守其地，此久安之道也。奏至，皆從之。

汪興祖克武、朔二州。

置察言司。

掌受四方章奏。

遣使詔諭日本。

倭寇登萊，轉掠沿海諸郡。上乃遣萊州同知趙秩持詔諭日本國王良懷，令毋出没海濱爲患。

夏四月，封建諸王。

樉爲秦王，棡爲晉王，棣爲燕王，橚爲吳王，楨爲楚王，榑爲齊王，梓爲潭王，杞爲趙王，檀爲魯王，從孫守謙靖江王，皆設置相傅官屬。

徐達及王保保戰于沈兒峪，大敗之，保保遁走和林。

達等師出安南定〔一五〕，駐沈兒峪口，與王保保隔澗而壘。保保潛遣兵由間道劫東南壘，一壘皆驚。左丞胡德濟倉卒不知所爲。達親率兵，急擊之，乃退，斬將校數人以徇，軍中股慄。明日，整衆出，諸將争奮力戰，遂大敗保保兵，擒元郯王、平章韓札兒等官一千八百餘人、將士八萬，輜重無算。保保與其妻子從數騎渡河，北走和林。郭英追至寧夏，不及而還。達以德濟失律，械送京師。上念其舊勞，特宥之。遣使諭達曰："德濟臨事畏縮，將軍不以軍法從事，乃械送京師，必欲朝廷治之。將軍欲效衛青不斬蘇建，獨不見穰苴之待莊賈乎？且失律者悉歸之朝廷，則威玩而令不行矣。正當就軍中戮之，足以警衆，若至朝廷，必議其功過，非閫外之比矣。彼嘗有救信州、守諸暨之勞，故不忍加誅，是用遣使即軍中諭意。自今務威克厥愛，毋事姑息。"

遣使封陳日煃爲安南國王。

安南國王日熞卒，遣使來告。上遣吏部主事林唐臣齎詔，封日煃爲王。

置弘文館。

以胡鉉爲學士，劉基、危素、任本中、睢賈〔一六〕皆兼學士。上以素老賜小車，免朝謁。一日，上御東閣，聞履聲橐橐，詰之，素卒應曰："老臣危素。"上不懌，曰："吾以爲文天祥也。"未幾，御史王著等劾素亡國之臣，不宜居侍從，乃謫居和州。

慈利蠻亂，命湖廣行省平章楊璟帥兵討之。

慈利土酋覃垕搆諸蠻作亂，上命璟討之。因敕諭璟曰："蠻恃山溪險阻，出沒無常。若根誅其黨，必深入山谷，傷損士馬，所得不足償所費。但擊之，使遠去，不擾郡邑可也，不必窮其巢穴。"璟攻覃垕，擊敗之，乘勢追至其寨。山勢陡峻，三面巖險，一俯江水，一徑纔可通人，官軍不能上。垕遣人詐降，璟信之，使部將黃永謙往報，爲垕所執，盡知我軍虛實，堅守不下。璟欲持久，請餉于朝。上遣使讓之，限以月日平賊。璟懼，督將士力攻之。賊遁入溪洞，官軍乃還。

元主妥歡睦邇殂于應昌，其子愛猷識理達臘嗣立。

五月，遣使訪歷代帝王陵寢。

遣翰林編修蔡玄等往四方求之。仍令各行省之臣，同詣所在審視，若有廟祀，并具圖以聞。

復置司農司。

上以中原多荒蕪，命省臣議，計民授田，設官領之，復設司農掌其事。

著宮閫令典。

上以元末宮闈淫瀆，禮法蕩然，深戒其失，遂著令爲俾世守之。皇后止治宮中，不得預外事。諸嬪御所需，皆自尚宮奏之，內使監覆奏，方赴部關領。違者皆論死。私通外人者，罪亦如之。群臣、命婦自慶節止朝見外，無故不得入宮中。至于外臣請謁、寺觀祈禳之類，禁例尤嚴。

詔天下守令舉有學識篤行之士。

李文忠敗元太尉蠻子等于駱駝山，進次開平，元平章上都罕等降。

都督孫興祖及元兵戰于五郎口，敗沒。

　　孫興祖率指揮平定、龐禋兵，至三不剌川，遇元兵，力戰皆死。指揮孫虎亦戰死落馬河。

設科取士。

　　詔以是年八月爲始，特設科舉，以起懷抱道德之士，務在經明行修、博古通今、文質得宜、名實相稱。其中選者，親策于廷，第其高下，任之以官。非科舉者，毋得倖進。

徐達取漢沔，興元守將劉思忠降。

李文忠克應昌，獲元世孫買的里八剌，愛猷識理達臘北走。

　　文忠聞元主殂，兼程趨應昌，圍其城，克之。獲元主嫡孫買的里八剌并后妃、宮人及玉璽。愛猷識理達臘與數騎遁去。文忠追至北慶州，不及而還。捷奏，上命嘗仕元者不許稱賀。

行大射禮。

　　頒儀式于天下。

改司天監爲欽天監。

考定服色。

禮部奏：歷代服色異尚。今國家承元之後，尚赤爲宜。從之。

免蘇州逋稅。

戶部奏：蘇州多逋稅，官吏當論如法。上曰："蘇州歸附之初，軍府多賴其力，逋積至二年，民困可知，悉免之。"

寶雞縣獻瑞麥。

一莖五穗者、一本三穗者、一本二穗者十餘本。上曰："鳳翔飢饉，朕遣人賑恤，爲時幾何？遽以瑞麥來獻，使民未粒食，雖有瑞麥何益？苟民皆得養，雖無瑞麥何傷？但使時和歲豐，家給人足，此足爲瑞麥。特一物之微，非天下之瑞也。"

謚故元主爲順帝，封買的里八剌爲崇禮侯。

上以元主知天命，遁居沙漠，追謚曰順。買的里八剌至京，省臣請獻俘。上曰："元雖夷狄入主中國，百年之內，家給人足，朕先世亦享其太平。雖古有獻俘之禮，不忍加之。"止令服本俗衣冠以朝，朝畢，賜以冠服第宅，封爲崇禮侯。

頒《平胡詔》于天下。

出右丞相汪廣洋于高郵。

募民輸粟中鹽。

山西行省言：大同饋餉不給，請令商人入粟中鹽，大同倉米一石、太原倉米一石三斗，給長蘆淮鹽各一引，引二百斤，則轉輸之費省，而軍儲充矣。從之。

吐蕃宣慰使何瑣南普率所部來歸。

七月，以陶凱爲禮部尚書。

蜀寇興元，守將金興旺擊之。

蜀將吳友仁攻興元，金興旺出兵擊却之。明日，友仁復來攻，興旺與戰，面中流矢，拔矢力戰，斬數百級。時，城中守兵縂三千，友仁兵三萬。興旺以衆寡不敵，斂兵入城。遣使間道走寶雞求援。友仁攻城益急。徐達在西安得報，即令傅友德領兵馳赴之。友德至斗山巖下，令軍中人持十炬燃于山上。友仁見列炬起，大驚，乘夜遁去。

中書左丞楊憲有罪死。

憲，陰險忌才，市權要寵。上即位初，嘗上書頌功德，勸行督責之政。上不聽。比入中書，欲盡變省中事，舊吏一切罷出，更用親信。喜翰林編修陳極[一七]諂諛，奏爲侍制。陰令御史劉炳誣奏侍郎左安。上下炳獄，炳引憲。劉基并發其奸私，按問，具伏，與炳并誅。

禮官請以樂侑膳，不許。

陶凱等請進膳舉樂。上曰："天下雖定，人民未蘇，北征將士尚在暴露之中。朕宵旰憂勤之不暇，豈有自爲快樂哉。"不許。

定宗廟祭期。

祭用四時孟月及歲除、清明等節，各以時物薦享。

瘞遺骸。

上謂省臣曰："往者，四方戰鬭，民不得其死者多矣。聞中原骸骨徧野，朕心惻然，宜遣人悉收瘞之。"

八月，初開鄉試。

初場，經義、四書義各一道；二場論、三場策，各一道。中試者，後十日，復試騎、射、書、算、律。直隸額取百人，大省四十，小省二十人。人材衆多者，不拘額。

定朝會、燕享舞樂曲。

樂九奏，皆按月律。前三奏和緩，中四奏壯烈，後二奏舒長。第一《起臨濠之曲》，名《飛龍引》；次《開太平之曲》，名《風雲會》；次《安建業之曲》，名《慶皇都》；次《削群雄之曲》，名《喜昇平》；次《平幽都之曲》，名《賀聖明》；次《撫四夷之曲》，名《龍池宴》；次《定封賞之曲》，名《九重歡》；次《大一統之曲》，名《鳳皇吟》；次《守承平之曲》，名《萬年春》。其武舞曲名《清海宇》，文舞曲名《泰階平》。

《大明集禮》成。

　　先是，命儒臣集禮書。至是，成。其綱十有一曰：吉、凶、軍、賓、嘉、冠服、車輅、儀仗、鹵簿、字學、樂。吉禮十四，嘉禮五，賓禮二，軍禮三，凶禮二，冠服、車輅、儀仗、鹵簿、字學各一，樂三。制度名數，纖悉備具，共五十卷。詔頒行之。

以指揮韋正守河州。

　　正上言：西邊軍餉，轉輸甚勞，而布茶可以易粟。乞給軍士，令自相貿易，庶省西民之勞。詔從其言。正初至時，城邑空虛，白骨山積，將士咸欲棄去。正曰："正率若等出鎮邊陲，當致死以報國。今無故棄去，一旦戎狄寇邊，則吾與若等不知死所，何如死于王事乎？"于是，衆咸感激。正撫循其民，俾各居河州，遂爲樂土。

遣使致書于元太子愛猷識理達剌。

命征南將軍周德興討慈利蠻。

十一月，大將軍徐達、左副將李文忠班師還京，上勞于龍江。

大封功臣。

　　上御奉天殿，詔諸將，諭之曰："自起兵以來，諸將從朕被堅執銳，征討四方，戰勝攻取。今天下既定，是用報以爵賞，皆朕自定，至公無私。如湯和者，結髮相從，屢建功迹，然嗜酒妄殺，不由法度。趙庸，從李文忠取應昌，其功不細，乃私其奴婢，廢壞國法；廖永安，戰鄱陽時，奮勇忘身，可謂奇男子，然使所善窺朕意嚮以邀封爵。郭興，不守紀律，功不掩過。此四人，止封爲侯。左丞相善長，雖無汗馬之勞，然事朕最久，供給軍食，未嘗缺乏。右丞相達，與朕同鄉里，起兵之時，即從征討，摧强撫順，勞勩居多。此二人者，已列公爵，宜進封大國，以示褒嘉。餘悉據功定封，如爵不稱德，賞不酬勞，卿等宜在廷正論之，毋得退有後言。"諸將咸頓首，遂班爵行賞。

封公者六人：韓國李善長，魏國徐達，鄭國開平王遇春子茂，宋國馮勝，曹國李文忠，衛國鄧愈。封侯者二十有八人：湯和中山，唐勝宗延平[一八]，陸仲亨吉安，周德興江夏，華雲龍淮安，顧時濟寧，耿炳文長興，陳德臨江，郭興鞏昌，王宗原六安，鄭遇春滎陽，費聚平凉，吳良江陰，吳禎靖海，趙庸南雄，廖永忠德慶，俞通源南安，華高廣德，楊璟滎陽[一九]，康鐸蘄春，朱亮祖永嘉，傅友德潁川，胡廷美豫章，韓正東平，黃彬宜春，曹良臣宣寧，梅思祖汝南，陸聚河南。食禄、賜帛各有差，並賜誥命、鐵券。

宴功臣于奉天殿。

宴罷，上曰："創業之際，朕與卿等艱難多矣。今朕日理萬幾，不敢自逸，誠思天下大業，以艱難得之，必當以艱難守之。卿等安享爵位，亦不可以忘艱難之時。人情每謹于憂患，而忽于晏安，不知憂患之來，常始于宴安也。大抵人處富貴，欲不可縱，欲縱則奢；情不可佚，情佚則淫。奢淫之至，憂危乘之矣。"明日，諸將詣闕謝。

上退，御華蓋殿，賜達等坐，從容燕語。上曰："曩與卿等初起鄉土，本圖自全，非有意于天下。及渡江以來，觀群雄所爲，暴橫荒淫，迷于子女、貨賄，徒爲生民之患。朕惟不嗜殺人，與卿等一心共濟，故來者如歸。嚮與二寇相持，有勸朕先擊士誠者，不知友諒剽而輕，士誠狡而懦；友諒之志驕，士誠之器小。志驕則妄生事，器小則無遠圖。故鄱陽之役，與戰宜速，吾知士誠必不能逾姑蘇一步，以爲之援也。向若先攻士誠，姑蘇堅守，友諒空國而來，何以應之？朕取二寇，固自有先後也。二寇既除，兵力有餘，鼓行中原，宜無不下。或勸朕盡平群寇，乃取元都，若等又欲直走元都，兼舉隴蜀，皆未合朕意。朕所以命卿等先取山東，次及河洛者，先聲既震，幽薊自傾。且張思道、李思齊、王保保皆百戰之餘，未肯遽降。若未平元都，先與角力，彼人望未絕，困獸猶鬪，聲勢相聞，勝負未可知也。事勢與友諒、士誠又相反。至于閩、廣傳檄而定，區區巴蜀恃其險遠，此特餘事，可少解甲冑之勞矣。"達等皆頓首謝。

　　上一日朝罷，退坐東閣，召諸武臣，問之曰："爾等退朝之暇，亦嘗親近儒生乎？往在戰陣之間，提兵御敵，以勇敢爲先。今閑居無事，勇力無所施，當與儒生講求古名將成功立業之故，事君有禮、謙恭不伐、能全功名者何人？驕淫暴橫、不能保全終始者何人，嘗以爲鑑戒，擇其善者而從之，則可以與古之賢將並矣。"

祭戰没功臣。

　　上念諸將存者得膺爵賞，死者不可復見，乃設壇親祭之，且禄其子孫。又祭戰没軍士，優恤其家。將士莫不感動。

覈天下户口之數。

封汪廣洋爲忠勤伯，劉基爲誠意伯。

十二月，設陝西鹽課提舉司。

以宋濂爲國子司業。

《大明志》成。

　　先是，命儒士魏俊民等編類天下地理形勢爲書，至是成。凡行省十二、府一百二十、州一百八、縣八百八十七、安撫司三、長官司一。命梓行之。

建奉先殿。

上謂禮臣陶凱曰："古云：'事死如事生。'朕祖考陟遐已久，不能致生事之誠，然于追遠之道，豈敢怠忽？今歲時致享，則于太廟。至于晨昏謁見，節序告奠，古必有其制。爾考議以聞。"凱請于乾清宮左別建奉先殿，以奉神御。每日焚香，朔望薦新，節序及生辰皆祭于此。用常饌，行家人禮。上從之。

封薛顯爲永成侯，謫居海南。

顯勇冠三軍，累著奇績。破慶陽，戰王保保、賀宗哲，功尤多。然性剛，妄殺。上屢戒之，不悛。利千戶吳富俘獲，殺而奪之，爲富妻子所訴。上集諸將曰："朕欲加顯極刑，恐人言天下甫定，即殺將帥；欲宥之，則死者何辜？今仍論功封侯，謫居海南。分其禄爲三，二贍富及所殺馬卒家，一養其老母妻子，庶功過不相掩，而國法不廢也。"

定厲祭。

上以兵革之餘，死而無後者，靈無所依，命議祭禮。禮官奏：按《祭法》，王祭泰厲，諸侯祭公厲，大夫祭族厲。泰厲，古帝王之無後者；公厲，古諸侯之無後者；族厲，古大夫之無後者。《春秋傳》曰："鬼有所歸，乃不爲厲。"後世以爲非禮之正，遂不舉行。今宜于國都、王國、各府州縣及里社皆祀之，使鬼有祭享，禍厲不興，亦除民害之一也。上從之。

詔廷臣言得失。

上以日中有黑子，詔廷臣言得失。起居注萬鎰言："日者，陽之精也。日有黑子，是陰奸乎陽也。其在人事，德爲陽，刑爲陰；君子爲陽，小人爲陰。此刑勝德、小人勝君子之象。臣請凡法當死者，皆三覆奏，毋輒置之刑。小人而奸君子之位者黜之，庶天象可回。"吏部尚書郎本忠言："日者,君之象。在陛下修德以禳之,君德修則天變自消。昔宋景一言,熒惑退舍。陛下誠加修省,何天變不可回哉?"上皆嘉納其言。

享太廟。

享畢。上諭陶凱曰："經言'鬼神無常享,享于克誠',心僅方寸,而能格神明,由至誠也。然人心操舍無常,必有所警,而後無所放爲。朕鑄銅人,手執簡,曰齋戒三日。齋期,置朕前,庶幾心有所警而不敢放也。"又諭李善長曰："人心極難點檢。起兵後,血氣方剛,若不自省察,任情行事,誰能奈我?因思心爲身之主帥,若一事不合理,則百事皆廢。所以常自點檢,此身與心如兩敵,然時自相爭戰。凡諸事爲必求至當,以此肇成大業耳。每遇祭祀齋戒之時,以爲當整飭心志,對越神明,而此心不能不爲事物所動,檢持甚難。蓋防閑此身,使不妄動,則自信可能;若防閑此心,使不妄動,尚難能也。"凱頓首曰："陛下所言,乃聖賢治心之道。心治,天下無難治矣。"

辛亥,四年春正月,左丞相李善長致仕。以汪廣洋爲右丞相,胡惟庸爲左丞相。

命征西將軍湯和、征虜前將軍傅友德帥師分道伐蜀。

先是,上遣楊璟招諭明昇。璟至蜀,諭以禍福,使入朝。昇牽于群議,不能決。及吳友仁寇興元,上曰："朕以明玉珍常修事大之禮,故憫明昇穉弱,不忍加兵,數加開諭,冀其覺悟。昇反犯吾興元,不可不討。"乃以湯和爲征西將軍,周德興、廖永忠副之,楊璟、葉昇率舟師由瞿塘趨重慶。傅友德爲征虜前將軍,顧時副之,率步騎由秦隴趨成都。

頒《憲綱》。

御史臺進憲綱四十條。上親加刪定,詔刊行頒給。因謂臺臣曰："元時任官，貴本族，輕中國，南人至不得入風憲。朕用人，惟才是使，無間南北。風憲，作朕耳目，任得其人，自無壅蔽之患。"侍御史唐鐸對曰："臣聞元時遣使宣撫百姓，初出之日，四方驚動，及至，略無所爲。百姓爲之語曰：'奉使宣撫，問民疾苦。來若雷霆，去如敗鼓。'至今傳以爲笑。今陛下任官惟賢明，立法度，所以安百姓、興太平，臣等敢不仰承聖意？"

給守邊士冬衣。

上視朝，謂省臣曰："今日寒甚于冬，京師尚爾。況北邊荒漠之地，冰厚雪深，守邊將士其何以堪？其出庫布帛製棉衣，運給各邊將士。"省臣對曰："將士冬衣，歲有常供。"上曰："朕固知之，特天寒異常，故命加給耳。古人匹夫不獲，引咎在躬，況守邊將士，尤朕所深念者，其給之勿緩。"

以劉惟謙爲刑部尚書。

上諭之曰："膏粱所以充飢，藥石所以療病。使無病之人舍膏粱而餌藥石，適足以害身。仁義者，養民之膏粱；刑罰者，懲惡之藥石。若舍仁義而專務刑罰，是以藥石毒民，非善治之道也。卿爲刑官之長，當體古人欽恤之意，則張釋之、于定國皆可爲矣。"

奉天殿成。

故元遼陽守將劉益以遼東諸郡來歸。

益籍兵馬、錢糧之數并地圖，遣使奉表來降。詔置遼東衛指揮使司，以益爲指揮同知。

策士于奉天殿，賜吳伯宗等及第出身有差。

定武官襲職之令。

武官亡，嫡長子孫襲職，有故則次嫡承襲，無次嫡則庶長子孫，無庶長子孫則弟侄應繼者襲。應襲職者，必試以騎射。若幼則優以半俸，俟長襲職。

詔有司祭歷代帝王陵寢。

禮部奏："前代帝王，自唐以來，皆祭于陵寢。玄宗嘗立三皇廟于郡縣，春秋通祀，而以醫藥主之。"上曰："三皇繼天立極，以開萬世教化之源，而汨于醫師可乎？命郡縣毋得襲[二〇]祀。止命有司祭于陵寢。及歷代帝王曾主中原、安人民者，皆春秋祭祀。"凡三十五：

在河南者十，陳州祀伏羲、商高宗，孟津祀漢光武，洛陽漢明帝、章帝，鄭州祀周世宗，鞏縣祀宋太祖、太宗、真宗、仁宗。

在山西者一，榮河祀商湯。在山東者二，須成祀唐堯，曲阜祀少昊。在北平者三，內黃祀商中宗，滑縣祀顓頊、高辛。在湖廣者二，鄂[二一]縣祀神農，寧遠祀虞舜。在浙江者二，會稽祀夏禹、宋孝宗。在陝西者十五，中部祀黃帝，咸陽祀周文王、武王、成王、宣王、漢高帝、文帝、景帝，興平祀漢武帝，長安祀漢宣帝，三原祀唐高祖，醴泉祀唐太宗，蒲城祀唐憲宗，涇陽祀唐宣宗。

復命陵寢所在，禁民樵采。

閏三月，定宦官品秩、禁令。

自監令正五品至從七品有差，但令月給廩米，不得食俸。上謂侍臣曰："古宦豎不過司晨昏、供灑掃而已。自漢鄧太后以女主稱制，不接公卿，乃以閹人為常侍、小黃門通命。自此以來，權傾人主，其為患如城狐、社鼠，不可驅除。朕謂此輩但當服事宮禁，豈可假以權勢？吾所以防之極嚴，犯法者必斥戒，履堅冰之意也。"

楊璟進次瞿塘，不利。

蜀人以瞿塘天險，遣平章莫仁壽守之，以鐵索橫斷關口。及聞我師臨境，又遣左丞相戴壽、平章鄒興、副樞飛天張益兵固守于鐵索外，北倚羊角山，南倚南城寨，鑿兩岸壁，引纜爲飛橋三，平以木板，置炮石其上，以拒我師。璟遣指揮韋權率兵出赤甲山，逼夔州；遣別將出白鹽山，攻南城寨；璟出大溪口，攻瞿塘。戰不利，赤甲、白鹽之師亦退還歸州。

夏四月，傅友德克階州，遂克文州。

先是，友德陛辭，上密諭之曰："蜀人聞西伐，必悉精銳東守瞿塘，北阻金牛。若出其不意，直擣階文，門戶既墮，腹心自潰。兵貴神速，但患不勇耳。"友德受命，馳至陝，集諸道兵，揚言出金牛，而引兵趨陳倉。選精銳五千爲前鋒，攀緣山谷，晝夜兼行，大軍繼之，直抵階州，蜀守將丁世真拒戰，友德擊走之，遂拔其城，進至文州。世真復集兵據險，汪興祖躍馬直前，中飛石死。友德怒，奮兵急攻，破之。世真以數騎遁去。

湯和平慈利蠻。

先是，周德興討覃垕，久未平。和師至歸州，攻烽火山寨，克之。分遣趙榮取桑植容美洞。及會德興，合攻茅岡。覃垕走，死。夷其寨，諸蠻悉平。

傅友德克綿州。

友德徇下江油、彰明，遂趨綿州。蜀將向大亨拒守，友德遣藍玉夜襲其壘，蜀軍驚擾達旦。友德麾兵乘之，大敗其衆，遂克綿州。大亨走保漢州。

五月，免江西、浙江田租。

六月，傅友德大敗蜀兵于漢州，遂克之。

友德兵至漢州，造戰艦，將渡，欲以軍中消息達湯和，而山川懸隔。適江水暴漲，乃以木牌數千，書克階、文、綿日月，投漢江，順流而下。蜀人見之，解體。戴壽聞階、文破，乃分瞿塘兵，與太尉吳友仁還援漢州。未至，而友德師已薄城下，向大亨悉衆逆戰，友德擊敗之。壽等至，友德下令曰："彼勞師遠來，聞大亨敗，必洶洶，可一戰走也。"乃提驍騎迎擊，大敗之，遂拔漢州。壽與大亨走成都，友仁走古城。友德使顧時守漢州，自將擊古城，友仁又走保寧。

廖永忠大破蜀兵，遂克夔州。

湯和以江水漲駐師大溪口，欲候水平進師。上聞之，遣使讓和曰："傅將軍冒險深入，克階、文諸州。蜀人無險可恃，當水陸並進，使彼首尾受敵，疲于奔命。平蜀之機，正在今日。若候水退，失機誤事，何怯之甚也？"廖永忠聞命，即率所部先自白鹽山伐木開道，至舊夔州，鄒興拒戰。永忠分軍爲前後陣，前軍既接，出後軍兩翼擊之，興大敗。進次瞿塘，山峻水急，鐵索飛橋，橫據關口，舟不得進。永忠乃密遣壯士數百人，舁小舟，逾山度關，出其上流。山多草木，將士皆衣青簑衣，魚貫岩石間，蜀人不之覺也。度已至，乃率精銳，分爲兩道，乘夜以一軍攻其陸寨，一軍攻其水寨。攻水寨將士皆以鐵裹船頭，置火器而前。蜀人盡銳來拒舟師，永忠已破其陸寨矣。既而，舁舟上流者，揚旗鼓譟而下，蜀人大駭。下流之師競進，夾擊，大破之。鄒興中火箭死。乃焚橋斷索，擒八十餘人，殺溺死者無算。永忠遂入夔州。明日，湯和乃至，永忠與和分道而進。和率步騎，永忠帥舟師，會于重慶。

丁世真陷文州，守將朱顯忠死之。

初，傅友德克文州，以指揮朱顯忠守之。丁世真率兵數萬來攻，城中食且盡，外援不至，部下勸顯忠棄城走。顯忠厲聲曰："城存與存，城亡與亡。豈有求活將軍耶？"世真攻圍益急，顯忠裹瘡力戰，不支，城破，爲亂兵所殺。千户王均諒被執，不屈，蜀人磔之。初，顯忠領士卒七百餘人，及城破僅二百人。既而，友德遣兵來援。世真棄兵遁去，復寇秦州，五旬不能下，援兵擊走之，逃竄山谷，爲帳下所殺。

以李信、詹同爲吏部尚書。

上諭之曰："政事之得失，在庶官；任官之賢否，由吏部。卿等持衡秉鑑，宜公平以辨賢否，毋但庸庸充位而已。"

上嘗謂詹同曰："卿，儒者，宜知先古帝王爲治之道。"同對曰："帝王之治無過于唐虞、三代，可以爲法。"上曰："三代而上，治本于心；三代而下，治由乎法。本于心者，道德仁義，其用無窮；由乎法者，權謀術數，其用有時而窮。爲治者違乎此，必入彼。擇術不可不慎也。"

廖永忠師至重慶，蜀主明昇降。

永忠自夔州乘勝直抵重慶，蜀主昇大懼，其右丞劉仁勸昇奔成都。昇母彭氏泣曰："大軍入蜀，勢如破竹，縱往成都，不過延旦夕命耳，何益？不如早降，免生靈于鋒鏑。"昇遂遣使詣永忠納款。永忠以湯和未至，故不受。及和至，昇面縛銜璧，與母彭氏率官屬詣軍門降。和、永忠承制撫慰。下令，禁將士侵掠。遣使送昇于京師。

以故元右丞張良佐、左丞房暠爲遼東衞指揮。

先是，劉益來降。未幾，爲故元平章洪保保、馬彥翠所殺。良佐等擒彥翠，殺之，保保走呐哈出營。衆因推良佐與暠權衞事，以其事聞。上命良佐、暠爲指揮僉事，與吳立共守遼東。

《宴享樂》成。

上厭前代樂章多用諛詞，或鄙陋不雅。乃命陶凱等製《宴享九奏樂章》，至是成，上之。其曲一曰《本大初》，二曰《仰大明》，三曰《民初生》，四曰《品物亨》，五曰《御六龍》，六曰《泰階平》，七曰《君德成》，八曰《聖道成》，九曰《樂清寧》。

　　上命奏之，謂侍臣曰："禮以道敬，樂以宣和，不敬不和，何以為治？元時古樂俱廢，惟淫詞艷曲更唱迭和，又使胡音與正聲相雜，甚非所以導中和、崇治體也。今所製樂音頗協音律，有和平廣大之意。自今一切諠譊淫褻之樂，悉屏去之。"

秋七月，《存心錄》成。

　　上謂侍臣曰："歷代聖王事神之道，罔不祇肅。故百靈效祉，休徵類應。衰世違天慢神，感召灾譴，禍亂因之。朕為是懼，每祭必誠必敬，惟恐未至，故命卿等編此書，欲示鑒戒，俾子孫以為法守。"

置遼東都指揮使司。

　　以馬雲、葉旺為都指揮使，吳泉、馮祥為同知，王德為僉事，總轄遼東諸衛軍馬。

傅友德克成都。

　　友德圍成都，戴壽、向大亨出戰，以象載甲士列陣前。友德命以火器衝之，象却走，躪藉其陣，死者甚眾。及聞明昇降，室家無恙，乃藉府庫，遣子納款。友德按兵入城，得士馬三萬。分兵徇州縣未附者，悉平之。

立元御史大夫福壽祠。

　　上嘉福壽死節，謂省臣曰："壽仗義守職，以身徇國，臨難不避，可謂忠臣。宜立祠，令有司歲時致祭。"

謫祭酒魏觀、司業宋濂。

　　濂上言：世之言禮者，咸取法于孔子，不以古禮祀孔子，褻祀也。古者木主棲神，無像設之事。今搏土而肖像焉，失神而明之之義矣。古者灌鬯炳蕭，求神于陰陽也。今用熏蓺代之。古者祭饗，皆設廷燎，司烜共之，示嚴敬也。今以秉炬當之，非簡且瀆乎？且以荀況之言性惡，揚雄之事王莽，王弼之宗莊、老，賈逵之忽細行，杜預之建短喪，馬融之黨附勢家，亦得從祀，不知其何說也。子雖齊聖，不先父食。故禹不先鯀，湯不先契，文王不先不窋。今回、參、伋坐饗堂上，而其父列食於廡間，顛倒彝倫，莫此爲甚。他如廟制之非宜，冕服之無章，器用雜乎雅俗，升降昧乎左右，雖更僕不可盡。乞釐正之。

上不喜，謫濂安遠知縣。魏觀亦以考禮稽緩，并謫龍南知縣。未幾，皆召還，爲禮部主事。

占城遣使來朝。

封明昇爲歸義侯。

賜第京師。

八月，浡泥國遣使入貢。

周德興克保寧，執吳友仁以歸。

吳友仁據保寧，久不下。上遣使讓湯和曰："爲將貴守機而重料敵。友仁偷旦夕之命，乘機取之，宜無不克。將軍徘徊不進，何也？"和聞詔，即遣周德興會友德兵克其城，執友仁，械送京師。蜀地悉平。

高州海寇羅子仁作亂，雷州衛千户黄青討平之。

九月庚戌朔，日有食之。

三佛齊國入貢。

冬十月，令奏災異。

上謂省臣曰："祥瑞灾異，皆上天垂象。然人情聞禎祥則有驕心，聞灾異則有懼心。其諭天下，遇有灾異，即以實上聞。"

日本入貢。

先是，遣趙秩諭日本。秩至，其國王良懷疑，欲殺秩。秩盛稱天子威德，以讋服之。良懷乃遣其臣僧祖奉表稱臣，隨秩入貢。

著官吏犯贓令。

元末，仕進者貪黷成風，至州縣小吏，非財賂不得進。上深鑒其弊，命官吏犯贓者，法無赦。

征西諸將班師還京。

賞平蜀將士。

上以平蜀之役，傅友德功最大，予上賞。顧時、陳德、何文輝、金朝興等各賞有差。湯和、楊璟、趙庸、朱亮祖皆不與賞。

逮漢中知府費震至京，釋之。

震在漢中多善政。時大饑，鄉民群聚爲盜，震即發倉儲十餘萬賑之，後聞，上嘉嘆。至是，以他事被逮。上曰："震，良吏也。釋之，爲民牧者勸。"震後累官至户部尚書。

十一月，江西參政陶安卒。

初，上用安江西，曰："朕初渡江，卿首率父老見軍門，陳王道，深合朕心。朝夕左右，啓益良多。江西都會上游，非卿不可。"安頓首謝，恐付托不效。既至，威惠甚著。疾革，猶草上時務十二事。卒，贈姑熟公。

壬子，洪武五年春正月，置親王護衛。

瑣里國入京。

遣翰林侍制王褘詔諭雲南。

褘，義烏人，博學能文章，有大志，隱居青巖。上渡江初，徵爲中書省掾，商略機務，每稱子充而不名。上嘗謂曰："吾固知江西有二儒者，卿與宋濂耳。學問之博，卿不如濂；才思之雄，濂不如卿。"累遷起居注，出同知南康府，披荆榛，撫瘡痍，郡以大治。召議即位禮，忤旨，謫通判漳州。尋上疏曰：

臣聞帝王祈天永命，以爲萬世無疆之計，在乎修德而已。修德之要有二：忠厚以存心，寬大以爲政，其大端也。是故，周家以忠厚開國，垂八百年之基。漢室以寬大爲政，成四百載之業。陛下艱難十載，大業已成。今日急務，宜法天道，順人心。夫上天以生物爲心，春夏以長養之，秋冬以收藏之，皆所以生物也。即雷霆霜雪，有時而搏擊焉，有時而肅殺焉，然皆暫也而不常。向使雷霆霜雪，無時而不有，則上天生物之心息矣。人君爲天之子，當體上天生物之心，一動一静，務合乎天，天眷自永。不然，天必示之變異，以儆戒之。臣願陛下法天道者，此也。夫民恃君以爲生，故人君視民之休戚，若己之休戚，以君民同一體耳。古者藏富于民，取之有節，故民生遂而得其所。近發德音，減茶課，免軍需，民心咸悦，庶幾得遂有生之樂。然浙西既平，租税既廣，科斂之當減，猶有可議者。臣願陛下順人心者，此也。法天道，順人心，則存于心者自然忠厚，施於政者自然寬大，祈天永命之道，未有越此者。

上嘉納之。二年，召修《元史》，爲總裁官。書成，拜翰林待制。時，元宋梁王把都據雲南，恃險遠，不肯内附。上以禕有辨才，乃遣諭之。

遣使者詔諭琉球。

徙陳理、明昇于高麗。

陳理、明昇居常鬱鬱，頗出怨言。上聞之曰：“此童儒[二二]輩言語小過，不足問。但恐爲小人蠱惑，不能保其始終。”于是，徙之高麗，仍令高麗王善待之。

命魏國公徐達、曹國公李文忠、宋國公馮勝分道伐虜。

上以王保保屢爲邊患，乃令徐達爲征虜大將軍，出中路，由雁門趨和林；文忠爲左副將軍，出東路，由居庸出應昌；馮勝爲征西將軍，出西路，由金蘭取甘肅，帥師十五萬，分道北伐。

命衛國公鄧愈、江夏侯周德興、江陰侯吳良帥師討廣西蠻，平之。

　　古田澧州諸蠻作亂，上命愈等討之。愈至，誅其首惡，撫其餘黨，凡平二百六十餘洞，籍其民一萬五千。

二月，安南陳叔明弑其主而自立，遣使入貢，却之。

　　叔明逼死其主日煃，遣其臣阮汝霖來朝，貢馴象，覘朝廷意。上却其貢。

定四川茶鹽法。

　　茶每十株，官取其一，歲計得茶一萬九千二百八十斤，貯之官，與西番易馬。鹽井一千四百五十六處，計軍民歲食及市馬歲額之數煎辦。設茶鹽都轉運司。之後，茶運司言：碉門、永寧、筠連諸處，產茶粗惡，惟番夷用之，非巴茶比。宜別立茶局，徵稅貿易，可資國用。其居民所收之茶，亦宜給引販賣，公私便之。乃設茶局五，各以什一徵之。

高麗王顓請遣子弟入太學，許之。

三月，都督藍玉敗王保保于土剌河。

夏四月，宣化盜起，廣西官軍討平之。

　　南寧指揮左君弼藪民無籍者爲軍，又縱部卒入山伐木，民驚擾，遂相率爲盜。詔發官兵討平之。命都督府治君弼罪。

詔天下行鄉飲禮。

　　上以海內宴安，思化民復古，乃令禮部取《儀禮》及唐宋之制，參定鄉飲禮儀，頒行之。

徐達及虜戰于嶺北，敗績。

五月，祭地祇于方丘。

不雨。

上因旱，令宫中皆蔬食。是夜大雨，詰旦，水深尺餘。

六月，定内宫女職。

禮部準漢唐制擬定内官局，應用數百人。上以爲多，乃定設六局一司，局曰尚宫、尚儀、尚服、尚食、尚寢、尚功，司曰宫正。尚寶局〔二三〕，則總行六局之事。凡官七十五人，女使十八人。

馮勝、傅友德取甘肅。

勝等師次蘭州，友德先率驍騎五千，直趨西涼，遇元失剌罕兵，敗之。至永昌，又敗元太尉朶兒只巴。至掃林山，勝師亦至，共擊走元兵，降其太尉鎖納兒加。上都驢知大軍至，率所部吏民迎降。勝等留兵守之。進至亦集乃路，守將卜顔帖木兒舉城降。至別駕山，元歧王朶兒只班遁去，追獲其平章長加奴等，及馬駝、牛羊十餘萬。友德復引兵至瓜、沙州，擒獲無算。

定六部職掌。

吏部，掌官吏黜陟之政。其屬曰"總部"，主銓選；曰"司勛"，主官制；曰"考功"，主考覈。

户部，掌貢賦、經費之政。其屬曰"總部"，掌户口、田土；曰"度支"，掌賞賜、禄秩；曰"金部"，掌庫倉、税課、茶鹽；曰"倉部"，掌漕運、軍儲、出納。

禮部，掌禮儀、祭享、貢舉之政。其屬曰"總部"，掌祠祭、喪葬；曰"膳部"，掌燕享；曰"主客"，掌朝貢、賞賚。

兵部，掌武備之政。其屬曰"總部"，掌軍務、符驗。曰"職方"，掌城池、郵置、烽堠、夷情；曰"駕部"，掌卤簿、車馬、兵器。

刑部，掌刑罰之政。其屬曰"總部"，掌律令、盜賊；曰"都官"，掌徒流、審決；曰"比部"，掌贓罰；曰"司門"，掌門禁。

工部，掌百工、山澤之政。其屬曰"總部"，掌城垣、將作；曰"虞衡"，掌捕獵、冶鑄；曰"水部"，掌水利、橋梁、舟車；曰"屯田"，掌屯務。

各部設郎中、員外郎、主事，分理其事，而以尚書、侍郎總之。歲終考覈，以行黜陟。

李文忠帥師深入，及虜大戰于阿魯渾河，破走之。

文忠兵至口溫，虜棄營遁。進次臚朐河，文忠謂將士曰："兵貴神速，千里襲人，難以重負。"乃令部將韓政守輜重。命士卒各持二十日糧，兼程而進。至土剌河，虜將蠻子哈剌章列陣以待，擊却之。遂至阿魯渾河，虜益衆。文忠督兵轉戰，馬中流矢，急下馬，持短兵接戰。帳下卒劉義挺戈奮擊，以身蔽文忠。指揮李榮見事急，以所乘馬授文忠，自奪虜騎乘之。文忠策馬橫槊，麾衆更進。士卒皆殊死戰，虜大敗，獲人馬以萬計。追至青海，虜衆復集。文忠勒兵據險，椎牛享士，縱所獲馬畜于野，示以閑暇。居三日，虜疑有伏，不敢逼，乃引去。軍還，失故道。至桑歌兒麻地，乏水，士卒多渴死。文忠默禱于天，忽所乘馬跑地長鳴，泉水涌出，軍得不困。顧時與文忠分道入沙漠，迷失道，糧且盡，遇虜兵，士卒疲乏，不能戰。時獨引麾下數百人，躍馬大呼，衝擊，虜兵敗走之，掠其輜重以還，軍復振。曹良臣孤軍深入，戰沒。事聞，上痛悼之。

句容縣獻嘉瓜。

句容民獻二瓜同蒂，中書率百官賀。陶凱言："句容，陛下祖鄉。雙瓜連蒂之祥，獨見於此，實爲上瑞。"上曰："朕否德，何敢當？且草木之祥，生于其土，亦惟其土人應之，于朕何預？若盡天地間，時，和歲豐，乃爲上瑞。不在微物也。"賜其民而遣之。

作《鐵榜》誡勛戚。

上慮勛戚之家冒犯國典，乃作《鐵榜》戒之，若藏匿罪人，私役官軍，强占民田之類，凡九款。

秋七月，湯和及虜戰于斷頭山，敗績。

高麗請發兵討耽羅國，不許。

高麗遣使貢方物，言："耽羅恃其險遠，不奉朝貢，及元人多留居其國，逋逃所聚，恐爲後患。乞發兵討之。"上不許。

八月，太原地震，空中有聲如雷。

九月，詔聖壽節免賀。

前一日，中書請行慶賀禮。上命自今萬壽節及東宮千秋節，俱免慶賀。

周德興平鳳泗諸蠻。

免雜犯發臨濠輸作。

時，營中都，恐力役妨民，乃命凡雜犯死罪可矜者，免死，發中都輸作。

冬十月，遣使諭高麗。

上以高麗貢獻，往來煩數，涉海艱險，諭令三年一聘。并諭占城、安南等國，皆如高麗。

蠲應天等府田租。

北征諸將班師還京。

靖海侯吳禎還京。

先是，禎督餉遼東，因繕城池，練士卒，盡收未附之地。至是還。上曰："海外悉歸版圖，可喜，亦可懼。"禎曰："陛下威德加于四海，復何懼？"上曰："元之天下，地非不廣，及末世荒淫，國祚遂滅，可不慎乎？"

十二月，定有司考課法。

令有司考課，必書農桑、學校之績，以爲殿最。

命類編日録。

陶凱言："漢、唐、宋皆有《會要》，紀載時政。今起居注紀言紀事，藏之金匱，是爲實録。凡日行政事，可垂法後世者，宜編類爲書，使有所考。"從之。

以宋濂爲贊善。

縱内府禽獸。

内宦請增肉飼虎。上曰："養牛以耕，養馬以乘。養虎將何爲？而以肉飼之，是率獸食人也。"命以虎送光禄，他禽獸悉縱之。

癸丑，六年春正月，增置備倭舟師。

廖永忠上言："倭夷竄伏海島，時出剽掠，來若奔豚，去如驚鳥，不易剪捕。請廣洋、江陰、横海水軍四衛，多造輕舸，無事則沿海巡徼，以備不虞。若入寇，則逐之，使不得爲患。"上善其言，從之。

遣徐達、李文忠、湯和、鄧愈、馮勝分道備虜。

上以山西、北平與虜相鄰，乃遣達等分道守禦。戒之曰："禦戎之道，來則拒之，去則勿追，斯爲上策。若窮兵深入，朕所不取，卿等慎之。"

謫右相汪廣洋爲廣東參政。

以其柔懦怠政也。

安南陳叔明請封，不許。

二月戊子，改群牧監爲太僕寺，定養馬法。罷科舉，舉賢良。

先是，開科取士，行之三年，未見得人。上諭省臣曰："朕設科求賢，務得經明行修、文質相稱之士，以資任用。今有司多取後生少年，能以所學措諸行事者甚寡。朕實心求賢，而天下以虛文應之，非朕本意，宜暫停罷。令有司察舉賢才，以德爲本，文藝次之，庶學者知所嚮風。"又曰："鴻鵠之能遠舉者，爲其有羽翼也；蛟龍之能騰躍者，爲其有鱗鬣也；人君之能致治者，爲其有賢人爲之輔也。今山林中豈無德行文藝之士？宜令有司采舉，禮送至京，朕將任用之。"

三月，《昭鑒録》成。

先是，命陶凱等采摭漢唐以來藩王善惡可爲勸戒者爲書，名曰《昭鑒録》，頒賜諸王。

五月，《祖訓録》成。

其目十有三：曰箴戒，曰持守，曰嚴祭祀，曰謹出入，曰慎國政，曰禮儀，曰法律，曰內令，曰內官，曰職制，曰兵衛，曰營繕，曰供用。上親叙之，揭于壁，仍頒賜諸王。

命天下上《山川險易圖》。

上以薄海內外幅員數萬里，欲觀山川形勢、關徼扼塞及道里遠近，命各繪圖以獻。

六月，虜寇武朔，徐達擊却之。

秋七月，以胡惟庸爲右丞相。

八月，以桂彥良爲太子正字。

彥良，慈溪人。被薦，召爲太子正字，入侍大本堂。上詔以治道，彥良對曰："道在正心。心不正則好惡頗，好惡頗則賞罰差，太平未有期也。"時，上懲元氏寬縱，立法甚嚴，有犯必誅。

上謂彥良曰："法數行而數犯，奈何？"對曰："用德則逸，用法則勞。法以靖民，則民勞而弗靖；德以靖民，則民靖于德矣。"

以宋濂爲翰林院侍講學士。

建歷代帝王廟于京師。

上從御史答祿與權言，命禮官考歷代帝王開基創業、有功于民者，立廟祀之。廟制，同堂異室，祀三皇五帝、三王及漢高祖、光武、唐高祖、太宗、宋太祖、元世祖六帝。

禁四六文辭。

上諭群臣曰："典謨、訓誥之辭，質實不華，可爲萬世法。漢、魏間，猶近古。晋、宋以來，文體日衰，駢儷綺靡，古法蕩然。唐、宋名儒輩出，卒未能變。近代制詔章表，仍蹈舊習。朕嘗厭其雕琢，且使事實爲浮文所蔽。自今表箋奏疏，毋用四六，悉從典雅。"

虜寇河州，陳德擊敗之。

九月，設六科給事中。

修《日曆》。

更定《大明律》。

上命刑部尚書劉惟謙更定律令，皆准于唐，笞刑五，杖刑五，徒刑五，流刑三，死刑二。采用舊律二百八十八條，舊令改律三十六條，因事制律三十一條，掇唐律以補遺一百二十三條。其間損益，務合輕重之宜。每成一篇，即繕寫以進。上命揭于兩廡，親加裁定。及成，頒行天下。

上嘗與廷臣論刑法，御史中丞陳寧曰："法重則人不輕犯，吏察則下無遁情。"上曰："不然，法重則刑濫，吏察則政苛。鉗制下民，犯者益衆。鉤索下情，巧僞益滋。唐虞畫衣冠、異章服以爲戮，而民不犯。秦有鑿指、抽脅之刑，而囹圄成市，天下怨叛。今施重刑而又委之察吏，則民無所措其手足矣。朕聞帝王平刑緩獄而天下服，未聞用商韓之法可致堯舜之治也。"寧慚而退。

潞州貢人參，却之。

潞州貢人參。上曰："朕聞人參得之甚艱，豈不勞民？今後不必進。"因謂省臣曰："往年金華貢香米，朕止之。遂于苑中種數畝，每耕耔刈穫之，躬親往觀之，計所入，亦足供用。朕飲無幾，太原歲進葡萄酒，亦令勿進。國家以養民爲務，豈宜以口腹累人？嘗聞宋太祖家法，子孫不得于遠方取珍味，甚得貽謀之道。"

徐達擊王保保兵于懷柔，敗之。

十二月，雲南殺使臣王褘。

褘初至雲南，謂梁王曰："主上神聖，天人所歸。惟爾僻處西南，久沮聲教，故遣使者來諭意。亟奉版圖歸職方，身命俱全，不然天討且至。"梁王不聽，館別室。數日，又説之曰："朝廷以雲南百萬生靈，不忍殱于鋒刃。爾乃恃險遠，拒明命，龍驤鷁艦，會戰昆明，悔無及矣。"梁王意動，爲改館。會元使脱脱至，覘知梁王有二心，欲追殺朝使，以固其意。梁王持兩可，匿褘民間。脱脱聞之，誚梁王。梁王不得已，出褘相見。脱脱欲屈褘，褘罵曰："天訖汝元，我朝代之。汝如爝火餘燼，尚欲與日月争光耶？我將命遠來，豈爲虜屈？有死而已。"顧梁王曰："汝殺我，大兵旦夕至矣。"竟被害，年五十二。

併寺觀，禁女子爲尼。

時，崇尚釋老，徒衆日盛。上惡其惑世蠹民，乃令郡縣止存寺觀一所，併其徒處之。女子非四十以上者，不得爲尼姑、女冠，著爲令。

甲寅，七年春正月。李文忠敗虜于白登。

二月丁酉朔，日食。

免山西田租。

以兵部尚書劉仁爲廣東參政。

仁陛辭，上諭之曰："嶺海去京師數千里，方面之寄必得重臣，特命卿往。凡政事之施，宜恩威兼濟，若一于恩則寬而無制，一于威則嚴而不親。惟恩不流于姑息，威不傷于刻暴，斯政事舉，而民生遂矣。"仁頓首謝。

吐蕃寇蘭州。

蘭州民郭買的叛，入吐蕃，誘之入寇。詔懸賞購捕之。蘭州衛遣其兄著沙與其弟火石歹往招之，買的不從，著沙兄弟斬其首以歸。本衛奏聞請賞。上曰："買的罪固當死，然爲兄弟者，手自刃之，有乖天倫。若賞之，非所以令天下。但以其所獲牛馬給之。"

方國珍卒。

命修闕里。

孔子廟廊、祭器、樂器、法服俱新製，仍設孔、顏、孟三氏子孫教授，訓其族人。

轉漕粟于陝西。

夏四月，都督藍玉敗虜于興和。

桂陽蠻亂，命金吾衛指揮陸齡討平之。

命宋國公馮勝、衛國公鄧愈、中山侯湯和、鞏昌侯郭興分鎮北邊。

召廣東參政汪廣洋爲左御史大夫。

五月，《大明日曆》成。

自上起兵至即位六年，凡征伐次第、禮樂、刑政之類，莫不具載，合一百卷。藏之金櫃，副藏秘書監。宋濂請更輯聖政爲書，傳于天下。從之。于是分四十類，釐爲五卷，名曰《皇明寶訓》，命是後史官日紀録之，隨類增入。

日本國入貢，却之。

　　時，日本國持明與良懷争立，使者齎其國臣書達中書省，而無表文。上却其貢。

六月，汰北方郡縣官。

　　上謂：北方郡縣，有民稀事簡者，設官與煩劇同，禄入供給未免病民。乃命吏部減三百餘人。

七月，李文忠破虜于大石崖。

西番獻葡萄酒，却之。

　　上謂省臣曰："元時進葡萄酒，使者相望于途，勞民甚矣。豈宜效之？却之，使無復進。"

遣故元威順王伯伯諭雲南。

八月，李文忠破虜于豐州。

　　擒答俊海、把都、勿都等十二人、部衆百餘人，斬虜〔二四〕王，獲其妃及其金印。

九月，遣崇禮侯買的里八剌北還。

　　謂廷臣曰："草木無心，遇春而茂盛，遇秋而零落，氣之所感，猶知榮悴，況于人乎？買的里八剌南來五載，能無父母鄉土之情？宜遣之還。"乃厚禮而歸之。復遣其父愛猷識理達臘綺錦衣各一襲，爲書諭之。

十月己未，皇長孫雄英生。

徙江南民，實中都。

　　上以濠州兵革之後，人民稀少，田土荒蕪，乃移江南民十四萬于鳳陽，官給牛種，使開墾荒田。以李善長總之。

冬十一月，《孝慈録》成。

先是，貴妃孫氏薨，敕禮部定喪服之制。尚書牛諒上言："《周禮》：父在，爲母服期年，庶母無服。"上曰："父母之恩一也，而低昂若是，不近人情。"乃命宋濂等考定喪禮。濂奏："古人論服母喪者，凡四十二人。願服三年者二十八人，服期者十四人。"上曰："三年之喪，天下之通喪。觀願服三年比期年者加倍，豈非天理人情之所安乎？"乃定爲服制：子爲父母、庶子爲其母皆三年，嫡子、衆子爲庶母皆期年。仍命以五服喪制著爲書，使内外有所遵守，名曰《孝慈録》，上親序，頒行之。

甘露降于鍾山。

洪武四年、五年至今，凡三降。劉基作《頌》以獻。

十二月，《御注道德經》成。

上以《道德經》"五色令人目盲，五音令人耳聾"與"聖人去甚、去奢、去泰"之類，有裨于養生治國之道，乃自注之。

監察御史答禄與權請行禘禮，不報。

與權言："古之王天下者，既立始祖之廟，又推始祖所自出之帝，祀之于始祖之廟，而以始祖配之，故曰禘。禘，王者之大祭也。周祭太王爲始祖，推本后稷以爲自出之帝。今皇上受命已七年矣，而禘祭未舉，宜命群臣參酌古今而行之，以成一代之典祀。"

下禮部、太常寺、翰林院議，以爲虞夏、商周世系明白，其始祖所從出可得而推，故禘可行。漢唐以來，世系無考，莫能明其始祖所自出。當時所謂禘祭，不過祫祀祧主，序昭穆而祭之，乃古之大祫，非禘也。宋神宗嘗曰："禘者，所以禘祖之所自出。莫知祖之所自出，禘禮不可行也。"今國家既已追尊四廟，而始祖之所自出者未有所考，則于禘祭之禮似難舉行。

　　上是其議。

遣吳禎籍方氏故兵。

　　時，遣靖海侯禎往浙東，收籍方氏台、溫、明三郡故兵。禎至，無賴惡少挾私逞怨，妄引平民富室爲兵，瀕海大擾。寧海知縣王士弘曰："吾寧獲死，不可誣良民爲兵。"即上封事，辭甚懇切。上即詔罷之。

詔天下存恤煢獨。

詔鄧愈、湯和還京。

校勘記

〔一〕"祀"，（明）俞汝楫《禮部志稿》卷八十一作"時"。

〔二〕"祀"，同前作"紀"。

〔三〕"星"，同前作"星辰"。

〔四〕"或以社對帝，則祭祀所乃所以親地也"，同前作"或以社對郊，則祭社乃所以親地也"。

〔五〕"中"，同前作"上"。

〔六〕"焉"，同前作"爲"。

〔七〕"陝"，當作"陳"。（清）谷應泰《明史紀事本末》卷八："壬子，副將軍常遇春率兵至嵩州，守將李知院迎降。甲寅，入其城。分兵下未附諸山寨。戊子，元鞏縣孟夏寨參政李成降。庚申，元福昌知院張興、鈞州守將哈喇婁、許州右丞謝李、陳州知院楊崇，各遣人詣大將軍降。"

〔八〕"給使□而已"，（明）王世貞《弇山堂別集》卷九十一、（清）谷應泰《明史紀事本末》卷十四作"給使令而已"。

〔九〕"元平章阿思蘭保保象州"，疑衍一"保"字。（清）谷應泰《明史紀事本末》卷七："元平章阿思蘭自全州之敗，率餘衆退保象州。"

〔一〇〕"辛世傑"，《明史》卷五十二《禮志六》、（明）俞汝楫《禮部志稿》卷八十三作"桑世傑"。

〔一一〕"己酉，二年春正月"，底本闕。據清《御定資治通鑑綱目三編》卷一、清《御批歷代通鑑輯覽》卷一百補。參閱（明）丘濬《大學衍義補》卷二十二《治國平天下之要·制國用·貢賦之常》、（明）湛若水《格物通》卷九十四《蠲租》。

〔一二〕"思道城險而兵"，（清）谷應泰《明史紀事本末》卷九作"思道城險而兵悍"。

〔一三〕□，底本中"援"字旁有一字，漶漫不清。

〔一四〕"抹"，當作"秣"。

〔一五〕"安南定"，疑衍一"南"字。

〔一六〕"任本中、睢賈"，《明史》卷七十三《職官志》、清《欽定續文獻通考》卷五十四、清《欽定續通典》卷二十五作"王本中、睢稼"。

〔一七〕"陳極"，《山西通志》卷一百七《人物·楊憲傳》作"陳桱"。

〔一八〕"唐勝宗延平"，當作"唐勝宗延安"，《明史》卷一百三十一《唐勝宗傳》："洪武三年冬封延安侯"。

〔一九〕"楊璟滎陽"，當作"楊璟營陽"，《明史》卷一百二十九《楊璟傳》："（洪武）三年，大封功臣，封璟營陽侯。"

〔二〇〕"襲"，（明）俞汝楫《禮部志稿》卷八十五上作"褻"。

〔二一〕"鄂"，（清）谷應泰《明史紀事本末》卷十四、（明）俞汝楫《禮部志稿》卷八十五上作"鄱"。

〔二二〕"儒"，當作"孺"。

〔二三〕"尚寶局"，《明史》卷七十四《職官志三》、（明）俞汝楫《禮部志稿》卷六十一作"尚官局"。

〔二四〕"虜"，《明史》卷一百二十六《李文忠傳》、清《御批歷代通鑑輯覽》卷一百作"魯"。

國史紀聞卷三

乙卯，洪武八年春正月，以鄭州知州梁敏爲工部侍郎。

時，守令來朝。上以敏治行第一，擢爲工部侍郎。濟寧知府方克勤亦多善政，賜宴於禮部，以寵異之。

置中都國子學。

戒備邊諸將。

時，北邊諸將顧時、藍玉等高會酣飲，不恤軍士。上奪其俸，仍遣使敕諭徐達等，使詳察之。

遣鄧愈、湯和督兵屯田。

愈往陝西，和往河北。又遣指揮馮俊等於北平等處，各屯田。

命天下立社學。

詔存恤煢獨。

上諭省臣曰："天下一家，民猶一體，有不獲其所者，當思所以安養之。昔朕在民間，目擊鰥寡孤獨、饑寒困踣之徒，常自厭生，恨不即死，心常惻然。今代天理物，已十餘年，若天下之民有流離失所者，朕之過也。其令有司體訪以聞，月給衣糧。"

二月，《御製資世通訓》成。

上謂侍臣曰："朕統一寰宇，晝夜弗遑，思以化民成俗，復古之道，乃著是書，以示訓戒耳。"書凡十四章，其一君道十八事，次臣道十七事，又次士、民、工、商十二章，皆申戒士庶之意，詔刊之。

帝耕籍田於南郊。

申明馬政。

　　上謂刑部尚書劉惟謙曰："馬政，國家所重。近設太僕寺，俾畿民養馬，期於蕃息。恐所司牧養失宜，行當告戒之。昔漢初，一馬值百金，天子不能具鈞駟。及武帝時，衆庶街巷有馬，阡陌成群，遂能北伐强胡，威服戎狄。唐初，纔得隋三千，及張萬福爲太僕，至七十餘萬。此非官得其人，馬政修舉故耶？爾爲朕申明馬政，嚴督有司，盡心芻牧。有不如令者，罪之。"

三月，造寶鈔。

　　時，中外皆置局鑄錢。有司責民出銅，民間皆毀銅器輸官，鼓鑄甚勞，而奸民多盜鑄。商賈轉易，錢重道遠，不便。上以宋有交會法，而元時亦嘗造交鈔，易於流轉，可去盜鑄之害，遂詔中書省造之。

選國子生分教北方。

　　上以北方喪亂之餘，人鮮知學，乃選太學林伯雲等三百六十六人，遣使分教北方。

立張巡、許遠廟於歸州。

　　命有司歲時致祭。

《洪武正韵》成。

　　上以舊韵起於江左，多失正韵，乃命學士樂韶鳳等更正之。書成，名《洪武正韵》，頒行之。

大將軍徐達還自北平。

夏四月，帝如中都，尋還京。

誠意伯劉基卒。

　　初，上欲相胡惟庸，以問基，基不可，曰："此小犢，將僨轅。"後惟庸竟相。基謂人曰："使吾言不驗，蒼生之福也。"惟庸聞而銜之。甌括間，有隙地號淡洋。元末奸民負販私鹽，因致亂。基請設巡檢司，處豪吏持郡縣事，匿不以聞。基令子璉奏之。豪因誣言，地有王氣，基欲得之，有異圖。事下政府，胡惟庸修夙憾，坐基死。上以基舊勛，弗問，但移書責基。基懼，詣闕請罪，遂留京師，不敢歸。無何，疾作。惟庸以醫來視，基飲其藥，念篤，有物如卷石積腹中。賜告歸，抵家，卒，年六十五。且卒，緘《天文書》，授子璉，曰："服闋，即上之。勿令後人習也。"又曰："胡惟庸必敗。主上當思我，若有問，但奏：'先臣基，願陛下修德省刑，爲政寬猛，當如循環耳。'"基剛毅慷慨，智慮絕人。每遇急難，計畫立就，人莫能測其機。上任以心膂，常曰："卿吾子房也。"基感知遇，知無不言。上芟削群雄，戡定天下，基帷幄之功居多。家居，飲酒奕棋，口不言功。又以文章爲當代首稱云。

五月，遣宦者趙成市馬西番。

西番不通泉貨，自更錢幣，馬至者少。乃命成以綺帛幷巴茶往市之。成宣諭德意，番酋感悦，爭以馬來售。

遣朱亮祖、傅友德北平備邊。

謫禮部員外吳伯宗於鳳陽，尋召還。

時，胡惟庸專橫，伯宗剛直不屈。惟庸銜之，坐事，出之鳳陽。伯宗上疏，論時政，因指斥惟庸罪狀，不宜獨任，辭甚切直。上覽其奏，即召還。

秋七月己未朔，日有食之。

定五祀禮。

孟春祀司户，孟夏祀司竈，季夏祀中霤，孟秋祀司門，孟冬祀司井。

免江南北田租。

八月己亥，故元王保保卒。

保保自定西敗走和林，愛猷識理達臘復任以事。後徙金山之北。至是，卒。其妻毛氏，亦自經死。

京師大旱。

開登萊河。

宴儒臣於內殿。

上爲《秋水賦》，召翰林諸臣觀之，令各撰一篇。宋濂率同列次第獻賦。上覽畢，賜坐，敕大官設饌，內臣行觴。濂不能飲，上強之，立盡一觴，面頳，行不成步。上笑曰："卿宜自述一詩，朕亦爲卿賦《醉歌》。"上賦成，賜濂，濂頓首謝。上仍命群臣各賦《醉學士歌》，見一時君臣同樂之意云。

九月，遣湖廣參政吳雲使雲南，未達，死之。

上謂雲曰："今四夷賓服，獨雲南一隅未奉正朔，卿能爲朕作陸賈乎？"雲對曰："臣奉陛下威德，曉以禍福，彼必附順。若冥頑不從，興師未晚。"遂遣雲行。時，梁王使其臣鐵知院等使漠北，爲徐達所獲，送京師。上釋之，命與雲偕行。至雲南沙糖口，鐵知院等謀曰："吾屬奉使不達，罪必不免。"於是，共說雲，令胡服，詐爲元使，逼令改易制書給梁王。雲不從，以死自誓。鐵知院知不可奪，遂殺之。

吳禎率舟師，自海道還京。

冬十月壬子，命皇太子諸王講武中都。

十一月，甘露降於南郊。

群臣稱賀。上曰："人情好祥惡妖，然天道幽微莫測。若恃祥不戒，祥未必吉；睹妖能懲，妖未必凶。朕德不逮，惟圖修省不暇，豈敢以此爲己所致哉？"

十二月，虜吶哈出寇遼東，守將馬雲、葉旺擊敗之。

先是，上敕遼東都司曰："天寒冰結，虜必入寇，宜堅壁清野,以待之。伏兵險阻,扼其歸路,必成擒矣。"至是,呐哈出果入寇。馬雲覘其將至,使蓋州衛指揮吳立嚴兵城守。虜至,知有備,不敢攻,徑趨金州。時,金州城垣未完,指揮韋富、王勝等勵士卒,登城禦之。呐哈出裨將乃剌吾恃勇率數百騎,徑抵城下,中弩被獲,虜勢大沮。呐哈出慮援兵且至,遂引去。葉旺策其將退,先引兵趨柞河,緣河叠冰爲墻,以水淋之,經宿,皆凝沍,隱然如城。藏釘板於沙中,設陷馬穽於平地,伏兵以待之。命老弱卷旗,登兩山間,戒以聞炮即豎旗鳴鼓。虜至,炮發,伏兵四起,兩山旌旗蔽空,鼓聲雷動,矢石如雨。呐哈出倉皇北奔,趨連雲島,遇冰城,馬不能前,皆陷穽中,遂大潰。馬雲於城中亦出兵夾擊,追至畢栗河,斬獲無算,呐哈出僅以身免。

丙辰,九年春正月,命湯和、傅友德備邊延安。

時,伯顔帖木兒數爲邊患,上命和等帥師備之。和至延安,伯顔帖木兒乞降。上聞之,召諸將還,獨留傅友德屯邊。密戒曰:"無事而請降,兵法所戒,其慎之。"伯顔帖木兒果入寇,友德大破之,俘其衆。故元平章兀納歹遂執伯顔以降。

二月,定諸王公主歲禄。

三月,太白晝見。

免南畿、山西、陝西、河南、福建、江西、浙江、北平、湖廣田租。

夏四月,日本國入貢。

先是,倭屢入寇,上命中書省移文責之。至是,遣使謝罪,并貢方物。

安南入貢。

六月,以宋濂爲翰林學士承旨。

上謂濂曰:"朕以布衣爲天子,卿亦起草萊,列侍從,爲開國文臣之首。俾世世與國同休，不亦美乎？"官其子璲爲中書舍人，孫慎爲序班。以濂艱于行步，選良馬以賜之。上親作《良馬歌》，以示寵異。

改行中書省爲承宣布政使司。

初，設行中書省，六部尚書往往出爲參知政事。至是，改爲承宣布政使司，設左右布政使各一人，左右參政各一人，左右參議各一人。

以監察御史殷敏爲饒州知府。

敏爲治廉明，有惠愛。樂平民詣闕，訴大姓五十餘家謀逆，詔指揮率兵捕之。兵至饒，敏驚曰："樂平民素淳朴，未必有此。吾爲郡守，不可使死于無辜，請先往察之。"比至，民耕牧如常時。敏得告者，乃無賴少年，以假貸不得，怨諸大姓，故誣之，冀獲賞耳。於是，力辨其誣，妄告者竟伏誅。

更定《大明律》。

上覽《大明律》，有未當者，謂胡惟庸等曰："昔蕭何作《漢律》九章，甚爲簡便，張湯猶得以私意亂之。況始未盡善，其能久無弊乎？可詳議更定以聞。"於是，惟庸等復加考訂釐正，凡十有三條。

西戎叛，岐寧衛經歷熊鼎死之。

先是，西戎朶兒只班率其部落來附。上以刑部主事熊鼎有才略，改岐寧衛經歷鎮撫之。鼎至，覺戎有二心，密疏以聞。上遣中使趙成召還，行至西涼，戎果叛，遣其酋長脅鼎還，鼎責以大義，遂與趙成俱被害。上悼惜之。

秋七月癸丑朔，日有食之。

八月，李善長有罪，宥之。

上以善長元勛，禮遇甚渥。子祺尚臨安長公主。上疾，旬日不視朝。善長父子不一至闕。起居汪廣洋等交章劾其負恩失禮，請付法司正罪。上以小過，不問。

閏九月，詔求直言。

時，以五星紊度，日月相刑，下詔求言。於是，山東布政吳印、御史孫化、刑部主事茹太素、海州學正曾秉正各應詔陳言。上多采納。

逮平遙訓導葉居昇下獄。

居昇聞下詔求言，謂人曰："今天下有三事，其二易見而患小，其一難知而禍大。此三者，積於吾心久矣。縱上不求言，猶將言之，況有明詔乎？"遂慷慨上疏，其略曰：

臣觀當今大事過者有三：曰分封太侈也，用刑太繁也，求治太速也。

《傳》曰："都城過百雉，國之害也。先王之制，大都不過三國之一，中五之一，小九之一。"使上下各有定制，所以強幹弱枝，遏亂原也。國家分封諸王，以樹藩屏，蓋懲宋、元孤立之弊。然而秦、晉、燕、齊諸國，各盡其地而封之，都城之制亞於天子，賜以甲兵衛士之盛。臣恐數世之後，尾大不掉，如漢之七國、晉之諸王，緣間而起，防之無及。昔賈誼勸漢文帝，早分諸國之地，空之以待諸王子孫，謂力少則易使以義，國小而無邪心，使文帝盡從誼言，必無七國之禍。願及諸王未國之先，節其都邑之制，減其衛兵，限其疆里，亦以待其子孫，然後可以與國同休，世世無窮矣。

臣又觀歷代開國之君，未有不以尚德緩刑而結民心，亦未有不以專事刑罰而失民心，國祚長短，悉由於此。宋、元中葉之後，紀綱不振，專事姑息，賞罰無章，以致亡滅。主上痛懲其弊，故制不宥之刑，權神變之法，使人知懼而莫測其端。夫刑罰貴乎得中，過與不及，皆非天討有罪之意也。笞、杖、徒、流、死，今之五刑也。用之既無假貸，一出乎大公至正可也。而用刑之際，多出聖衷，致使治獄之吏務從深刻以趨上意，深刻者多獲功，平允者多獲罪。或至以贓罪多寡爲殿最，欲求治獄之平允，豈易得哉？故必有罪疑惟輕之意，而後好生之德洽於民心，必有王三宥然後刑之政，而後有囹圄空虛之效，此非可以淺淺致也。古之爲士者，以登仕版爲榮，以削籍爲辱。今之爲士者，以混迹無聞爲福，以受玷不錄爲幸，以屯田工役爲必獲之罪，以鞭笞捶楚爲尋常之辱。其始也，朝廷取天下之士，網羅無遺。有司催迫上道，如捕重囚。比至京師，而除官多以貌選，故所學或非其所聞，而所用或非其所學。洎乎居官，言動一跌於法，苟免誅僇，則必屯田工役之科。所謂取之盡錙銖，用之如泥沙，率是爲常，少不顧惜，此豈人主樂爲之？欲人之懼而不敢犯法。切〔一〕見數年以來，誅殺亦可謂不細矣，而犯者日月相踵，豈下人之不懼法哉？良由激濁揚清之不明，善惡賢愚之無別，以致人不自屬，而爲善者怠耳。今之居位者，多無廉恥。當未仕之時，則修身畏慎，動遵律法，一入於官，則以禁網嚴密，朝不謀夕，遂棄廉恥，或事掊剋，以修屯田工役之資者，率皆是也。若是非用刑之煩者乎？漢之世，嘗徙大族於山陵矣，未聞實以罪人也。今鳳陽皇陵所在，龍興之地，而率以罪人居之，以怨嗟愁苦之聲充斥園邑，殆非所以恭承宗廟意也。近令願入軍籍者聽之，免罪復官者宥之，而猶聞拘其餘丁、家小。夫有罪之家長，既赦而任以政矣，餘丁、家小復何罪哉？凡此皆臣所謂大過而足以召災異者也，未見其可以結民心，而延國祚也。晉郭璞有言："陰陽錯繆，皆煩刑所致。"臣願自今朝廷宜錄大體，赦小過，明詔天下，修舉"八議"之法，嚴禁深刻之吏，斷獄平允者遷之，苛刻聚斂者罷之。如此，則足以隆好生之德，樹國祚長久之福，而兆民自安，天變自消矣。

昔者，周自文武至於成康，而後教化大行；漢自高帝至於文景，而後號稱富庶。文、武、高帝非不能使教化行致富庶也，蓋天下之治亂，氣化之轉移，人心之趨向，皆非一朝一夕之故，致治之道，固不可驟。今國家紀元九年，於茲偃兵息民，天下大定，綱紀正，法令行，亦可謂安矣。而主上切切以民俗澆漓，人不知懼，法出而奸生，令下而詐起。故或朝誅而暮犯者，有之；昨日所進，今日被戮者，有之。乃致令下而尋改，已赦而復收，天下臣民莫之適從，而不能相安者，甚不稱主上求治之心也。愚臣謂天下趨於治也，猶堅冰之將泮也。冰之堅，非太陽一日之光能消之也。陽氣發生，土脈微動，然後能使之融釋。聖人之治天下，亦猶是也。刑以威之，禮以導之，漸以仁，摩以義，而後其化熙熙。孔子曰："如有王者，必世而後仁。"此非空言也。

求治之道，莫先於正風俗；正風俗之道，莫先於使守令知所務；使守令知所務，莫先於使風憲知所重；使風憲知所重，莫先於朝廷知所尚，則必以簿書、期會、獄訟、錢穀之不報爲可恕，而俗流失、世敗壞爲不可不問，而後正風俗之道得矣。風俗既正，天下其有不治者乎？郡守、縣令爲民師帥，以善導民，使化成俗美者也。今之守令以戶口、錢糧、簿書、獄訟爲急務，至於農桑、學校，王政之本，乃視爲虛文，置之不問。小民不知孝弟、忠信爲何物，爭鬭之俗成，奸詐之風熾，而禮義廉恥掃地矣。此守令未知所務之失也。風紀之司，所以代朝廷宣導風化。今專以訟獄爲要務，以獲贓多者爲稱職，以事績少者爲闒茸。但知去一贓吏，決一獄訟爲治，而不知勸民成俗、使民遷善遠罪，爲治之大者也。此風憲未知所重之失也。

《王制》：論秀於鄉，升於司徒，曰選士；司徒論其秀士，而升於太學，曰俊士；太學又論造士之秀，升諸司馬，曰進士；司馬辯論官材，論定，然後官之。任官，然後爵之。其考之詳如此。今天下郡邑，生員考於禮部，升於太學，或未數月，遽選入官者，間亦有之。臣恐此輩未諳時政，未熟朝廷禮法，不能宣導德化，上乖德政，下困黎民。雖曰國家養育之仁，然世間奇才罕有。開國以來，選舉不爲不多，選任不爲不重，賢者能有幾乎？凡此皆臣所謂求治太速之過也。

疏入，上怒其離間骨肉，逮繫詔獄，竟死獄中。

冬十月，更建太廟，成。

前正殿，後寢殿。寢殿九室，主皆南向，時享。正殿，則德祖南向。懿祖以下皆東西向。

十二月，送故元臣蔡子英出塞。

子英，河南永寧人，元季舉進士，爲擴廓帖木兒所知，累官顯要。定西之敗，子英單騎走關中，匿南山。有司以形求得之，械送京師。至江濱，復亡去。又捕得之，械過洛陽，遇湯和，不爲禮。和怒，燃其鬚，懼之，終不屈。其妻寓洛陽，欲見之，子英避，不與見。至京，上命釋之，授以官，不受。退而上書，曰："陛下以萬乘之尊，全匹夫之節，易其冠裳，授以名爵。臣感恩無極，非不欲竭犬馬，報覆載之仁。但以名義所在，不敢改其初志。自惟家本韋布，遭值亂離，操戈行伍，過蒙主將知薦，仕至七命，躍馬食肉，十有五年，愧無尺寸之功，以報國士之遇。及國家板蕩，又復失節，何面目見天下士？所以寧死不敢有他志。蓋臣之事君，猶女之適人，一與之醮，終身不改。管子曰：'禮義廉恥，國之四維。四維不張，國乃滅亡。'陛下創業垂統，正當提挈大經大法，以昭示子孫。不宜以無禮義廉恥之俘虜廁於維新之朝、賢士大夫之列也。臣自被獲以來，日夜所思，惟追咎昔之不死，以爲今日惟死可以塞責。陛下若察臣之愚，全臣之志，禁錮海南，以終薤露之命，則雖死於炎瘴，亦感恩極矣。"上覽奏，益重之，命館於儀曹。忽一夜大哭不止。人問其故，子英曰："思舊主耳。"語聞，上知其志不可奪，敕有司送出塞外。

丁巳，十年春正月，翰林承旨宋濂致仕。

濂瀕行，上深眷念，曰："卿去，何時復來？姑徐徐行。"由是，朝夕左右者累日。賜楮幣、文綺，遣使護行。濂感上恩，請歲一來朝。時，詔言事，有上疏萬餘言者。上厭其迂衍，欲罪之。群臣有阿意者，指其疏曰："此不敬，此詆謗。罪當誅。"上笞之，而怒猶未解。濂曰："彼應詔上疏，其心爲國家耳，烏可深罪？"已而，上覽疏，中有足采者，召阿意者，詬曰："吾怒時，若不能諫，乃激吾誅之，何異以膏沃火？向非宋景濂之言，不幾誤罪言者耶？"

高麗請謚其故主顓，不許。

顓被弒已久，始來請謚。上曰："是將假朝命，鎮服其民，且以掩弒逆之惡。"不許。

給銓選官道里費。

上謂省臣曰："昔元時選官淹滯，資用既乏，流爲醫卜，使賢者喪其所守，非朝廷待士之道也。今聽選者，早與銓注，皆與道理費，給舟車遣之。"

免官員徭役。

　　上謂侍臣曰："執役者，庶民之事。若賢人君子，既貴其身，復役其家，則君子、野人無所分別，非勸士待賢之道。自今悉免其徭役，著爲令。"

三月，白虹貫日〔二〕。

夏四月，命征西將軍鄧愈、副將軍沐英率師討吐蕃，破之。

　　先是，吐番邀殺烏思藏使者，掠其輜重。上命愈等討之。愈等分兵三道，深入其地，追至昆侖山，俘斬萬計，沿邊置戍而還。

五月，户部主事趙乾棄市。

　　先是，荆蘄被水，命乾往賑。乾遷延半載，始發粟，民饑死者甚衆。上怒其不恤民艱，戮之。

六月，詔言事者實封直進。

　　上慮耳目壅蔽，下情不能上達，微賤之人敢言，而不得言；疏遠之士欲言，而恐不見信。乃令天下臣民，凡言事者，實封直達御前。上嘗諭侍臣曰："舍己從人，改過不吝，帝王之美事。朕屢敕廷臣直言無諱，至今少有啓沃朕心者。"侍臣對曰："陛下聰明天縱，事無缺失，群臣無可言者。"上曰："朕日總萬幾，安能盡善？所望者，左右之臣盡忠補過耳。如卿所言，非朕所望也。"

命皇太子處分軍國事。

　　上欲皇太子練習幾務，乃令百司，政事先啓太子處分，然後奏聞。諭之曰："人主日有萬幾，一事得，天下蒙其利；一事失，天下受其害。自古惟創業之君，歷涉勤勞，達於人情、物理，故處事鮮有過當。守成之君，生長富貴，若非平昔練達，臨政少有不謬者。故吾特命爾日臨群臣，聽斷諸司啓事，以練習國政。惟仁則不失於躁暴，惟明則不惑於邪佞，惟勤則不溺於安逸，惟斷則不牽於文法。凡此皆以一心爲之權度，苟無權度，未有不失其當者，如悔而改，亦已晚矣。吾自有天下以來，未嘗暇逸，於諸事務惟恐毫髮失當，以負上天付托之意。戴星而朝，夜分而寢，日未有善，寢亦不安，此爾所親見也。爾能體而行之，天下之福。吾無憂矣。"

斥宦官言事者。

中官有供事内庭、從容言及政事者，上即逐之。謂群臣曰："自古明君，凡有政事，必與公卿大夫謀諸朝廷，未聞近習得與政者。閹寺之人，朝夕在人主左右，其小善小信，足以固結君心。一爲所惑，將假威福、竊權勢，爲禍不小。此宦者雖事朕日久，決然去之，所以懲將來也。"

秋七月，設通政使司。

以曾秉正爲通政使。

乙巳，遣監察御史巡按州縣。

八月，改建大祀殿于南郊。

上以分祭天地，於心未安，欲舉合祀之典，乃命即圜丘舊址建大祀殿。

改建社稷壇於闕右。

暹羅國入貢。

以胡惟庸、汪廣洋爲左、右丞相，陳寧、丁玉爲左、右御史大夫。

宋濂來朝。

九月，江浙大水，免今歲田租。

冬十月，觀心亭成。

時，宋濂來朝。上召濂語之曰："人心易放，操存爲難。朕日酬庶務，罔敢暇逸。況有事郊廟、社稷，尤用祗惕。故作此亭，名曰觀心，卿爲朕記之。"

熒惑犯輿鬼。

封沐英爲西平侯。

遣使立麻那者巫里爲三佛齊國王。

大內宮殿成。

上見宮殿制度不侈，甚喜。謂侍臣曰："人主嗜好，所繫甚重，節儉足以養性，侈靡必至喪德。朕富有四海，何求不遂，然惟恐驕盈。凡有興作，必量度再三，不獲已，而後爲之，未嘗過度。皇后亦能儉以率下，躬服浣濯，非故爲矯飾，恐暴殄天物，剝傷民財，不敢不謹耳。"

十一月，皇孫允炆生。

衛國公鄧愈卒。

愈自河州班師，至壽春，以疾卒。訃聞，上哀慟，追封寧河王，諡武順。車駕臨奠，命配享太廟，仍肖像祀於功臣廟。愈器量宏偉，沉毅謙恭，臨大敵而不懼，建大功而不矜，禮賢下士，寬惠愛人。所歷八郡之民，皆懷其德。

合祀天地於奉天殿。

都督濮真征高麗，被執，不屈死之。

真被執，高麗王愛其勇，欲降之。真大罵曰："吾爲天朝大臣，豈降夷虜？爾不知大丈夫有赤心，肯汝屈耶？"即抽刀剖心而死。王初意止欲脅真，不虞其死。真死，王大懼，遣使謝罪，并歸真從行軍士。上曰："真當危難，秉義不屈，忠節可嘉。"追封樂浪公，諡忠襄。子璵方在襁褓，封爲西梁侯。

松番蠻作亂，遣御史大夫丁玉討之。
十二月丁巳朔，日有食之。
録用死事諸臣子孫。
  凡五百十一人。
復靖江王守謙爵，徙雲南，尋安置鳳陽。
戊午，十一年春正月，進封中山侯湯和爲信國公。
改封吳王爲周王。
二月，減邊商鹽價。
  鹽價太重，商人輸粟者少。上命量地遠近，各減價有差。
命皇太子詣中都祀皇陵，中書右丞相汪廣洋從。
二月，祭大社大稷，奉仁祖配。
三月，命吏部課考績官。
  河間知府楊冀安等考績來朝。上命吏部曰："考績之法，所以旌別賢否，以示勸懲。宜課其殿最，第爲三等：稱職無過者爲上，賜坐而宴；有過稱職者爲中，宴而不坐；有過不稱職者爲下，不預宴，序立於門，宴者出，然後退。"上又謂吏部曰："朝廷懸爵禄以待士，資格爲常流設耳。若有異才，豈拘常例？庶官有才能，伏下位，當不次擢用之。"由是，李文煥以西安知府、費震以寶鈔提舉俱擢爲戶部侍郎。
禁奏事關白中書。
夏四月，以朱夢炎爲禮部尚書。
五月，元嗣君愛猷失理達臘殂，子脱古思帖木兒立。
選武臣子讀書國子監。
六月壬子，遣使祭故元嗣君。
八月，詔免南畿、河南、陝西、廣東、湖廣田租，蘇松、楊台海溢。

西番入寇，命西平侯沐英爲征西將軍，率兵征之。

英率藍玉、王弼等征西番，首取甘朶，降其萬户乞失迦，夷其部落，俘獲無算。洮州十八族番鬼三副使汪舒朶酋只、阿烏卜商等據納鄰七站之地，英進兵擊之。

九月，有星孛於天井。

追封劉繼祖爲義惠侯。

冬十月，大祀殿成。

十二月，宋濂來朝。

己未，十二年春正月，合祀天地於南郊。

松州土酋作亂，御史大夫丁玉討平之。

二月，遣曹國公李文忠督理河、岷、臨、鞏軍務。

置洮州衛。

英等兵至洮州，阿卜商等遁去，追擊，敗之。遂於東籠山南川，度地勢築城戍守，遣使告捷，且請城守事宜。上曰："洮州，西番門户。築城戍守，是扼其咽喉也。"遂命置洮州衛。李文忠言："官軍守洮州，餽運甚艱。"上諭之曰："洮州，西控番戎，東蔽湟隴，西邊之要地。今若棄之，數年後，番人將復爲邊患矣。慮小費而生大患，非計。令將士慎守，無憂餽運也。"

遣信國公湯和練兵臨清。

三月，以樂韶鳳爲國子祭酒，尋致仕。

夏四月，免北平田租。

以久不雨也。

置松州衛。

五月，靖海侯吳禎卒。

追封海國公。

六月，高麗龍州鄭白等來降。

白等率妻子來降，遼東守將潘敬以聞。上敕敬曰："人情安土重遷，豈有舍桑梓而歸異鄉者？此必示弱於我，當諭令還，以破其奸。《春秋》云：'毋納逋逃。'不然，邊患由此啓矣。"

命都督馬雲率兵征大寧。

秋七月，御史大夫丁玉討蜀寇等，平之。

初，彭普貴等作亂，焚掠郡縣。官兵討之，不克。至是，玉盡殲其眾。上敕勞之。

九月，征西將軍沐英班師還。

以丁玉爲左御史大夫。

冬十月，以吳沉爲翰林待制。

上觀《漢武帝紀》，謂沉曰："人君理財之道，當視國如家，一家之內，父子異貲，家必隳。君民，猶父子也。若損民以益君，民貧而君獨富，寧有是理？"上又謂沉曰："人當無所不謹，事雖微而必慮，行雖小而必防。不慮於微，終貽大患；不防於小，終虧大德。常人且然，況人主乎？"

十一月，封征西諸將。

藍玉，永昌侯。王弼，定遠侯。張龍，鳳翔侯。吳福，安陸侯。葉昇，靖寧侯。曹震，景川侯。謝成，永平侯。張溫，會寧侯。曹興，懷遠侯。周武，雄武侯。金朝興，宣德侯。仇成，安慶侯。並世襲。

十二月，宋濂來朝。

安置右丞相汪廣洋於海南，道卒。

廣洋與胡惟庸同居相位。惟庸所爲不法，廣洋浮沉，無所矯正，又耽酒色，荒於政事。上責令省改，廣洋內不自安。會御史中丞涂節言，劉基遇毒死，廣洋知狀。上問廣洋，廣洋以不知對。上怒其欺罔，遂貶海南。舟次太平，復敕書切責之。廣洋懼，遂自經死。

安南入貢。

徵天下博學老成之士。

庚申，十三年春正月，誅左丞相胡惟庸、御史大夫陳寧、中丞涂節。

　　自楊憲誅，惟庸總中書政，招權納賄，專肆威福。諸司封事有病己者，輒匿不聞。徐達嫉其奸，從容言於上。惟庸忌之，誘達閽者福壽圖達，爲福壽所發。惟庸兄女妻李善長弟太僕丞存義子佑，因與善長深相結，過從甚密。時，吉安侯陸仲亨、平涼侯費聚皆以事被譴。惟庸陰結之，欲爲用事，未發。會惟庸子馳馬於市，馬奔，入鞍輅中，傷死。惟庸殺鞍輅者。上怒，命償其死。惟庸請給以金帛，不許。惟庸乃謀起事。涂節上告變，上曰："朕不負惟庸，何得至是？"命群臣更訊惟庸，具伏。於是，賜惟庸、陳寧死。以涂節本與謀，見事不成，始上變，并殺節。餘黨皆連坐。群臣又請誅善長、陸仲亨等。上曰："朕初起兵時，善長來謁軍門，曰：'有天有日矣。'是時，朕年二十七，善長年四十一。所言多合吾意，遂命掌簿書，贊計畫。功成，爵以上公。陸仲亨，年十七，父母俱忘。恐爲亂兵所掠，持一升麥藏草間。朕見之，呼曰：'來'，遂從朕。長育成就，以功封侯。此皆吾初起時腹心、股肱，吾不忍罪之，其勿問。"

以偰斯爲吏部尚書，鄭九成爲禮部尚書。罷中書省，更六部官秩。改大都督府爲五軍都督府。

　　胡惟庸誅。上諭群臣曰："朕圖任大臣，期相輔佐，故立中書省以總文治，都督府以總武事，御史臺以振紀綱。豈意奸臣竊持國柄，謀危社稷？賴神發其奸，皆就殄滅。今欲革去中書省，升六部，倣古六卿之制，俾各司所事。更置五軍都督府，以分領軍衞。如此，則權不專一，事不壅蔽。卿等以爲何如？"監察御史許士廉上言："陛下日應萬幾，勞神太過。臣愚以爲，宜設三公府，以勛舊大臣爲之，總率百僚庶務，其大政，如封建、發兵、銓選、制禮、作樂之類，則奏請裁決。其餘循制奉行，庶幾下絶奸權之患，上無煩劇之勞。"上然之，乃罷中書省，升六部，改大都督府爲五軍都督府，布告天下。

二月，以薛祥爲工部尚書。

李善長罷。

詔舉孝弟力田、賢良方正、文學之士。

虜火脱赤寇邊，遣西平侯沐英征之，獲其全部以歸。

　　時，故元國公火脱赤、知院愛足屯衆和林爲邊患。上命沐英率關中兵討之。由亦集乃路渡黄河，歷賀蘭山，涉流沙，至其境。去虜營五十里，英令分軍爲四，一襲其背，二掩其左右，英率驍騎當其前，夜銜枚以進，合圍之。火脱赤等駭惑，不知所措，皆被擒，獲其全部以歸。

三月，減蘇、松、嘉、湖四府田租。

　　初，張士誠平。上怒蘇民爲死守，令取諸豪族佃簿，付有司如數徵稅。松、嘉、湖次之。至是，乃令減其舊額。

成祖之國北平。

夏四月，令羣臣各舉所知。

命都督張赫、朱壽率舟師海運。

五月，雷震謹身殿。大赦。

免天下田租。

吏部尚書劉崧、禮部尚書偰斯致仕。

六月，以蘇恭讓爲漢陽知府。

恭讓爲治嚴明不苛。漢陽徭役倍於他郡，恭讓每遇徵發，必詣上官申理，民賴以安。時有趙廷蘭者，知漢陽，有惠政。朝廷遣使取陳氏散卒，他縣多以民丁應數，廷蘭獨爲民辨明，得不擾。漢陽民言郡守則稱恭讓，言縣令則稱廷蘭云。

罷御史臺及提刑按察司。

《臣戒錄》成。

上因胡惟庸謀叛，乃命儒臣纂錄歷代諸侯王、宗戚、宦官悖逆不道者，凡二百十二人，類其行事，名曰《臣戒錄》，頒告中外。

九月丙午，置四輔官，以王本、杜佑、龔斅爲春官，杜斅、趙民望、吳源爲夏官。

先是，徵儒士王本等至京，上召見武英殿，命爲四輔官，諭以竭忠勤職，感格天心。後本犯極刑，餘皆以罪黜，此官遂廢。

冬十月，爪哇國入貢。

詔求真才。

十二月，安置致仕翰林學士承旨宋濂於茂州。

濂孫慎坐胡黨，被刑，籍其家，械濂至京。上怒甚，欲誅之。后諫曰："民間延一師，尚全始終。濂教太子、諸王，豈宜若是恝？況濂致仕居家，必不知情。"上意解，濂得發茂州安置。

辛酉，十四年春正月戊子，虜朶兒不花入寇，遣征虜大將軍徐達、左右副將軍湯和、傅友德率師討之。

丁未，斥言利近臣。

近臣有言當理財，以紓國用者。上曰："人君制財，與庶人不同。庶人爲一家計，則積財於一家；人君爲天下主，當貯財於天下。昔漢武帝用桑、孔聚斂之臣，海內苦之。宋神宗用王安石，小人競進，天下騷然。此可爲戒。"言者愧悚。

以李叔正爲禮部尚書。

編賦役黃册。

以百一十戶爲一里，丁、糧多者十人爲長，餘百戶分爲十甲，歲役里長一人管攝里事。城中曰坊，近城曰廂，鄉都曰里。十年一週。每里編爲一册，册首總爲一圖。鰥寡孤獨不任役者，則附於一十戶之外，名曰"畸零"。册成，一本進戶部，各布政司及府州縣各存一本。十年一造，遂爲定制。

二月，以鄭湜爲福建參議。

湜，浦江人，綺八世孫。家素以孝義聞。時，胡惟庸敗，凡仇告者指爲胡黨，率坐重獄，有訴鄭氏交通惟庸者。湜兄弟六人，吏捕之急，諸兄爭行。湜曰："弟在，忍使諸兄罹刑辟乎？"獨詣吏。仲兄濂，先有事京師。聞湜至，迎謂曰："吾家長，當任罪，弟何與？"湜曰："兄老，吾往辯之。萬一不直，弟當服辜。"二人爭入獄。上聞之，召至廷，勞勉之。顧近臣曰："有人如此，而肯從人爲非耶？"即宥之，詔賜酒食，擢爲參議。

三月，命馮勝節制河南。

大將軍達率諸將出塞，至黃河，擊虜，破之，遂班師。

傅友德至北黃河，虜騎駭遁。友德選輕騎夜襲灰山，克之，獲其部落人畜甚衆。沐英略公主山長寨，殲其戍卒，獲全寧四部以歸。

五月，五溪蠻作亂，命江夏侯周德興討平之。

五溪蠻亂，議出師討之。德興請行。上以其老，不許。德興請益力，且示夒鑠狀。上壯而遣之。師至，蠻悉竄匿，不敢復出。會四川水盡諸洞蠻亦作亂，復命德興移兵討之，次第悉平。

故學士承旨宋濂卒於夔州。

濂既貶，行次夔州而卒。濂性體溫粹，學問該博，德行、文章爲一時冠，四夷莫不知名。每貢使至，必問："宋先生安否？"侍上久，知遇最渥。燕見召對，若家人父子，而深密不洩禁中語。有奏，輒焚草。嘗大書"溫樹"二字室中。論道上前，授經太子，未嘗不言仁義，至問人才臧否，則第言其善者。上方稽古制，治郊廟、山川、祀祭、律曆、禮樂及朝貢諸禮皆濂裁定。上嘗欲使參大政，濂曰："臣無他長，徒以文墨議論事，恐負陛下。"頓首力辭。居家，篤於倫品，與人交和易任真，汲引後學如恐不及。自少至老，未嘗一日去書。常曰："古人爲學，使心正身修，措之行事，俯仰無愧而已。煩詞復說，道之敝也。"臨財廉，不取非義。日本使奉敕請文，獻百金，却不受。上以問濂，對曰："天朝侍從，受小夷金，非所以崇國體。"平居，布衣蔬食，無異貧士。或勸爲子孫計，曰："富貴，豈一家物哉？吾乃所以貽之也？"卒年七十三。

六月，安南陳煒遣使入貢，却之。

時，安南與思明府相攻，各訴於朝。至是，安南來入貢。上惡其啓釁搆怨，命還其貢，以書詰責之。

秋七月，日本入貢，却之。

八月，河決原武。

九月，以潁川侯傅友德爲征南將軍，永昌侯藍玉、西平侯沐英爲左、右副將軍，帥師征雲南。

上以雲南恃遠梗化，戕殺使臣，乃命友德等帥師三十萬討之。上諭之曰："雲南僻在遐荒，行師之際，當知其山川險易，以規進取。朕嘗覽輿圖，咨詢於衆，得其阨塞。取之之計，當自永寧別遣驍將率一軍向烏撒，大軍繼自辰沅，入普定。分據要害，乃進兵曲靖，此雲南喉襟，彼必併力以拒。出奇取勝，正在於此。既下曲靖，三將軍以一人提勁兵趨烏撒，應永寧之師，大軍直擣雲南，使其彼此牽制，疲於奔命，克之必矣。雲南既克，分兵徑趨大理，先聲已振，勢將瓦解。其餘部落，可遣人詔諭，不必苦煩兵也。"

冬十月壬子朔，日有食之。

遣監察御史林願等分道慮囚。

　　上恐天下刑獄失平，乃分遣御史四出按治，伸冤理枉。凡罪重者，械送京師，下大理寺，詳議讞決。

浙寇作亂，遣延安侯唐勝宗討平之。

定考課殿最法。

潮州海陽縣民作亂，遣南雄侯趙庸討平之。

十二月，征南將軍傅友德等克貴州。

　　友德至湖廣，分遣都督胡海洋帥兵五萬，由永寧趨烏撒。友德與藍玉、沐英率大軍，由辰沅趨貴州，進攻普安、普定，下之，留兵戍守，進兵曲靖。

征南將軍傅友德、右副將軍沐英，擊敗雲南將達里麻於白石江，獲之，遂克曲靖。

　　梁王聞王師下普定，遣其僞平章達里麻，將精兵十萬屯曲靖，以備我師。英謂友德曰："彼不虞我師深入，若倍道疾趨，出其不意，破之必矣。"友德然之，遂進師。未至曲靖數里，忽大霧四塞，衝霧而行，至白石江，霧霽。達里麻見之，大驚。友德即欲濟師，英曰："我軍遠來，形既露，固利速戰。然亟濟，恐爲所犯。"乃整師臨流若欲濟者，達里麻果擁精銳扼水。英別遣數十人，從下流潛渡，出其後，吹角樹幟。達里麻見之，急撤衆以御，衆亂。英乃拔劍督衆濟江，以勇而善泅者先之，長矛蒙盾，鋒甚銳。達里麻却數里而陣。我師畢濟，友德麾兵進戰，矢石齊發，呼聲動天地。戰數合，英縱鐵騎衝其中堅，敵披靡，遂大敗，死者不可勝計，橫屍十餘里。生擒達里麻，俘其衆萬餘，友德悉撫而縱之，使各歸田里，夷人大喜。遂克曲靖，留兵守之。友德率衆數萬擣烏撒，遣英與藍玉率師趨雲南。

左副將軍藍玉、右副將軍沐英進兵雲南，梁王把匝剌瓦爾密棄城走滇池，赴水死，遂克雲南。

　　梁王聞曲靖兵敗，乃挈妻奴走滇池島中，先縊其妃，自投水死。藍玉、沐英至板橋，其右丞觀音保等出降。玉等整師入城，戒戢軍士，秋毫無犯。分遣曹震、王弼等分道取臨安諸路，悉下之。

征南將軍傅友德克烏撒。

　　友德循格孤山而南，通永寧之兵。時，元右丞實卜聚兵赤水河以拒胡海洋，及聞大軍繼至，皆遁去。友德令諸軍築城，板鍤方具，蠻復大集。友德屯兵山岡，持重以待之。諸將欲戰，友德故弗許，士卒皆奮勇思致死。友德度其可用，下令曰："我軍深入，有進無退，彼既遁而復合，心必不一，併力蹙之，破之必矣。若使據險自固，未易克也。"遂麾軍鼓譟而前，戰十餘合，其酋長多死，蠻衆不支，大潰，斬首三千級，實卜遁去，遂城烏撒。得七星關以通畢節，又克可渡河。於是，東川、烏蒙、芒部諸蠻皆望風降附。

壬戌，十五年春正月〔三〕，白虹貫日。

始置諸司勘合。

命天下朝覲官各舉所知一人。

置貴州都指揮使司。

置雲南布政使司，以汝南侯梅思祖掌布政司事，張統爲左參政。

改國子學爲國子監。

閏二月，左副將軍藍玉、右副將軍沐英進師大理，克之。

大理城倚點蒼山，西臨洱河爲固。土酋段世聞王師且至，聚衆扼下關。下關者，南詔皮羅閣所築龍尾關也，勢極險峻。玉遣王弼以兵由洱水東趨上關，爲掎角勢。自率衆抵下關，造攻具。別遣胡海洋將一軍，夜從間道渡河，繞出點蒼山後，攀木援岸而上，立我旗幟。遲明，酋衆見之，驚亂。英身先士卒，策馬渡河，水沒馬腹，將士隨之，莫敢後，遂斬關而入。山上軍亦下攻之，酋腹背受敵，遂潰，拔其城，擒段世。乃分兵略鶴慶、麗江、石門、金齒，皆下之。車里、平緬等處相率來降，諸夷悉平。

彗星見。

三月，以趙俊爲工部尚書，李信爲吏部尚書。

夏四月，詔天下通祀孔子。

上諭禮部尚書劉仲質曰：「孔子明道以教後世，其功參於天地。今天下郡縣廟學並建而報祀之，禮止行於京師，豈非闕典？卿與儒臣定釋奠禮儀，頒之天下。」學校，令每歲春秋仲月，通祀孔子。又命學田租入官者，悉歸於學，俾供祭祀及師生俸廩。

免南畿、浙江、江西、河南、山東田租。

罷都尉府，置錦衣衛指揮使司。

烏撒諸夷叛。

上敕諭征南將曰："烏撒諸蠻伺官軍散處，大勢不合，故有此變。且留大軍屯聚，蕩除諸蠻，戮其酋長，使之畏威，方可分兵守御。"

以吳顒爲國子監祭酒。

旌遼東節婦。

故元臣名祖自遼東來歸，言遼有高希鳳者，兵亂被殺。妻劉氏被虜，罵不絕口，遂被害。希鳳弟藥師奴亦死於亂，妻李氏，携子與侄避難，度難兩全，以子差長，棄之，獨携侄行。及亂定復業，訪得其子，同歸。希鳳季弟伯顏不花爲呐哈出所殺，妻郭氏，自縊死。希鳳從子高塔失丁被讒誣陷死，妻金氏與姑邢氏同縊死。上爲動容，稱嘆，即詔有司，旌表希鳳家爲五節媛之門。

五月，上幸國子監，謁先師孔子。

國學新成，上將釋菜，令諸儒議禮。議者言："孔子雖聖，人臣也。禮宜一奠再拜。"上謂禮部尚書劉仲賢曰："孔子明道以教後世，豈可以職位論？昔周太祖如孔子祠，將拜，左右曰：'孔子陪臣，不宜拜。'周太祖曰：'百世帝王之師，敢不拜？'朕深嘉其明。今朕於先師之禮宜加尊崇。"及釋菜禮成，退御講筵。祭酒吳顒等以次講畢，上復命取《尚書·大禹》《皋陶謨》《洪範》親爲講說。賜宴，竟日而還。

以宋訥爲翰林學士。

時，有廣東儒士上《治平策》者，上覽之，顧謂訥曰："此人不識道理，豈有論治數千言，而不及用賢者？天下之大，欲朕一人獨理之乎？"訥對曰："誠如聖諭。但賢才在天下，人主豈能周知？必賴群臣薦舉。得賢與否，係夫舉之者何如耳。"上又謂訥曰："朕每觀《尚書》，至'敬授人時'，嘗嘆敬天之事後世中主猶能知之，敬民之事則鮮有知者，蓋爲視民輕也。視民輕，則畔渙離散，不難矣。"

五月，遣求經明行修之士。

秋七月，沐英自大理還軍，會傅友德，擊烏撒叛夷，大破之。

以開濟爲試刑部尚書。

詔設科取士。

　　三年一試，著爲定例。

八月丙戌，皇后馬氏崩。

　　后性恭儉，既貴，服浣濯之衣，衾裯雖敝，不忍易。每製衣服，餘帛緝爲巾褥。織工治絲，有荒纇遺棄者，亦令緝而織之，以賜諸王妃、公主，曰："生長富貴，當知蠶桑之不易，爲天地惜物也。"后初未有子。育上兄子文正、姊子李文忠及沐英等數人，愛如己出，及太子、諸王生，恩無替焉。御妃嬪有恩，有子者待之加厚。勉太子、諸王力學，諄切懇至。有以服玩相尚者，必切責之。上以威嚴爲治，后濟以寬仁。上每前殿決事，后必潛聽察之。如聞震怒，還宮必詢："今日處何事？怒何人？"因泣諫曰："主上貴極爲天子，正當積德，不可縱殺，致死者含冤，乃子孫之福，國祚亦長久。"上納之。文正鎮江西，荒淫無度。上誅其左右，取文正還，欲罪之。后諫曰："文正雖驕縱，自渡江以來，累立戰功。及堅守江西，陳氏強兵不能克，皆其智勇也。況骨肉懿親，縱有罪，亦當宥之。"上曰："后言是也。"後文正復出怨言，上欲廢之，后又極諫而止。吳興民沈萬三巨富，上因事欲殺之，后曰："彼固富可敵國，然未嘗爲不法，奈何疑而殺之？"遂得流雲南。上幸太學還，后聞太學諸生有攜妻孥者，無所仰給，勸上賜以月糧，給其家，遂爲定制。至是，病劇，不肯服藥。上強之，終不肯，曰："死生有命，雖扁鵲何益？使妾服藥而不瘳，陛下寧不以愛妾之故殺諸醫乎？妾不忍其無罪而就死地也。"上曰："第服之，縱萬一無效，當爲汝貸之。"后終不服，崩，年五十一。上痛悼之，終身不復立后。

以秀才曾泰爲户部尚書。

泰，江夏人，有學行，故不次用之。

九月，雲南諸夷叛，右副將軍沐英討平之。

先是，傅友德等既平雲南，即分兵四出，討諸蠻寨未服者，雲南城守者少，諸夷因相煽爲叛謀。有土官楊苴，尤桀黠，紿其下曰："大軍還矣，雲南可圖也。"糾衆二十餘萬來攻。時，城中食少，士卒多病，都督謝熊、馮誠等嬰城固守，旋施樓櫓，備戰具，多置強弩於陴上，至輒射之，往往應弦而斃。伺賊少怠，則出勁兵擊之。賊不能攻，設長圍，爲困城計。時，沐英駐兵烏撒，聞之，即選驍騎一萬還救。至曲靖，遣卒潛入報城中，爲賊所得，紿之曰："沐將軍領三十萬衆至矣。"賊驚愕，遂拔營宵遁，走安寧、羅衣等處，據險樹柵，謀再舉。英分調將士，盡剿除之，諸部悉定。

晉府長史桂彥良上《太平治要》。

彥良上《太平治要》，凡十二條：一曰法天道，二曰廣地利，三曰順人心，四曰養聖德，五曰培國脉，六曰開經筵，七曰精選舉，八曰審刑罰，九曰敦教化，十曰馭戎狄，十一曰搜才俊，十二曰廣咨訪。上曰："彥良所陳，通達事理，有裨於治。世謂儒者泥古而不通今，若彥良，可謂通儒矣。"

冬十月，置都察院。

廣東盜起，遣南雄侯趙庸討平之。

庸帥兵討廣東諸盜，擒僞官百餘、賊衆萬餘，斬首三千級，招降復業民五千餘户，蠻寇盡平，乃班師。

十一月，置殿閣學士。以劉仲質爲華蓋殿大學士，宋訥爲文淵閣大學士，吳伯宗爲武英殿大學士。徵耆儒鮑恂、余詮、張長年爲文華殿大學士，辭，不拜。

　　禮部主事劉庸舉恂等三人，皆明經宿學，通達治體，可備顧問。遣使召至。上賜坐，勞問，命爲文華殿大學士，輔導東宮。恂等以老疾固辭。尋賜還鄉里。

以監察御史任昂爲禮部尚書。

癸亥，十六年春正月戊申，白虹貫日。

國子監祭酒吳顒罷，以文淵閣大學士宋訥爲國子祭酒。

　　上以顒寬縱，不能檢束武臣子弟，故罷，以訥代之。

旌安平縣烈媍張氏。

　　張氏，國子生翟德妻也。德盜同舍生衣物。事覺，張氏恥之曰：“夫者非但仰望以終身，將冀其力學成名，以顯榮父母也。今若此，我何面目見鄉里乎？”遂縊死。事聞，上以其素承父母之教，命於其父母家旌之。

二月，《精誠錄》成。

　　先是，上謂沉曰：“朕閱古聖賢書，垂訓立教，大要有三：曰敬天，曰忠君，曰孝親。君能敬天，臣能忠君，子能孝親，則人道立矣。然其言散在經傳，未易會其要領。爾等以類編輯爲書，庶便觀覽。”至是成。上覽而善之，賜名《精誠錄》。

　　上觀唐太宗《帝範》，謂侍臣曰：“此雖非帝王精微之道，然語意備至，曲盡物情。使其子孫克守此言，亦足爲訓。自後女主竊柄，有乖君體；骨肉少恩，有乖建親；諂諛並進，有乖求賢。忠諫者忌之，讒佞者悅之，驕奢縱佚，罔知戒懼，賞罰政令不行於天下，閹豎小人朋比於國中，卒召藩鎮之禍，而唐祚遂衰。有國家者，其可不守祖宗之法乎？"

上與侍臣論歷代創業及國祚修短，侍臣皆曰："前代祚運之長，莫如成周，其次莫如漢。"諫議大夫唐鐸進曰："三代以後，起布衣有天下者，咸稱漢高帝及陛下而已。以臣觀之，漢高除秦苛法，雜伯而不純。陛下革胡元弊政，一復先王之舊，所謂撥亂世反之正。漢高不事詩書，陛下留心聖學，親灑宸翰，制諭萬方，卓然與典、謨、訓、誥相表裏，豈漢高所能及哉？"上曰："此不足論。周家自公劉、后稷，奕世積德，文王以服事殷，武王遂一戎衣而有天下。若使其後君非成康，臣非周召，益修厥德，則文武之祚何能至八百之久？《書》曰：'皇天無親，惟德是輔。'使吾後世子孫能如成康，輔弼之臣能如周召，則可以祈天永命，國祚愈昌矣。"

上謂侍臣曰："人君不能無好尚，要當慎之。好功則貪名者進，好財則言利者進，好術則遊談者進，好諛則巧佞者進。夫好得其正，未有不治，好失其正，未有不亂，不可不慎也。"

三月，詔征南將軍傅友德、左副將軍藍玉班師，留西平侯沐英鎮守雲南。

夏五月戊午，定文武封贈、廕敘之制。

廣東都指揮狄崇、王臻言："嫡妻沒，請封次妻。"下廷臣議。禮部議曰："禮莫大於分，分莫大於名。昔魯莊公妾成風，僖公母也，稱為夫人。《春秋》非之。襄公庶子制[四]之母嬖，將以為夫人，使宗人釁[五]夏獻其禮，對曰：'無之。'蓋古者夫人歿，貴妾攝家事，不得稱夫人。若庶子貴，得推恩于母，亦不得稱夫人，使並嫡也。今崇、臻任私意，廢大禮，亂嫡妾之分，不可許。"上從之。遂命禮部及翰林儒臣定封贈及廕叙之例，頒示中外。

封贈例十一：

其一，文官一品至七品，止封贈散官職事。其應封一代者，父與子同，妻從夫貴。應封二代者，祖降父一級。應封三代者，曾祖降祖一級。父見任者，不封。已致仕及亡歿者，封之。其在任棄職就封者，聽。

其二，應封父母者，嫡母在，所生之母不得封。嫡母亡，得並封。若所生母未封，不得先封其妻。

其三，父母有兩子，當封。媳人因其子受封，而夫與子兩有官者，俱從其高品。父祖原有官，既歿而因其子孫封贈者，進一階。

其四，應封妻，止封正妻。繼室，止封一人。

其五，命媍因子孫封者，加"太"字。若已歿，及曾祖父母在者，不加。

其六，自從七品以上至正一品，升一品者，封贈一次。

其七，曾祖父母、祖父母、父母曾犯十惡、奸盜、除名等罪，其妻非禮聘正室，或再醮及倡優婢妾，並不許申請。

其八，封贈之後，但犯贓私者，並追奪。

其九，凡媍因夫貴、母因子貴，受封不許再醮。違者治之如律。

其十，京官四品以上試職、實授，頒給誥命，取自上裁。已受誥命者，亦須一考滿秩，方許封贈。五品以下官，試職一年考覈稱職者，實授，頒給誥敕；不稱職者，黜降；其已授誥敕者，亦須一考，方許封贈。

其十一，凡在外，三年爲一考，稱職者，頒給誥敕；再考稱職，聽請封贈。其有才能卓異、出自特恩者，不在此例。

廕叙之例五：

其一，用廕以嫡長子，殘廢則嫡長子之孫[六]，以逮曾玄。無則嫡長之同母弟，以逮曾玄。又無則繼室及諸妾所生者，又無則傍廕其親兄弟子孫，又無則傍廕其伯叔子孫。

其二，用廕者孫降子，孫孫降孫[七]；傍廕者，皆於廕叙品第降一級。

其三，正一品官，廕其子於正五品用；從一品子，則從五品用；正二品子，則正六品用；從二品子，則從六品用；正三品子，則正七品用；從三品子，則從七品用；正四品子，則正八品用；從四品子，則從八品用；正五品子，則正九品用；從五品子，則從九品用；正六品子，則於未入流上等職內叙用，如行人、巡檢、司獄之類。從六品子，則於未入流中等職內叙用，如各關倉庫、税課、司局、批驗、鐵冶所官之類；正從七品子，則於未入流下等職內叙用，如遞運所、驛丞、閘壩官之類。

其四，凡職官子孫，許廕一人，年二十五以上、能通經史大義者叙用；其不通者，發還習學。

其五，應叙之人，各於原籍附近布政使司所屬地方銓注。

詔皆從之。

免南畿田租。

秋八月壬申朔，日有食之。

九月，命申國公鄧鎮、臨江侯陳鏞、濟寧侯顧敬率兵討龍泉、永新山寇，平之。

冬十月，高麗入貢，却之。

以其非時也。

十一月，定祀歷代名臣。

禮部奏請：蜀守秦李冰、漢文翁、宋張咏宜同祠。鈞州有黃霸，密縣有卓茂，松江有陸遜及子抗、從子覬，彭澤有狄仁傑，建州有謝夷甫，各舊祠宜令有司修葺。江州李黼祠，宜增祀其侄秉昭。安慶余闕祠，增祠萬户李宗可。詔皆從之。

殺刑部尚書開濟。

　　濟初爲國子助教，與丞相胡惟庸善，以疾罷歸，訓徒里中。御史大夫安然薦其才，召拜刑部尚書，上信用之。濟深刻，好以法中傷人，上嘗戒之。濟又請以戒僚屬，榜揭於文華殿示衆。上曰："爾告戒僚屬之言，欲張之殿廷，豈人臣禮耶？"濟慚謝。獄中有禁死者，濟不問。嘗受一囚賄，以獄中死囚代而脫之，爲獄官所發，上召詰之。濟與侍郎王希哲、主事王叔徵，執獄官於獄，扤其吭而殺之。上怒，乃下濟獄，并執希哲、叔徵，令廷臣訊之。具服，并伏誅。

十二月，初令儒學歲貢生員。

　　每學歲一人。

甲子，十七年春正月，命魏國公徐達出鎮北平。

以信國公湯和巡視海道，築山東、江南北、浙東西海上諸城。

更定都察院官，以詹徽爲左都御史。

　　定設左右都御史、左右副都御史、左右僉都御史，其屬十三道監察御史，職掌風紀，凡大臣奸邪、小人搆黨、作威福、亂朝政，及百官猥茸、貪冒，皆許糾劾，權始重矣。

三月，頒行科舉式。

　　凡三年大比，子、午、卯、酉年鄉試，辰、戌、丑、未年會試。舉人不拘額數，從實充貢。初場，試四書義三道、經義四道，每道三百字以上。未能者，許各試一道。二場，試論一道，三百字以上；判語五條；詔、誥、章、表內科一道。三場，試經史五道，未能者，減其二，俱三百字以上。會試與鄉試同。

令來朝官上土地人民圖。

上覽輿地圖，侍臣有言，輿地之廣，古所未有。上曰："地廣，則教化難周；人衆，則撫摩難徧。此正當戒愼，天命人心，惟德是視。紂以天下而亡，湯以七十里而興，豈在地之大小乎？"

曹國公李文忠卒。

文忠有疾。上與東宮臨幸其第。卒年四十六。上慟悼，輟朝。親製文，遣使致祭。追封岐陽王，諡武靖。賜葬鍾山，配太廟。文忠器量沉閎，人莫測其際。臨陣蹈厲奮發，遇勁敵，膽氣益壯，故每戰必勝，東征西討，建立殊勳。性好學，釋兵家居，恂恂若儒生，嘗師金華胡翰講明性理之學。出爲詩詞，皆雄壯可觀。上嘗命兼領國子監事，可謂文武全才矣。子景隆，襲封。

夏四月，論平雲南功。

傅友德進封潁國公，藍玉、仇成、王弼先已封侯，令爵及子孫。封陳桓普定侯，胡海東川侯，郭英武定侯，張翼鶴慶侯，俱世襲，賜鐵券。其餘將校，升賞有差。

更定內使官品職。

尚宮、尚儀、尚服、尚寢、尚食、尚功及宮正，俱正五品。內官監，令通掌內史名籍，總督各職，正六品。神宮、尚寶、尚衣、尚膳、司設、司禮、御馬、直殿八監，俱令正七品。宮門承制、奉御、守門、門正，俱正八品。內承運、司鑰二庫，巾帽、針工、織染、顏料、司苑、司牧六局，各大使俱正九品。

六月，頒大成樂器於天下儒學。

秋七月，禁宦官與群臣交通。

上謂侍臣曰："爲政，必先謹內外之防，絶黨比之私，後朝廷清明〔八〕，紀綱振肅。前代人君，縱宦侍與外臣交通，覘視動静，夤緣爲奸，假竊威權，以亂國家。間有奮發欲去之者，勢不得行，反受其禍，延及善類。漢唐之事，深可嘆也。智者見於未形，朕爲此禁，所以戒未然耳。"

遣國子助教楊盤徵糧於安南。

上以雲南兵多民少，糧餉不給。安南壤地，去臨安甚近，乃命盤使安南，徵糧以佐兵餉。盤至，陳煒即輸糧五千石，運至臨安。且遺盤以金帛，盤却不受。

八月，平緬宣慰使思倫發遣使來貢。

平緬，在西南夷稍遠，自雲南大理越金齒至其地，所謂百夷是也，前代未嘗通中國。元時遣使招諭，始入貢。王師下雲南，思倫發懼，乃遣使貢方物，并上故元所授宣慰司印。

盱眙人獻天書，伏誅。

欽天監進《大統曆》。

欽天監博士元統上言："曆法，其來尚矣。今曆雖以《大統》爲名，而積分猶授時之數，授曆[九]法以至元辛巳爲曆元，至今洪武甲子積一百四年，以曆法推之，得三億七千六百一十九萬九千七百七十五分。經云：大約七十年而差一度，每歲差一分五十秒[一〇]，辛巳至今，年遠數盈，漸差天度，擬合修改。蓋天道無端，惟數可以推其機；天道至妙，因數可以明其理。是理因數顯，數從理出，可相倚而不可相違也。"書奏，上是其言。

後監副李德芳言："故元至元辛巳爲曆元，上推往古，每百年消一日，永久不可易也。今元統改作洪武甲子曆元，不用消長之法。考得《春秋》晉獻公十五年戊寅歲，距至元辛巳二千一百六十三年。以辛巳爲曆元，推得天正，冬至在甲寅日夜子初三刻，與當時實測數相合。洪武甲子元正，止[一一]距獻公戊寅歲二千二百六十一年。推得天正，冬至在己未日午正三刻，比辛巳爲元，差四日六時五刻。當仍用至元辛巳爲元，及消長之法，方合天道。"疏奏，元統復争之。

上曰："二説皆難憑，只驗七政交會行度無差者爲是。"自是欽天監造曆，以洪武甲子爲曆元，仍依舊法推算，不用捷法。

先是，朝廷懸侯爵訪求通曉曆數者。監生周敬心奏言："國祚長短，在德厚薄，非曆數可定。三代而下，如漢高之寬仁，唐太宗力行仁義，是以有道之長。國祚最短者，莫如秦、隋。始皇之酷虐，煬帝之苛暴，是皆人事所致，豈在曆數？皇上神武過於漢高，而寬仁不及；賢明過於太宗，而忠厚不及。是以御宇以來，政教未敷，四方未治，惟願效漢高之寬仁，同太宗之忠厚，則帝王之祚可傳萬世。又何必問諸小技之人耶？"

九月，處士陳遇卒。

遇，字中行，金陵人。御史秦元之薦於上。召語，大悦，遂日侍帷幄，多所獻納。車駕再幸其第，命爲翰林學士、禮部侍郎，進禮部尚書，皆固辭。净澹恬退，始終一致。上時加存問，眷待之厚，隆於勛戚。

閏十月，《天文分野書》成。

以十二分野、星次分配天下郡縣，之下又詳載古今建置沿革之由，通爲二十四卷，頒賜諸王。

旌山陰孝子徐允讓門。

元末兵亂，允讓與妻潘氏奉父安避兵山谷間。遇寇斫安頸，流血。允讓抱安，大呼曰："寧殺我，勿殺吾父。"寇即舍安，殺允讓，將辱潘，潘紿曰："我夫死，從汝必矣。若能焚吾夫，則無憾也。"寇信之，縱潘聚薪焚其夫。火方熾，潘即投火中死，寇驚嘆而去，安得不死。至是，有司以聞，上以允讓能捐生以救父死，潘氏能全節以盡婦道，詔旌其門。

十一月，詔遼東立學校。

上謂禮臣曰："近命遼東立學校，或言邊境不必建學。夫聖人之教猶天然，天有風雨、霜露，無所不施，聖人之教亦無往不行。昔箕子居朝鮮，施八條之約，故男遵禮儀，女尚貞信。管寧居遼東，講詩書，明禮讓，而民化其德。曾謂邊境之民不可以化誨乎？"

十二月，弛世婚之禁。

翰林待詔朱善言："臣見民間婚姻之訟甚多，非舅姑之子若女，即兩姨之子若女，蓋於法不當爲婚，故爲讐家。所訟，或已聘而見絕，或既婚而復離，冤憤抑鬱，無所控訴。臣竊憫之，議律不精，其害乃至於此。按律，尊屬卑幼相與爲婚者有禁。若姑舅、兩姨之子女，是無尊卑之嫌，古人未嘗以爲非也。成周之時，王朝所以爲婚者，不過齊、宋、陳、杞數國，故當時稱異姓大國曰'伯舅'，小國曰'叔舅'，其世爲婚姻可知也。至於列國之君臣，亦各自爲甥舅之國。降及後世，如晉之王、謝，唐之崔、盧，潘、楊之睦，朱、陳之好，無不以世婚爲重。其顯然可證者，如溫嶠之玉鏡臺，此以舅之子而娶姑之女也。呂榮公夫人張氏乃待制張昷之女，而待制夫人即榮公母申國夫人之姊，又非以小姨之子娶大姨之女乎？今一概禁之，獄訟繁興，風俗凋弊。願以臣所奏下群臣議，弛其禁，庶幾刑清訟簡，而風可厚也。"上從之。

乙丑，十八年春正月，命吏部考察朝覲官。

稱職，升。平常者，復其職。不稱職者，降。貪汙者，赴法司罪之。闒茸者，免爲民。

以儒士劉三吾爲翰林學士。

高麗入貢。

以陶垕仲爲福建按察使。

垕仲初以國子生擢御史，彈擊不避權勢。上重之，升爲福建按察使。時，福建多滯獄，吏夤緣爲奸。垕仲至，治贓吏數十人，盡革宿弊。又興學勸士，撫恤軍民。自奉儉薄，有餘悉施貧者。時，布政薛大方貪暴，垕仲劾奏之。大方詞連垕仲。至京，事白，還職。後卒於官。

二月，詔求直言。

上以久雨，陰晦不解，雷電間作，乃詔中外，凡軍民利病、政事得失盡言無諱。國子監祭酒宋訥獻《守邊策》曰：

今海內既安，蠻夷奉貢。惟胡虜未遵聲教，若置之不治，則恐歲久爲患。若窮追遠擊，又恐勞師萬里，餽運艱難。陛下欲爲萬世之計，不過謹備邊之策耳。備邊，固在乎足兵；實兵，又在乎屯田。漢本始中，匈奴十餘萬欲爲寇，趙充國將士萬騎，分屯緣邊九郡。單于聞之，引去。夫以四萬騎分屯九郡，而充國統制其間，則當時之籌畫區分概可想見。諸將中豈無如充國者，宜選有智勇者數人，每將以東西五百里爲制，隨其高下立法分屯，布列緣邊，遠近相望。耕作以時，訓練有法，遇敵則戰，寇去則耕。此長久安邊之策也。

上嘉納之。

上與侍臣論漢諸帝，有言："明帝亦聰明之主。"上曰："人主不以獨見爲明，而以兼聽爲明。若屑屑於細故，則未免苛察。上苛察則下急迫，反有累於聰明也。"

上謂侍臣曰："朕夙興視朝，日高始退，至午復出，迨暮乃罷。日間所決事，恒默坐審思，有未當者，雖終夜不寐，籌慮得當，然後就寢。"侍臣對曰："陛下勵精圖治，天下蒼生之福。

但聖體過勞。"上曰："吾豈好勞而惡安？向者天下未寧，吾饑不暇食，倦不暇寢。今天下已安，四方無事，高居宴樂，亦豈不願？顧自古國家未有不以勤而興，以怠而衰者。天命去留，人心向背，皆決於此，甚可畏也。安敢暇逸？"

上又嘗謂侍臣曰："前代庸君，莫不以無爲借口，諛佞小人又逢以主逸臣勞之説，不知治天下無逸，若以怠荒爲無爲，舜何爲曰耄期倦於勤？禹何以惜寸陰？文王何以日昃不食？朕未旦臨朝，夜卧不能安席，或仰觀天象，一星失次，即爲憂惕，量度民事，當速行者，待旦發遣，非不欲暫安，祇畏天命不得不爾。朕言及此者，恐群臣以天下無事，便欲逸樂。股肱既惰，元首叢挫，民何所賴？《書》云：'功崇惟志，業廣惟勤。'爾群臣但能以此爲勉，朕無憂矣。"

上諭户部侍臣曰："人皆言：農桑，衣食之本。然棄本逐末，鮮有救其弊者。先王之世，野無不耕之民，室無不蠶之女，水旱無虞，饑寒不至。什一之塗開，奇巧之技作〔一二〕，而後農桑之業廢。一農執耒，百家待食；一女事織，百夫待衣。欲人無貧，得乎？朕思足食在於禁末作，足衣在於禁華靡。庶幾可以絶其弊也。"

己巳初昏，五星並見。

己未，魏國公徐達卒。

達病瘡愈，上以璽書勞之，尋卒。上自起兵濠梁，託達爲心膂，戮力行陣，四征羣醜，驅逐胡元，重開華夏。方其在軍中，日延禮儒士，説古兵法及將帥行事，親折其是非成敗，莫不心服。至料敵制勝，與漢唐名將等，而忠謹仁厚過之。故能輔成帝業，爲開國功臣第一。上以達薨，輟朝，愴然不樂，曰："今邊胡未殄，朕方倚任爲萬里長城，而太陰屢犯上將，不意遽殞其命。朕思盡心國家，安得復有斯人？"

三月，策士於奉天殿，賜丁顯等及第出身有差。

命宋國公馮勝、潁國公傅友德、永昌侯藍玉等備邊北平。

吏部尚書余熂以罪伏誅。

國子祭酒宋訥以嚴厲爲衆所嫉，助教金文徵與熂同里，謀逐之，移文，令訥致仕。訥陛辭，上驚，問故。鞫，得實。上怒熂專擅，并文徵誅之。

以翰林院待詔朱善爲文淵閣大學士。

定翰林官制。

正官，學士一人，秩正五品。侍讀、侍講學士，各二人，從五品。侍讀、侍講，正六品。五經博士，八品。

夏四月，思州苗叛。命信國公湯和、江夏侯周德興討平之。

五月，令天下官三年一朝。

八月，遣公、侯、伯還鄉里。

九月，五開蠻叛，命信國公湯和從楚王楨討之。

蠻吳面兒等寇古州，殺掠甚慘。上乃命和從楚王討之。

太白經天。

彗星見。

以翰林院檢討茹太素爲戶部尚書。

文淵閣大學士朱善卒。

先是，上御華蓋殿，朱善進《讀心箴》畢，上曰："人心、道心，有倚伏之幾。仁愛之心生，則忮害之心息；正直之心存，則邪詖之心消；羞惡之心形，則貪鄙之心絕；忠慤之心萌，則巧偽之心伏。人常持此心，不爲情欲所蔽，則至公無私，自無物欲之累矣。"

上嘗與言及治天下之道，善進曰："人主致治，重在任人。任衆賢爲耳目，則視聽周；任衆智爲計慮，則利澤廣。"上曰："然任人之道，當嚴於簡擇，專於任使。簡擇嚴，則庸鄙之人不進；任使專，則苟且之意不行。然必賢者，乃可以專任之。非賢而專任，必生奸矣。"

上又嘗命善講《周易》，至"家人"，上曰："齊家、治國，其理無二。使一家之間，長幼、內外各盡其分，事事循理，則一家治矣。一家既治，達之國與天下亦舉而措之耳。"至是，善以疾賜歸，卒於家。

冬十月，彗星見。

頒御製《大誥》於天下。

上以中外臣民染元遺俗，作奸犯法者衆，欲倣成周《大誥》之制訓化之。乃取當世善惡可爲法戒者，著爲《大誥》，頒示天下。

詔天下盡革有司爲民害者，論罪輸作。

有朱季用者，台州人，知福州，僅五月亦坐罪。築城，工役嚴迫，日費錢數十緡。季用又病，謂其子煦曰："吾貲力豈足堪此？吾旦夕死矣，汝收吾骨歸葬爾。"煦惶懼，不敢離左右，季用不得死。時，告枉甚衆，令益嚴，謫戍雲南者三人，被極刑者四人。煦謂其父友曰："吾無術以脱吾父，訴不訴皆死。萬一吾父由訴獲免，雖戮，死無憾。"遂陳詞於通政司，通政司以聞。上憫其情，赦季用，復其官。同時復者，十有四人，皆拜煦父，謝曰："非君有孝子，吾儕爲城下土矣。"已而，煦感疾死，季用傷煦死，病益甚，亦死。時人莫不哀傷之。王叔英爲作《孝子傳》。

湯和平五開蠻。

　　和進兵古州，分遣將士討上詣洞，以計誘擒吳面兒，械送京師，誅之。諸洞悉平，俘獲四萬餘人。

十二月，詔舉孝廉。

丙寅，洪武十九年春二月，雲南蠻叛，命潁國公傅友德率師討平之。

三月，《省躬錄》成。

　　初，上命翰林儒士編集歷代帝王祭祀、祥異感應可爲鑒戒者爲書，名曰《存心錄》。後復命贊善劉三吾編類漢唐以來灾異之應於臣下者，別爲一書，名曰《省躬錄》。至是成，頒行之。

白虹貫日〔一三〕。

夏四月，熒惑留南斗。

河南大水。

詔贖民鬻子。

五月，召進士魏安仁等還京。

　　先是，安仁等六人以過謫爲吏。至是，上謂吏部曰："國家人才，非一日所能造。安仁等被謫已久，恐爲小人所侮，則終身喪志，雖欲改過自新，不可得矣。其召還，用之。"

遣使勞常州知府范好古。

　　好古上言："行人王良至郡，奉職不謹，黷貨無厭。"上曰："好古，能守邦憲以尊朝廷，發奸貪以安黎庶，可稱良吏矣。"遣人齎醴勞之，械良至京，論罪。

安置日本使僧於雲南。

六月，詔天下行養老之政。

凡耆老，年八十以上，鄉黨稱善、貧無恒產者，月給米肉；九十以上，加帛絮；富民，賜冠帶，免徭役。有司歲一存問，著爲令。

秋七月，詔舉經明行修之士。

三辰星見。

九月，置雲南屯田。

沐英奏："雲南地廣，而荒蕪甚多，宜置屯田，以備儲蓄。"上曰："屯田可以紓民力，足兵食。然地久榛莽，用力實難，以緩責歲輸，使樂於耕作，數年後徵之，可也。"

十二月癸未朔，日有食之。

丁卯，二十年春正月，命宋國公馮勝爲征虜大將軍，潁國公傅友德、永昌侯藍玉爲左、右副將軍，率師討納哈出。

納哈出據金山，屢爲邊患。上命勝等帥師三十萬討之，戒之曰："虜情詭詐，未易得其虛實，慎無輕進。先以輕騎掩襲慶州。慶州下，大軍徑擣金山，出其不意，納哈出必成擒矣。"復遣降夷乃剌吾北還，以書諭納哈出。

焚錦衣衛刑具。

官民有犯罪被逮者，間繫錦衣衛鞫審，因以非法凌虐。上聞之怒，取其刑具，悉焚之。以所繫囚送刑部。

詔修闕里。

置兩浙防倭衛所。

祀天地於南郊。

禮成，上謂侍臣曰："敬天不獨以文，當有其實。天以子民之任付於君，爲君者欲事天，必先恤民。恤民者，事天之實也。"

又曰："爲君者，父母天地，子萬民。祀天地，非祈福於己，實爲天下蒼生耳。"

躬耕籍田。

禁采銀礦。

老校丁成言："陝州產銀礦，前代嘗采取，歲收其課。今錮閉已久，采之可資國用。"上謂侍臣曰："君子好義，小人好利。凡言利之人，皆戕民之賊也。嘗聞故元時，豐城民告官采金。其初，歲額猶足取辦。經久，民力消耗，一州受害。蓋土產有時而窮，歲課徵取無已。有司貪爲己功，而不肯言。朝廷縱有恤民之心，而不能知。此可以戒，豈宜效之？"

巡檢王德亨上言："家本階州，界於西戎，有水銀坑冶及青綠紫泥，願以其兵取其地。"上謂戶部曰："盡力求利，商賈之所爲；開邊啓釁，帝王之深戒。今珍奇之產，中國豈無？朕悉閉絕之，恐此途一開，小人規利，勞民傷財，爲害甚大。況控制邊境，貴於安靜。苟用兵爭利，擾攘不休，後雖悔之，不可追矣。此人但知趨利，不知有害，豈可聽也？"

廣平府吏王允道言："磁州產鐵，元時嘗置鐵冶爐，丁萬五千戶，歲收鐵百餘萬斤。請如舊置之。"上曰："朕聞治世，天下無遺賢，不聞天下無遺利。且利不在官則在民。民得其利，則利源通，而有益於官；官專其利，則利源塞，而必損於民。今各冶鐵數尚多，軍索不乏，而民生業已定。若復設此，必重擾之，是又欲驅萬五千家於鐵冶之中也。"杖之，流海外。

二月，大將軍馮勝襲破虜於慶州。

勝兵至通州，遣邏騎出松亭關，偵知虜屯慶州。乃遣藍玉乘大雪將軍騎襲之，大敗其眾。

魚鱗冊成。

先是，上命戶部覈實天下土田。兩浙富民畏避徭役，往往以田詭寄親鄰及佃僕，上下相蒙，奸弊百出。於是富者愈富，貧者愈貧。上聞之，遣國子生武淳等分往各郡，履畝量度，圖其田之方圓丈尺，悉書主名，編類爲册。以圖所繪狀若魚鱗，然故號"魚鱗册"。

《御注洪範》成。

上嘗命儒臣書《洪範》揭於座右，朝夕觀覽，因自注之。

上嘗閱《漢書》，謂侍臣曰："漢文恭儉則有之，至用人尚未盡善。自代邸入即位，首拜宋昌爲衛將軍，張武爲郎中令，而不及將相大臣，非所以示公也。有一賈誼而不能用，使憂鬱憤懣而死。欲相竇廣國，以后弟而止，曰：'恐天下以吾私廣國。'夫以廣國之賢，其才可任爲相，何避私嫌乎？"

上覽《宋史》，至"太宗改封樁庫"，顧謂侍臣曰："人君以四海爲家，因天下之財，供天下之用，何有公私之別？太宗，宋之賢君，亦復如此。如漢靈帝之西園，唐德宗之瓊林、大盈，不必深責也。宋自乾德以來，有司計度支所缺者，貸於內藏，候課賦有餘則償之。夫有司用度，乃國家經費，何以貸爲？缺而貸，貸復償，是猶爲商賈者，自與其家較量出入，及內藏既盈，乃以牙籤別其名物，參驗帳籍，晚年出籤，示真宗，曰：'善保此足矣。'貽謀如此，何足爲訓？《書》曰：'慎厥終惟其始。'太宗首開私財之端，及其後世，困于兵革，三司財帛耗竭，而內藏積而不發，皆由太宗不能善始故也。"

上又謂侍臣曰："人君一心，不爲物誘，則如明鏡止水，可以鑒照萬物。一爲物誘，則如鏡之受垢水之有滓，豈能照物乎？"

上御華蓋殿，侍臣進講，因論善惡感召，有不得其常者。上曰："爲惡或免於禍，然理無可爲之惡；爲善或未蒙福，然理無不可爲之善。人惟修其在己者，禍福之來，則聽於天。彼爲善而無福，爲惡而無禍者，特時有未至耳。"

三月，大將軍馮勝等率師出松亭關，城大寧。

夏四月，命江夏侯周德興備倭海上。

籍福、興、泉、漳四府民，三丁取一，爲緣海戍兵，凡萬五千餘人，築城一十六。增置巡司四十五，分隸諸衛。

六月，臨江侯陳鏞陷虜，死。

鏞與大將異道相失，遇虜，陷歿。

大將軍馮勝進兵金山，納哈出降，遂班師。

勝等率師逾金山，納哈出部將觀童降。勝進逼其營，乃刺吾勸之降，納哈出猶豫未決。勝遣馬指揮往諭，納哈出遣使，陽納款，實覘兵勢。勝遣藍玉往受降，納哈出指天曰："天不復與我有此衆矣。"遂率數百騎詣玉，玉大喜，與飲，甚歡。納哈出酌酒酬玉，玉解衣衣之，曰："請服此，而後飲。"納哈出不肯服，玉持酒不飲，爭讓久之。納哈出取酒澆地，顧其下咄咄語，將脫去。時，鄭國公常茂在坐，其麾下趙指揮解胡語，語茂。茂直前縛之，納哈出驚起，欲就馬。茂拔刀砍之，傷其臂，不得去。都督耿忠擁之見勝。納哈出所部、妻子、將士凡十餘萬屯松花河北，聞納哈出被傷，大驚潰。勝遣觀童往諭之，衆悉降。納哈出有二侄，不肯降。勝復諭再三，乃折弓矢擲地，來降。勝禮遇納哈出，令耿忠與同寢食。遣使奏捷，并劾常茂驚潰虜衆，遂班師。以都督濮英將三千騎爲殿，遇虜伏，被執死。

太白經天。

秋七月，以太公從祀帝王廟。

禮部請如前代故事，立武學，用武舉，仍祀太公，建武成王廟。上曰："太公，周之臣。若以王祀之，則與周天子並矣。加之非號，必不享也。至于建武學，用武舉，是岐文、武二途，輕天下無全才矣。三代之士，文武兼備。以太公之鷹揚而授丹書，仲山甫之賦政而式古訓，召虎之經營而陳文德，豈若後世，專習干戈，不聞俎豆，拘于一藝之陋哉？今又欲循舊用武舉，立廟學，甚無謂也。太公止宜從祀帝王廟。"命去王號，罷其舊祀。

定親王歲禄。

每歲五萬石。

真臘國、暹羅國各入貢。

八月，逮常茂至京，召馮勝還，以藍玉代領其衆。

茂，勝之婿也。勝每於衆中，卑折之，茂不能堪，出不遜語，勝銜之。及納哈出降，虜衆驚潰，勝欲自解，故歸咎於茂。上命械茂送京。茂至，陳降納哈出始末，并訐勝軍中不法事。上曰："如此，勝亦不得無罪。"遂切責之，命收其印，召還。令藍玉領其衆。

九月，封納哈出爲海西侯。

安置鄭國公常茂於龍州。

以永昌侯藍玉爲征虜大將軍，延安侯唐勝宗、武定侯郭英爲左右副將軍，率師討虜。

冬十月，封朱壽爲舳艫侯，張赫爲航海侯，置北平都指揮使司於大寧。

宋國公馮勝罷歸鳳陽。

十一月，命普定侯陳桓、靖寧侯葉昇總制雲南諸軍。

十二月，大誥武臣。

上以武臣出自戎伍，罔知憲典，故所爲多不法，乃製《大誥》三十二篇，以訓之。

晋府長史桂彦良卒。

上嘗訪彥良以治道，對曰："治道在心，心不正，則好惡頗；好惡頗，則賞罰失當；賞罰失當，則無以致治，故爲治在正心。正心之要，又在懲忿窒欲。"上善其言。又嘗從登內城，上曰："比來善善惡惡，何如？"彥良曰："惟人君至公無私，則好惡自得其當。故孔子曰：'惟仁者能好人，能惡人。'"上即書其語，揭於便殿。十一年，授晉王府傅，盡輔導之職。十八年以疾賜歸。至是，卒。

戊辰，二十一年春正月，以御史凌漢爲右副都御史。

漢，鞫獄平恕。有德漢者，遇諸途，厚報以金，漢曰："子罪當爾，非我私子。"固却不受。上聞而嘉之，故有是擢。

以歷代名臣從祠帝王廟。

風后、力牧、皋陶、夔、龍、伯夷、伯益、伊尹、傅說、周公旦、召公奭、太公望、召虎、方叔、張良、蕭何、曹參、陳平、周勃、鄧禹、馮異、諸葛亮、房玄齡、杜如晦、李靖、李晟、郭子儀、曹彬、潘美、韓世忠、岳飛、張浚、木華黎、傅爾忽、傅爾木〔一四〕、赤老溫、伯顏，凡三十七人。

三月，策士於奉天殿，賜任亨泰等及第出身有差。

百夷思倫發叛，西平侯沐英討平之。

先是，緬蠻叛，結砦于摩沙勒。英遣都指揮甯正擊破之。至是，思倫發率衆三十萬寇定邊，欲報摩沙勒之役。英選驍騎三萬，晝夜兼行，凡十五日抵賊營。先出輕騎三百挑之，賊逆戰，敗還。英曰："賊所恃者，象耳。吾知其無能爲也。"乃下令，軍中置火銃、神機箭，分爲三隊，俟象近，以次而發，象皆披甲負戰樓，若闌楯衝突而前，我軍矢石俱發，象股栗而奔。我軍乘勝直擣其寨，縱火焚之，煙焰漲天。賊有昔剌者，最驍勇，率衆死戰。英乘高望，見左軍小却，下令斬左帥首。左帥遙見一人拔刀，馳下，麾衆復前，奮呼突陣，諸軍乘之，賊衆大敗，斬首三萬級，俘萬餘人，思倫發遁去。

夏四月，大將軍藍玉襲虜主脫古思帖木兒於捕魚兒海，大破走之。

玉聞虜主脫古思帖木兒住捕魚兒，從間道兼程而進，至百眼井，去其地尚四十餘里，不見虜，欲引還。定遠侯王弼曰："吾輩提十餘萬衆深入虜地，無所得遽班師。勞師費財，何以復命？"玉然之，戒諸軍穴地而爨，毋令虜望見烟火。乘夜至海南，偵知虜主營在海東北八十里。玉以弼爲前鋒，直簿其營。虜始謂我軍乏水草，不能深入，不設備。又大風揚沙，晝晦。軍行，虜不知覺。虜主方欲北行，忽大軍至，遂合戰，殺其大將，虜衆潰敗。脫古思帖木兒與其子天保奴、丞相失烈門等數十騎遁去。追之不及，獲其次子地保奴及故太子必里禿妃、并公主等五十九人。搜林莽，降獲官酋、男、嬪八萬，得寶璽金印圖書，及馬、駞、牛、羊十五萬。遣人奏捷，乃班師。

五月甲戌朔，日有食之。

乙酉，五色雲見。

學士劉三吾進曰："雲物之祥，徵乎治世。舜之時，形於詩歌；宋之時，以爲賢人之符。此實聖德所致，國家之慶。"上曰："天降災祥，在德。誠使吾德靡悔，災亦可彌。苟爽其德，雖祥無福。國家之慶，不專在此也。"

東川蠻叛。命傅友德爲征南將軍、沐英爲左副將軍、陳桓爲右副將軍，帥師討之。

六月，信國公湯和歸鳳陽。

先是，和以年老乞歸。上念之，俾建第於鳳陽。仍命和巡視閩海，築城數十處而歸。至是，新第成，賜歸。

秋七月，贈故金山侯濮英爲樂浪公，封其子璵爲西涼侯。

海西侯納哈出卒，封其子察罕爲瀋陽侯。

遷澤潞民於河南、北。

戶部郎中劉九皋言："河北諸處，兵亂後，田蕪民稀，山東、西民生齒日繁，宜令分丁徙田寬閒之地。"上謂："山東地廣，不必遷。"乃遷山西澤、潞二州民無田者於彰德、真定、臨清、歸德、太康諸處，閑曠之地。令自便屯種，免賦役三年，仍戶給鈔二十定。

遣地保奴居琉球。

藍玉送地保奴及后妃、公主至京。上命給第宅，居京師。既有言玉私元妃事。上怒曰："玉無禮如此，豈大將所爲？"妃聞之，慚懼，自盡。地保奴於是有怨言。上聞之，曰："朕初以元世祖主中國時，有恩及民，不可無後，欲封地保奴，以盡待亡國之禮。彼乃怨望若此，豈可久居內地？"於是，遣使送居琉球，仍厚遺之。

八月，北征諸將班師，還京。

上謂藍玉："爾北征功最大，然虜妃來降，不能遇之以禮，縱欲汙亂。又遣人入朝覘伺動靜，茲憫爾勞，特屈法宥爾。"自玉以下，賜白金、文綺有差。

九月，越州土酋阿資叛，穎國公傅友德討平之。

阿資者，土官龍海之地[一五]，世據越州。沐英征南時，駐兵其地，招降之。詔以龍海爲知州尋叛，英以計擒之，徙居遼東，至益州病死。阿資繼其職，益桀驁。至是叛，率衆寇普安，焚府治，大肆剽掠。因屯普安，倚崖壁爲寨。友德會沐英，以精兵蹙之，蠻衆緣壁攀崖，墜死者不可勝數。生擒千餘人。阿資遁還越州。友德追敗之，阿資勢窮，乃降之。

景川侯曹震、靖寧侯葉昇討東川叛蠻，平之。

更定歲貢生員例。

府學歲一人，州學二歲一人，縣學三歲一人。

冬十月，封永昌侯藍玉爲涼國公。

以卓敬爲給事中。

敬性剛直，論事無所顧避，上器重之。時，諸王在宮中，服飾有擬太子者，敬乘間言於上曰："宮中，朝廷視效，紀綱所先。今陛下於諸王不早辨等威，使服飾與太子埒，嫡庶相亂，尊卑無序，何以令天下乎？"上笑曰："卿言是，吾慮未及此耳。"

十二月，安南國相黎季犛弑其主煒，立日焜主國事。

己巳，二十二年春正月，改大宗正院爲宗人府，以秦王爲宗人令。

二月，禁武臣預民事。

庶吉士解縉上封事。

縉，吉水人，以進士選爲中書庶吉士。上封事萬餘言，論時政甚剴切。其略曰：

臣惟：令出惟行，不宜數改。刑期於無刑，寧失不經。令數改，則民疑，疑則不信；刑太繁，則民玩，玩則不清。國初至今，將二十載，無幾時無變之法，無一日無過之人，良由誠信有間，用刑太繁也。臣見陛下好觀《說苑》、《韻府》與《道德》、《心經》，臣竊謂甚非所宜。《說苑》出於劉向，向之學不純，溺於妄誕，所取不經，且多而〔一六〕戰國縱橫之論，壞人心術，莫此爲甚。《韻府》出元之陰氏，鄙猥細儒，學孤識陋，抄緝穢蕪，略無可采。陛下若喜其便於檢閱，則願集一二志士儒英，臣請執筆而隨其後，上沂唐虞，下及濂洛，根究精明，隨時類別，刪其無益，勒成一書，豈非太平製作之一端歟？今六經殘闕，而《禮記》出於漢儒，駁雜尤〔一七〕，宜今時刪改。訪求審樂之儒，刪樂書一經，以惠萬世。若夫配天宜復掃地之規，尊祖宜備七廟之制。奉天不宜爲筵宴之所，文淵未備夫館閣之隆。太常非俗樂之可肆，官妓非人道之所爲。禁絕娼優，俾於變之民，不遷於媱巧；易置寺閹，俾天子之貴，不近於刑人。執戟陛墀，皆爲吉士；虎賁趣馬，悉用俊良。雖門戶掃除之役，命公卿子弟之賢，任諸侯王以衆職，定久任法而加封。土木之工勿起，四夷之地勿貪。釋老之壯者驅之，俾復於人倫；經咒之妄者火之，俾絕其欺誑。絕鬼巫，破淫祀，省冗員，減細縣，痛懲法外之威刑，永革京城之工役。流三千而聽復，杖八十以無加。婦女非帷簿不修，毋令逮繫；大臣有過惡當誅，不宜加辱。治曆明時，授民作事，但伸播植之宜，何用建除之謬？方向煞神，事甚無謂；孤虛宜忌，亦且不經。臣料唐虞之曆，必無此也。陛下拳拳于畏天畏鬼神，而所謂畏民者，則未至也；孳孳于治民治強暴，而所以治心者，猶未純也。祭祀之時，儀文之備，此畏天畏鬼神之末事也；簿書之期，刑獄之斷，此治民治強暴之支流也。近年以來，臺綱不肅，以刑名輕重爲能事，以問囚多寡爲勛勞，甚非所以勵清要、長風采也。夫人自救過之不給，何暇劾人之過？自以言爲諱，何能有諫争〔一八〕之言？御史糾彈，皆承密旨，未聞舉善，但曰除奸。蓋入人之罪，或謂無私；而出人之罪，必疑受賄。逢迎甚易，而或蒙褒；營救甚難，而多得禍。禍不止於一身，刑必延于親友，誰肯舍父母、妻子而犯天怒哉？陛下進人不擇於賢否，受職不量於重輕。建不爲君用之法，所謂取之盡錙銖；置朋奸倚法之條，所謂用之如泥沙。監生進士，經明行修，而多困於下僚；孝廉人才，冥蹈瞽趨，而或布於朝省。椎埋、闖茸之輩，朝擲刀鐺，暮擁冠裳；左棄筐篋，右綰組符。剔履之賤，衮綉巍峨；負販之傭，輿馬赫奕。雖曰立賢無方，亦盍忱恂有德？故以貪婪苟免爲得計，以廉潔受刑爲飾詞。是有無錢工役無盤纏之諺，髠膀官人没商量之謠。出於吏部者，無賢否之分；入於刑部者無枉直之判。天下皆謂：陛下任意喜怒爲生殺，而不知臣下乏忠良也。古者鄉鄰，善惡必計。今雖有申明旌善之舉，而無黨庠鄉學之規。臣欲取古人治家之禮、睦鄰之法，若古藍田吕氏之《鄉約》，今義門鄭氏之家範，布之天下，爲民表率。不可視爲迂闊而不切當，今之急務也。地有盛衰，物有虚盈。而商税之徵，率皆定額。盈也，奸黠得以侵欺；歉也，良善困於補納。夏税一也，而茶椒有糧，枲絲有税。既税於所産之地，又税於所過之津，何奪民之利如此之密也？且多貧下之家，不免抛荒之咎。或疾病、死喪、逃亡、棄失，今日之土地無前日之生植，而今日之徵聚有前日之糧税。里胥不爲呈，州縣不爲理，或賣産以供税，産去而税存；或賠辦以當役，役重而民困。又土田之高下不均，而起科之輕重無别，或膏腴而税反輕，瘠鹵而税反重。欲拯其困而革其弊，莫若行受田均田之法[一九]，兼行常平義倉，積之以漸，至有九年之食無難者。王公設險以守其國，故小邑必有城隍，重門擊柝，以待暴客，聖人之制也。近世狃於晏安，墮名城，銷鋒鏑，禁兵諱武，爲太平[二〇]。一旦有不測之虞，連郡至望風而靡，良平不暇謀，賁育不暇鬭，武備臧之過也。及今修治，不宜動衆，但敕有司以時整葺[二一]，兼教民兵。開武舉，以收天下之英雄；廣鄉校，以延天下之俊義。古時多有書院遺基，學田舊業，皆宜興復，而廣益之。夫罪人不孥，罰弗及嗣。連坐起於秦法，孥戮本於僞書。今之爲善者，妻子未必蒙榮；有過者，里胥必陷其罪。唐虞之世，四凶止於流竄，故殛鯀而相禹，舜不以爲嫌。況律以人倫爲重，而有給配婦女之條。縱之於不義，則又何取夫節義哉？孔子曰："名不正則言不順。"故賈生欲易服色，而定官名。今尚書、侍郎、内侍也，而以加於六卿；郎中、員外，何〔二二〕職也，而以名於六屬。御史詞臣，所以居寵臺閣；郡守縣令，不應回避鄉邦。同寅協恭，相倡以禮。而令內外百司捶楚屬官，甚於奴隸。是致柔懦之徒，蕩無廉耻之節。一爲下官，肌膚不保，甚非所以長孝行、勵節義也。臣但知罄竭愚衷，急於陳獻，不暇組織成文。惟陛下垂鑒焉。

書奏留中，上奇之。

諸大臣忌縉少年得上意。兵部尚書沈縉請改縉爲御史，使遠上。縉在臺爲夏長文草疏，劾御史袁泰。泰恨縉，以他事中傷，得罪，且不測。上憐縉，召至便殿，慰諭曰："大器終晚成，汝歸，且讀書。十年來朝，大用未晚也。"賜鏹，遣之。

九溪蠻作亂，東川侯胡海等帥師討平之。

三月，命征南將軍傅友德率二十四將軍分屯湖、川，防西南諸夷。

夏四月，置詹事院，以兵部尚書唐鐸兼詹事。

上以鐸謹厚，有德量，使兼詹事，輔導太子。

五月，置泰寧、福餘、朵顔三衛于兀良哈。

兀良哈，即古奚、契丹地。時，大軍北征朵顔等酋，各遣人來朝，願爲外藩。詔以其地置三衛，自全寧抵喜峰近宣府，曰朵顔；自錦義歷廣寧至遼河，曰泰寧；自黃泥窪逾瀋陽鐵嶺至開原，曰福餘。以其酋爲指揮等官，各統所部。自是每歲朝貢。

征南將軍傅友德等還京。

秋七月，也速迭兒弒其主脫古思帖木兒，而立坤帖木兒。

八月，更定《大明律》。

九月丙寅朔，日有食之。

冬十月，西平侯沐英來朝。

　　　尋遣還鎮。

十二月，思倫發來降。

　　　思倫發既敗，乃遣人至雲南，乞貸其罪，願輸貢賦。守臣以聞，上遣通政司經歷楊大用，齎敕往諭之。

安南黎季犛弒其主陳日焜。

高麗幽其主禑，立子昌。

庚午，二十三年春正月，熒惑入南斗。

詔晉、燕二王分道伐虜。

高麗復廢其主昌，立王瑤權國事。

二月，國子祭酒宋訥卒。

　　　命賵祭，遣使護其柩，歸葬。

三月，定官民服飾。

癸巳，燕王師至迤都，故元太尉〔二三〕乃兒不花、丞相咬住忽哥赤、知院阿魯帖木兒等皆降。

　　　王師出古北口，偵知乃兒不花等駐牧迤都，遂進兵。適大雪，諸將欲止。王曰："大雪，虜必不虞我至。速進可擒也。"比抵迤都，隔一磧，虜尚不知，乃先遣指揮觀童詣虜營。觀童與乃兒不花有舊，至即相持而泣。倉卒之頃，我師已壓虜營。虜大驚，乃兒不花等欲上馬走，觀童諭以王威德，引之來見。王降辭色待之，賜酒食，慰諭，遣還。虜大喜過望，遂無遁意。將至營，又復召來，如是者三。於是，悉收其部落而還。

閏四月，安南入貢。

五月，遣公侯還鄉。

賜黃金文綺有差。

以逆黨播告天下。

李善長、胡美、唐勝宗、陸仲亨、費聚、顧時、陳德、華雲龍、王志、楊璟、朱亮祖、梅思祖、陸聚、金朝興、黃彬、毛讓〔二四〕、薛顯、陳萬亮、耿忠、於琥，凡二十人，播告天下。

賜太師、韓國公李善長死。

先是，善長坐他累，削既祿。又有以胡惟庸黨事爲言者，會有星變，其占爲大臣災，上遂賜善長死。虞部郎中王國用上言："善長與陛下，同一心，出萬死，以得天下，爲勳臣第一。男尚公主，人臣之分極矣。若謂其自圖不軌，尚未可知，而今謂其欲佐胡惟庸，揆之事理，大謬。不然，人情之愛其子，必甚于愛其兄弟之子。安享萬全之富貴者，豈肯僥倖萬一之富貴？善長於惟庸，則侄之親耳；於陛下，則子之親也。豈肯舍其子而從其侄哉？使善長佐惟庸成事，亦不過勳臣第一而已，國公封王而已，尚主納妃而已，豈復有加於今日之富貴乎？且若謂天象告變，大臣當災，則殺人以應天象，夫豈上天之意？今不幸已失刑，而臣懇惻爲之憂，願陛下作戒於將來也。天下孰不曰：功如李善長，竟何如哉？臣恐四方之解體也。"疏入，不報。

都勻蠻作亂，涼國公藍玉遣兵討平之。

秋七月，召涼國公藍玉還京，尋遣還鄉。

九月庚寅朔，日有食之。

十月，以劉基孫劉薦襲封誠意伯。

增禄二百六十石，共食禄五百石，子孫世襲。
詔死囚輸粟北邊。
　　惟犯十惡并殺人者論死，餘皆令輸粟自贖；力不及者，或二三人併力輸運。
辛未，二十四年春正月。
築浙東海堤。
二月，改封豫王爲代王，漢王爲肅王，衛王爲遼王。
三月戊子朔，日有食之。
策士於奉天殿，賜許觀等及第出身有差。
故元遼王阿札失里寇邊，命傅友德率師討之，大獲而還。
　　友德至哈者舍利王，遽下令班師。虜聞之，以爲然。越二日，復趨師深入，至洮兒河，獲人口、馬匹甚衆。還至金鞍子山，復征黑嶺、寨山，至磨鎌子海，打蘭尖山，追虜酋札都，遂至黑松林北野人所居熊皮山，追達達兀剌罕，掩襲虜衆，大獲而還。
四月，鑄渾天儀。
彗星入紫微垣。
五月，頒書籍於北方學校。
詔漢、衛、谷、慶、寧、岷六王練兵臨清。
六月，清理釋、道。
　　上以釋、道二教汙俗敗行，乃命天下郡縣，但存寬大寺觀各一所，併而居之，毋令與民雜處。有制立庵院者，悉毀之。
河決原武，入淮。
七月，徙富民實京師。

秋八月乙丑，命皇太子巡撫陝西。

　　上以南方卑濕，有遷都意。乃命皇太子巡視陝、洛，諭之曰：「天下山川，惟關中險固。汝可以遊，以省覽風俗，慰勞秦民。」於是，擇文武之臣扈從，皆給道理費，仍命經過府縣以宿頓聞。

哈密寇邊，命都督宋晟、劉真率師征之。

九月，都督宋晟擊哈密，大破之。

倭寇廣東。

七月〔二五〕，北平、河南大水，免其田租。

以馮堅爲都察院左僉都御史。

　　堅爲南豐典史，上言九事：一曰：頤養聖躬。願清心省事，勿預細務。二曰：慎擇老成。願王府官正色直言，匡救闕失。三曰：攘夷狄。願務農、講武、屯戍邊圍，以逸待勞。四曰：選有司。願擇廉正之士，任以方面，俾察所屬。五曰：崇祀典。願於忠臣烈士有功於民者，量加封謚。六曰：減省宦官。願鑑諸史籍，裁擇冗員，勿令干政，以防異日弄權之患。七曰：調易邊將。凡守邊之將，必察其可托心腹，然後假以兵權，必時遷歲調，不使久任。八曰：采訪廉能，以懲貪墨。願廣布耳目之臣，公聽並觀，明黜陟。九曰：增置關防，以革奸弊。願諸司設勘合，差遣事畢，隨即繳報。書奏，上嘉納，故不次擢用之。

十一月，宋國公馮勝、涼國公藍玉等請討西番，不許。

皇太子自陝西還，上《洛陽圖》。

阿資復叛，平羌將軍都督何福率兵討之，阿資降。

壬申，二十五年春正月，河決武陽。

二月，高麗李成桂幽其主瑤而自立。

三月，命宋國公馮勝等練兵各邊。

命舳艫侯朱壽督舟師海運。

夏四月，命涼國公藍玉率師征罕東。

丙子，皇太子薨。

　　太子自關中還，即病。至是，卒。太子仁孝，中外歸心。上哭之慟，謂廷臣曰："朕老矣，太子不幸，遂至於此，命也。"命謚懿文。

命都督聶緯率兵討建昌酉月魯帖木兒。

五月，涼國公藍玉移師建昌。

　　玉至罕東，欲縱兵深入，將佐多言其不可。玉不聽，遣宋晟等率兵徇附真川，土酉吟咎等懼，遁去。又襲逃寇祈者孫，弗及。既有詔，命玉討月魯帖木兒。玉又欲深入番地，取道松疊，以達建昌。會霖雨積旬，河水泛急，玉悉驅將士渡河。麾下知非上意，多相率道亡。玉不得已，乃由隴石抵建昌。

戊子，封俞通淵爲越寯候。

六月，西平侯沐英卒。

　　英聞皇太子薨，號慟不輟，遂感疾，卒，年四十八。上哭之慟，追封黔寧王，謚昭靖，侑享太廟。英，寬洪沉毅，謀慮深遠。臨事果斷，賞罰明信。凡得上賜，悉分給士卒，故能得其死力。其鎮雲南也，簡官僚，剔奸蠹，撫農興學，墾田治水，通鹽井，來商旅，恩威並施，教化大行，雲南遂爲樂土。

秋七月，四川都指揮使瞿能討月魯帖木兒，大破走之。

　　能率各衛兵討月魯帖木兒，攻破雙狼寨，其衆大潰。月魯帖木兒遁去，能追之，轉戰而前，破數寨，又敗之，先後俘殺千八百餘人。月魯帖木兒遁入柏興州。

琉球中山王察度遣子弟學於國子監。

八月，頒《醒貪錄》於群臣。

庚寅，立皇孫允炆爲皇太孫。

九月，以方孝孺爲漢中教授。

孝孺，寧海人。父克勤，洪武初，知濟南府，有異政，註誤，死獄中。孝孺聰穎絕倫，讀書一目十行俱下。年二十，持所爲文謁宋濂，願受業，濂大賞異，謂孝孺曰："吾閱天下士多矣，未有如子者。顧肯從我遊耶？"吳沉薦，詔徵至京。上見其舉止莊嚴，謂皇太子曰："此端士也。當老其才以輔汝。"慰諭，遣還。孝孺歸，杜門著述。會仇家得罪，辭連孝孺，械赴闕下，上立命釋之。至是，復徵至。上謂左右曰："今非用孝孺時。"乃除漢中府教授。

冬十月，以沐英子春襲封西平侯，鎮雲南。

藍玉誘月魯帖木兒，降之，遂班師。

玉兵次柏興州，遣百戶毛海以計誘致月魯帖木兒，遂降其衆。械帖木兒至京，伏誅。玉因奏："四川地廣山險，控扼西番。連歲蠻夷梗化，由軍衛少而備御寡也，宜增置屯衛。順慶府鎮御巴梁、大竹諸縣，其保寧千戶所，北通秦隴，宜改爲衛。漢州、灌縣西連松、茂、碉、黎，當土番出入之衝；眉州控制馬湖、建昌、嘉定，接山、都長、九寨，俱爲要地，皆宜增置軍衛。"下群臣議。玉又奏："蜀兵少，請籍民爲軍。"上報玉曰："蜀民連年供輸煩擾，又以壯者爲兵，其何以堪？況凶渠已獲，人知順命，雖獷狌者，可漸革其習。戍守軍士皆有成規，何用增益，重困吾民乎？"玉遂班師。

閏十二月，更高麗爲朝鮮。

　　高麗權知國事李成桂欲更其國號，遣使來請命。上曰："東夷之號，惟朝鮮最美，且其來遠矣。"遂更其國爲朝鮮。

劉三吾罷。

　　三吾婿戶部尚書趙勉坐法當死。三吾因自陳請免，遂罷。

癸酉，二十六年春正月，以致仕兵部尚書唐鐸、刑部尚書楊靖兼太子賓客。

　　靖嘗逮一武弁，將鞫之，門卒檢其身，得一大珠，持白靖。靖曰："安有如許大珠？此必僞物。"命碎之。帝聞之，嘉嘆曰："千金之珠，卒然至前，略不動意，乃以爲僞物而碎之，靖有過人之識、應變之才矣。"未幾，遂有是命。

二月，命馮勝、傅友德北平備邊，聽燕王節制。

三月，誅涼國公藍玉。

　　玉恃功驕橫，莊奴、假子數千，嘗奪民田，民訴之御史。玉執御史，捶而逐之。北征還，度喜峰關，關吏以夜不即納，玉毀門而入。上聞之，怒。會有訐玉出塞陰事者，上詰之，玉應對不謹。上以玉有功，忍未發。征西歸，意望進爵，及加太傅，攘袂曰："我顧不當爲太師乎？"及奏事，上又不從。玉退曰："上疑我矣。"乃錦衣衛士蔣獻上變，告玉謀反，下獄。集群臣廷訊，玉展轉攀辨，不肯服。吏部尚書詹徽叱玉，令吐實，無妄株連。玉大呼曰："徽即吾黨。"遂并徽殺之。簿錄玉家，凡有片紙者并逮獄，連坐死者：鶴慶侯張翼、普定侯陳桓、舳艫侯朱壽、吉安侯陸仲亨、南雄侯趙庸、靖寧侯葉昇及翰林典籍孫蕡等，凡數萬人。徽素刻薄，嘗陷李善長，又惡解縉爲王朝用草疏救善長，并欲中以危法。徽嘗與懿文太子錄囚，太子欲開釋，徽輒文附重法。太子爲白上，上先入徽言，謂太子曰："徽執者法也。"太子因言："立國以仁厚爲本。"上笑曰："汝遂欲爲皇帝也。"太子懼，因感疾卒，謂皇太孫曰："殺我者詹徽也。"至是，太孫錄藍獄，命先斷徽手足，後戮於市。

夏四月，太白經天。

京師旱，詔求直言。

絕安南朝貢。

詔有司：歲饑，先賑後聞。

　　時，孝感縣奏：民饑，請發倉貸民。上命行人馳往賑濟，諭戶部曰："朕嘗捐內帑付天下耆民，糴粟儲蓄，正欲備荒歉、濟饑民也。若歲荒民饑，必候奏請，道途往返，動經數月，則民之饑死者多矣。"

六月，越嶲候俞通淵有罪，削爵，放還鄉里。

秋七月朔，日有食之。

九月，復以劉三吾爲翰林學士。

　　上一日退朝，謂三吾曰："朕歷年久而益懼者，恐爲治之心懈也。懈心一生，百事皆廢，生民休戚繫焉，故日慎一日，惟恐弗及。如是，而治效猶未臻。甚矣！爲治之難也。"三吾頓首曰："陛下言及此，天地神人之福也。"

以鄭濟爲左春坊左庶子，王勤爲右春坊右庶子。

　　上以東宮官屬久闕，命廷臣各舉孝弟節行之士。廷臣以浦江鄭氏對，上曰："鄭氏，朕素知聞。其里人王氏亦倣鄭氏家法，皆宜選用，以風勵天下。"乃徵兩家子弟，年三十以上者詣闕。既至，令自推舉，鄭氏舉濟，王氏舉勤。餘皆給道里費，遣還。

赦胡黨、藍黨。

冬十一月，封皇子梗爲岷王，橞爲谷王。

《永鑒録》成，頒賜諸王。

輯歷代宗室爲悖逆者，直叙其事，頒賜諸王，以爲鑒戒。

東莞叛寇何迪伏誅。

迪，東莞伯真之弟也。真次子宏，以罪誅。迪自疑禍及，遂聚徒作亂，拒殺官軍，遁入海島。廣東都指揮使司發兵追擊，敗之。械迪送京師，伏誅。

甲戌，二十七年春正月，賑饑民。

二月，倭寇浙東。

三月，策士於奉天殿，賜張信等及第出身有差。

命魏國公徐輝祖、安陸侯吳傑海上防倭。

命韓王、瀋王分道省視秦、晉、燕、周、齊王。

上以二王年少，欲其遊觀諸國，以敦友弟之情，故有是命。

命天下種桑棗。

五月，安南入貢，却之。

七月，以任亨泰爲禮部尚書。

八月，命安陸侯吳傑、永定侯張金廣東備倭。

九月，定旌表孝行例。

日照縣民江伯兒，以母病，割股肉食之不愈，乃禱於岱嶽祠，誓云："母病愈，則殺子以祀。"既而，母病愈，竟殺其三歲子祭之。有司以聞。上怒曰："父子天倫至重，《禮》：'父爲長子三年服。'今伯兒無故殺子，絶滅倫理，宜亟捕之，勿使傷壞風化。"遂逮伯兒，杖一百，謫戍海南。下禮部議，其議："以卧冰、割股，前古所無，若割肝殘害尤甚。如父母止有一子，割肝、割股或至喪生，使父母無依，宗祀永絶，反爲不孝之大者。違道傷生，莫此爲甚。自今人子遇父母有病，醫治弗愈，無所控訴，不得已，而割股、卧冰，亦聽其所爲，不在旌表之例。"詔從之。

《寰宇通志》成。

方隅之目有八：東距遼東都司，東北至三萬衛，西極四川松藩衛，西南距雲南金齒，南逾廣東崖州，東南至福建漳州府，北暨北平大寧，西北至陝西甘肅。縱一萬九百里，橫一萬一千五百里。

定正蔡氏《書傳》成。

上觀蔡氏《書傳》，日、月、五星運行，與朱子《詩傳》不同；及其他注説，與鄱陽鄒季友所論，間有未妥者。遂詔徵儒臣錢宰等定正之，且語之曰："爾等知天象乎？"皆對不知。上曰："朕每觀天象，自洪武初，有黑氣凝於奎壁[二六]。奎壁，乃文章之府。朕甚異焉。今年春暮，黑氣始消，文運興矣。爾等宜攷古正今，慎述作，以稱朕意。"於是，命翰林院學士劉三吾總其事，開局翰林院。至是，書成。凡《蔡氏集傳》得者存之，失者正之。又集諸家之説，足其未備。三吾等率諸儒者上進，賜名曰《書傳會選》，頒行天下。

上與群臣論天與日、月、五星之行，皆以蔡氏左旋之説爲對。上曰："天左旋，日、月、五星右旋，蓋二十八宿，經也，附天體而不動，日、月、五星緯乎天者也。朕自起兵以來，與善推步者仰觀天象二十餘年，嘗於天氣清爽之夜，指一宿爲主，太陰居是宿之西，相去丈許，盡一夜則太陰漸過而東。由此觀之，則是右旋。曆家亦嘗論之。蔡氏謂爲左旋，此儒家之説。爾等不析而論之，豈格物致知之學乎。"

十二月，潁國公傅友德暴卒。

乙亥，二十八年春正月。

命都督周興爲總兵，宋晟、劉真副之，帥師捕野人。
阿資復叛，西平侯沐春討斬之。

　　先是，阿資叛，朝廷命將率兵數萬，征之，無功，自後無敢議伐者。阿資益肆猖獗。春議討之，衆以爲難。春曰："歷年不獲此寇者，彼恃其地多險阻，及土酋皆其姻婭，得以亡匿。今調土酋悉從征，設謀羈靮，俾不能通。復多置營堡，相犄角，制其出入，授首必矣。"乃進兵，至赤窩，果獲阿資，斬以徇，并誅同惡三百餘人，蠻夷震服。

六月，禁黥、刺、腓、劓、宮刑。

　　上諭群臣曰："朕自起兵至今，四十餘年。人情善惡、眞僞，無不涉歷。其中奸頑狡詐之徒，情犯深重者，特令法外加刑，使人知懼。然此特權宜處置，頓挫奸頑，非守成之君所宜用。以後嗣君統理天下，止守律與《大誥》，並不許用黥、刺、腓、劓、閹割之刑。蓋嗣君生長深宮，人情善惡，未能周知，恐一時所施不當，誤傷良善。臣下敢有奏用此刑者，文武群臣，即時劾奏，處以重辟。"

八月，信國公湯和卒。

　　先是，和既歸鳳陽，暮年多疾。上眷念之，每歲必一召入覲，賜以安車，入殿廷，宴賚備至，相對叙舊勞，撫摩感泣。至是，卒。上嗟悼，輟朝，親爲文，授使者以祭。追封東甌王，謚襄武。塑像功臣廟，復配享太廟。

以楊文爲征南將軍，韓觀、宋晟爲左、右副將軍，率師討龍州叛蠻。

龍州土官趙宗壽伏罪，來朝。詔楊文移兵討奉議諸蠻。

九月，免山東、應天田租。

《皇明祖訓》成，頒示中外。

上諭禮部曰："自古國家建立法制，皆在受命之君。以後子孫不過遵守成法，以安天下。蓋創業之君，起自側微，備歷世故艱難，周知人情善惡，恐後世守成之君，生長深宮，未諳世故。奸臣徇權利，作聰明，上不能察，而信任之，變更祖法，以敗亂國家，貽害天下。故日夜精思，立法垂後，求爲不刊之典。昔漢高祖刑白馬，盟曰：'非劉氏者，不王。'以後諸呂用事，盡改其法，遂至國家大亂，劉氏幾亡，此可爲深戒者。朕少遭亂離，賴皇天眷命，剪除群雄，混一天下。即位以來，勞神焦思，定制立法，革胡元弊政。至於開導後世，復爲《祖訓》一編，以立爲家法，俾子孫世世守之。後世敢有言改更祖法者，即以奸臣論，無赦。"

閏九月，更定親王歲祿。

上謂戶部尚書郁新等曰："朕今子孫衆盛，天下官吏、軍士亦多，俸給彌廣。其斟酌古制，量減各王歲給，以資軍國之用。"至是，戶部議，更定：親王歲給祿米萬石，郡王二千石，鎮國將軍一千石，輔國將軍八百石，奉國將軍六百石，鎮國中尉四百石，輔國中尉三百石，奉國中尉二百石，公主及駙馬二千石，郡主及儀賓八百石，縣主及儀賓六百石，郡君及儀賓四百石，縣君及儀賓三百石，鄉君及儀賓二百石。

冬十月，册馬氏爲皇太孫妃。

楊文等平奉議蠻。

文至奉議州，賊焚廬舍，入山谷，立栅自守。文督將士攻破之，賊衆潰散。遂分兵追討，破蓮花、大藤峽等寨，斬賊首黃世鐵，并其黨一萬八千餘人；招降復業者六百餘戶，徙置象州、武仙縣。蠻寇遂平。

十一月，書《尚書·無逸篇》於殿壁。

《禮制集要》成。

　　上謂學士劉三吾等曰："朕自即位以來，累命儒臣歷考舊章。自朝廷[二七]，下至臣庶，冠婚喪祭之儀、服舍器用之制各有等差，著爲條格，俾知上下之分。而奸臣胡惟庸等，越禮犯分，帳幪器服，飾以金龍，僭亂如此，殺身亡家。宜重加考定，以官民服舍器用等編類成書，申明禁制，使各遵守。違者，必寘之法。"至是，書成，頒布中外。

丙子，二十九年春正月壬戌，以杜澤爲吏部尚書，門克新爲禮部尚書。

　　上罷朝，從容問民間事，克新對曰："聖澤深廣，天下之民，各安其業，幸蒙至治。"上曰："雖堯舜在上，不能保天下無窮民。若謂民安其業，朕恐未然，何得遽言至治？"

朝鮮國王旦遣使請印誥，不許。

二月，征虜前將軍胡冕討郴桂、潭源、平川諸蠻，平之。

三月，以董仲舒從祀孔子廟，庭罷楊雄從祀。

　　行人司副楊砥言："孔子廟庭從祀諸賢，皆有功世教。若漢楊雄仕莽，忝列從祀。以董仲舒之賢，反不與焉？事干名教，甚爲乖錯。宜出雄，進仲舒。"上納其言。

秋八月，免太平等五府田租。

頒表箋文武式於天下。

　　先是，諸司所進表箋，多務奇麗。上厭之，乃命劉三吾、王俊華撰慶賀、謝恩表箋成式，頒於天下。

十月，皇曾孫文焻生。

上以十月數終，又生於晦日，命內庭勿賀。

十二月丙午，復永州知府余彥誠等官。

初，彥誠與齊東知縣鄭敏、定遠知縣高斗南、儀真知縣康彥民、岳池知縣王佐、安肅知縣范志遠、當塗知縣孟廉、縣丞趙森、懷寧縣丞蘇益等，先後坐事，逮獄。至是，其民俱列各官善政，詣闕以請。上嘉之，賜彥誠等襲衣，遣還。仍給耆民道里費。

詔外官三年一朝覲。

丁丑，三十年春正月，命長興侯耿炳文、武定侯郭英巡西北邊，備虜。

漢沔盜起，耿炳文、郭英討平之。

漢中沔縣吏高福興、民人田九成、僧李普治謀作亂，殺知縣呂昌，敗官軍。命炳文等發陝西兵討之，悉就擒。

二月，白虹亙天貫日。

朝鮮遣使入貢。

三月，策士於奉天殿，賜陳䢿等及第出身有差。

古州蠻林寬作亂。

禁私茶。

先是，西番諸國以馬易茶，禁例甚嚴。後邊民射利，私相貿易。茶日益賤，馬之入中國者漸少。上乃諭蜀王使嚴禁私販，毋使出境。

夏四月，以張思恭為刑部右侍郎。

思恭為刑科給事中，有暮夜以金遺者。思恭却而不受，其人委金而去。詰旦，思恭言於朝。上嘉其守，遂有是命。

五月壬子朔，日有食之。

命楚王楨率師征古州洞蠻，湘王柏副之。

庚申夜，有星孛於天厨。

命晉、燕、代、遼、寧、谷六王，勒兵備虜。

以修撰張信爲侍讀，編修戴彝爲侍講。

上謂信、彝曰："官翰林者，雖以論思爲職，然既列近侍，旦夕在朕左右，凡政治得失、生民利病，當知無不言。昔唐陸贄、崔群、李絳在翰林，皆能正言，補益當時，顯聞後世。爾等當以古人自期，毋負朕擢用之意。"

上謂侍臣曰："人主之聰明，不可使有壅蔽。苟有壅蔽，則耳目聾瞽，天下之事俱無所達矣。"劉三吾對曰："人君惟博集衆論，任用賢能，則視聽廣，而聰明無所蔽。若信任憸邪，隔絕賢路，則視聽偏，聰明塞矣。"上曰："人主以天下之耳目爲視聽，乃能是非無所隱，而賢否自見。昔唐玄宗內惑於聲色，外蔽於權奸，以養成安史之亂。及京師失守，倉惶出幸，雖田夫野老，皆能爲言其必有今日者。玄宗雖恍然悔悟，亦已晚矣。夫以田夫野老皆知之，而玄宗不知，其蔽於聰明，甚矣。使其能廣視聽，任用賢能，不爲邪妄所惑，則亂從何生耶？"

六月辛巳，復策士於奉天殿，賜韓克忠等及第出身有差。

先是，禮部中式者三十八人，北方止北平一人，於是群議譁起。上疑之，乃下考官劉三吾等於獄。復命翰林儒臣重閱落卷，中得文理優長者六十一人。至是，復視之，擢克忠爲第一，皆北人，南方無與者。

翰林院學士劉三吾暴卒。

駙馬都尉歐陽倫有罪，賜死。

倫奉使西域，載私茶出境貿易，所至騷擾藩閫。大臣皆奉順，不敢違。倫僕周保者，尤暴橫。藍縣河橋巡檢司吏被捶，不堪，以其事聞。上大怒，賜倫死，保等皆坐誅，荼沒官。以吏能不避權貴，遣使齎敕勞之。

八月，以鄭沂爲禮部尚書。

以左軍都督楊文爲征虜前將軍，討古州蠻，平之。

　　先是，都指揮齊讓討古州蠻，久無功。乃命文代之。

冬十月，停遼東海運。

　　上以遼東餉有餘，遂停海運，止令本處軍屯田自給。

十一月，平緬蠻刁幹孟逐宣慰使思倫發。命西平侯沐春討之。

　　思倫發奔至京師，上憫之。命沐春等率雲南、四川諸衛官軍往討刁幹孟。仍遣思倫發同行，以觀夷人向背。

十二月癸未，上不豫。

戊寅，三十一年。

三月，琉球入貢。

夏四月，享太廟。

　　享畢。上步出廟門，徘徊顧立，指桐梓謂太常寺臣曰："往年種此。"因感愴泣下。又曰："昔太廟始成，遷主就室。禮畢，朕退而休息，夢皇考呼曰：'西南有警。'覺即視朝，果得邊報。祖考神明，照臨在上，無時不存。爾等祭祀，宜加敬慎。旦暮中使供洒掃，奉神主恐有不虔，當以時省視，務令齋潔，以安神靈。"

以暴昭爲左都御史。

　　以言事稱旨也。

五月，西平侯沐春卒於軍。都督何福擒刁幹孟，思倫發復還平緬。

　　沐春進兵擊平緬，先以兵送思倫發於金齒。使人諭刁幹孟，不從。乃遣何福、瞿能等將兵五千，往討之。福等躋高良公山，直擣南甸，大破之，殺其酋刁名孟，斬獲甚衆。回兵擊景罕寨，寨乘高據險，堅守不下。官軍糧械俱盡，賊勢益張。福使告急於春，春率五百騎，往救之。乘夜至怒江。詰旦，徑渡，令馳騎揚塵。賊望見塵起蔽天，不意大軍卒至，驚懼，遂降。春乘勝復擊崆峒寨，賊夜潰走。刁幹孟，乃遣人乞降，春以聞。上以其誕詐，令春俟變取之。春後病卒，刁幹孟竟不降。何福進討擒刁幹孟以歸，思倫發始得還平緬，逾年卒。

甲寅，上不豫。

乙亥，命燕王總率諸王備虜。

　　上敕諭燕王曰：「朕觀成周之時，天下治矣。周公猶告成王曰：『詰爾戎兵，安不忘危之道也。』今雖海內無事，然天象示戒，夷狄之患豈可不防？朕之諸子，汝獨才知，秦、晋已薨，汝實爲長。攘外安內，非汝而誰？已命北平總兵楊文、遼東總兵郭英，悉聽爾節制。爾其總率諸王，相機度勢，用防邊患，又安黎庶，以副吾托付之意。」

以齊泰爲兵部尚書。

　　上嘗詔泰問邊將姓名，泰歷數無遺。又問諸圖籍，泰出袖中手册進，簡要詳密。上大奇之。

乙酉，上崩於西宫。

　　上天縱神明，起自田間，不階尺土，盪滌羣雄，混一天下。即位之初，稽古考文，制禮作樂，修明典章，表章經籍；正百神之號，嚴祭祀之典；建學校，定封建，議法律，推曆數。汲汲求治，昧爽臨朝，日昃忘食。退朝之暇，即延接儒臣，講論經典。

取古之帝王嘉言善行，書實殿廡，出入省觀。珍奇異物，泊然無所嗜好，敦行儉朴，爲天下先。凡詔誥、命令，皆出自裁。家法尤嚴，謹宮壼之政，嚴宦寺之防，杜外戚之謁，著爲令典，垂戒後世。尤憫念黎元，語及稼穡艱難，每爲涕泣。勸農桑，蠲逋負，宥死刑，專務德化。獨於貪吏不少假借，輕則逮戍，重則刑戮。一時居官者，皆凜凜奉法，吏稱其職，民安其業。邊防有警，終夕不寐，命將出師，殆無虛歲。是以三十餘年，海內大安，四夷率服。升遐之日，天下哀慕，如喪考妣。

上嘗謂唐鐸曰："帝王體天道、順人心以爲治，則國家自然久安。朕每思前代亂亡之故，未有不由於違天逆人所致也。天愛民，故立君以治之。君能安民，乃可以保承天眷。卿與朕共事日久，資弼良多，凡朕事天有弗至，卿即以爲言，使有所警。"鐸頓首曰："陛下敬天恤民之心拳拳如此，臣雖老悖，敢不盡心？"

上嘗燕間與侍臣論事，上曰："昔楚莊王謀事而當，群臣莫能逮，朝而有憂色。魏武侯謀事而當，群臣莫能逮，朝而有喜色。以此見武侯之不如楚莊也。夫喜者矜其所長，憂者憂其所不足。矜則志滿，滿則驕，驕則淫佚，敗日至矣。憂則志下，下必能虛心而受人，則人孰不樂告以善。故莊王卒伯諸侯，武侯之世魏業日衰。以此觀之，人君當遜志納善，人臣當以道事君。君臣之間，各盡其道，則天下事無不濟矣。"

上又嘗諭群臣曰："凡人所爲，不能無過。但平心以觀，其心本公，而所爲或繆，此則識見未至，故有過差。若緣私意而所行繆戾者，此乃故爲耳。君子、小人於此可見。然君子之過，雖微必彰；小人之過，雖大弗形。蓋君子直道而行，故無所回互；小人巧於修飾，故多所隱蔽。人君苟不察其微，則君子小人莫辨。"又曰："朕觀往昔議論於廷，有忤人主之意者，必君子也。其順從人主之意者，必小人也。以忤己而怒之，以順己而悅之，故小人得幸而君子見斥。人主權衡在心,當審察衆論,不可以一時之喜怒爲進退也。"

上觀《唐書》,至"宦者魚朝恩恃功驕玩",謂侍臣曰:"當時不當使此曹掌兵,故恣肆若此。然其時,李輔國、程元振及朝恩輩勢甚强横,代宗一旦去之,如孤雛腐鼠。小人竊柄,苟決意驅除,亦有何難?但在斷不斷爾。"

上又嘗謂侍臣曰:"毁譽之言,不可不辨。人固有卓然自立,不同於俗而得毁者,亦有閹媚狎昵,同乎流俗而得譽。毁者未必不肖,譽者未必賢也,第所遇幸不幸爾。"

上嘗問元舊臣政事得失,馮翼對曰:"元有天下,寬以得之,亦寬以失之。"上曰:"以寬得,則聞之矣,以失則未之聞也。夫步急則躓,弦急則絕,民急則亂。居上之道,正當用寬,但云寬則得衆,不云寬之失也。元季君臣,耽于逸樂,至淪亡,其失在於縱弛耳,非寬也。大抵聖王之道,寬而有制,不以廢弛爲寬;簡而有節,不以慢易爲簡。施之適中,則無弊矣。"

上嘗觀《大學衍義》,至"晁錯謂人情莫不欲壽,三王生之而不傷",真德秀釋之曰:"人君不窮兵黷武,則能生之而不傷。"顧謂侍臣曰:"錯言所該者廣,真氏所見者切。古人云:兵者凶器,聖人不得已而用之。朕每臨戰陣,觀兩軍出没於鋒鏑之下,呼吸之間,創殘已甚,心甚不忍。嘗思爲君恤民,所重兵與刑耳。濫刑者陷人於無辜,黷兵者驅人於死地。有國者所當深戒。"

上謂詹同曰:"聲色,乃伐性斧斤。前代人君,以此敗亡者不少。蓋爲君居天下之尊,享四海之奉,何求不得?苟不知遠之,則小人乘間,誘納淫邪,易爲迷惑。况創業之君,爲子孫之所法,尤不可不謹。"

上與侍臣論及古女寵、宦官、外戚、權臣、藩鎮、夷狄之禍，曰："木必蠹而後風折之，體必虛而後病乘之。若不惑於聲色，嚴宮闈之禁，貴賤有體，恩不掩義，女寵之禍，何自而生？不牽於私愛，惟賢是用，苟于政典，裁以至公，外戚之禍，何由而作？閹寺職在掃除，不假兵柄，則無宦寺之禍。上下相維，大小相制，防耳目之壅蔽，謹威福之下移，則無權臣之患。財歸有司，兵必合符而調，藩鎮豈有跋扈之憂？至於御夷狄，則修武備，謹邊防，來則御之，去不窮追，豈有侵暴之虞？此數事，嘗欲著書，示後世子孫，亦社稷無窮之利也。"

上御東閣，謂侍臣朱善曰："人君以天下之好惡爲好惡，則公；以天下之智識爲智識，則明。"又曰："人情多矜己能，好言人過。君子則揚人之善，不矜己之善；貸人之過，不貸己之過。"善等皆悚服。

上與侍臣論治道，曰："治民猶治水。治水者，順其性；治民者，順其情。人情莫不好生惡死，好佚惡勞。當省刑罰，簡興作，以安之。若使之不以時，用之不以道，但迫以威力，強其服從，猶激水過顙，終非其性也。"

有軍人犯罪，當杖。其人常兩得罪，宥免。法司請并論前罪，誅之。上曰："既宥而復論之，則不信矣。用刑而不信，使人何所措手足？且其罪至死而縱之，則爲縱惡；不至死而誅之，則爲濫刑。今罪未至於死而輒殺，非恤刑之仁也。"杖而遣之。

上嘗與侍臣論及守成之道。上曰："人常慮危乃不蹈危，常慮患乃不及患。車行於峻坂而覆於康莊者，慎於難而忽於易也。保天下亦如御車，雖治平何可不慎？"

上嘗御奉天門，見散騎舍人衣極鮮麗，問："制用幾何？"曰："五百貫。"責之曰："農夫寒耕暑耘，蚤作夜息，蠶婦繰絲、緝麻，繰續手成，其勞既已甚矣。及登場下機，公私逋索交至，竟不能爲己有，食惟粗糲，衣惟垢敝而已。今汝席父兄之庇，生長膏粱紈綺之中，農桑勤苦，藐無聞知。一衣制及五百貫，此農夫數口之家一歲之資也，而爾費之於一衣。驕奢若此，豈不暴殄？自今切宜戒之。"

校勘記

〔一〕"切"，（明）黄訓《名臣經濟録》卷一葉居昇《上高皇帝封事》、（明）程敏政《明文衡》卷六、（清）谷應泰《明史紀事本末》卷十四引均作"竊"。

〔二〕"三月，白虹貫日"，《明史》卷二十七《天文志三》："量適：洪武十年正月己巳，白虹貫日。"

〔三〕"十五年春正月"，同前作"十五年正月丁未"。

〔四〕"制"，《左傳·哀公二十四年》作"荆"。

〔五〕"疊"，同前作"疊"。

〔六〕"殘廢則嫡長子之孫"，此處似脱一"子"字，《萬曆野獲編》卷十三《禮部一》《國初廕敍》："若嫡長子殘廢，則嫡長之子孫。"

〔七〕"孫孫降孫"，疑當作"曾孫"，《萬曆野獲編》卷十三《禮部一》《國初廕敍》："曾孫降孫"。

〔八〕"後朝廷清明"，（明）湛若水《格物通》卷三十九、（明）王世貞《弇山堂别集》卷九十一作"庶得朝廷清明"。

〔九〕"授曆"，（清）谷應泰《明史紀事本末》卷七十三、《明史》卷三十一《曆志一》作"授時"。

〔一〇〕"杪"，（清）谷應泰《明史紀事本末》卷七十三、《明史》卷三十一《曆志一》作"秒"。

〔一一〕"止"，（明）邢雲路《古今律曆考》卷六十三、（清）谷應泰《明史紀事本末》卷七十三作"上"。

〔一二〕"什一之塗開，奇巧之技作"，（明）湛若水《格物通》卷八十、《欽定授時通考》卷四十三作"自什一之制運，奇巧之技作"。

〔一三〕"白虹貫日"，同〔二〕作："量適：十四年正月壬子，日有珥，白虹貫之。九月甲辰，白虹貫日。十五年正月丁未，十九年三月己巳，二十二年十二月戊午,並如之。"

〔一四〕"傅爾忽、傅爾木",《明史》卷五十《禮志四》、(清)秦蕙田《五禮通考》卷一百十六:作"博爾忽,博爾朮"。

〔一五〕"土官龍海之地",《明史》卷三百十三《雲南土司傳·曲靖》作"土官龍海之子也",清《御批歷代通鑑輯覽》卷一百一:"越州土酋阿資,故知州龍海子也。"

〔一六〕"而",衍字。

〔一七〕"駁雜尤",《明史》卷一百四十七《解縉傳》、(明)黃訓《名臣經濟錄》卷一解縉《大庖西上封事》作"踳駁尤甚"。

〔一八〕"爭",當爲"諍"。

〔一九〕"受田均田之法",同前作"莫若行授田均田之法"。

〔二〇〕"爲太平",同前作"以爲太平"。

〔二一〕"茸",當作"葺"。

〔二二〕"何",當作"内"。

〔二三〕"大尉",《明史》卷三《太祖本紀三》作"太尉"。

〔二四〕"毛讓",(清)谷應泰《明史紀事本末》卷十三作"毛驤"。

〔二五〕"七月",據上下文當作"十月"。

〔二六〕"璧",當作"壁"。

〔二七〕"自朝廷",據後文當作"上自朝廷"。

國史紀聞卷四

建文皇帝

戊寅，洪武三十一年五月辛卯，皇太孫即位。

  詔：以明年爲建文元年，大赦天下。

上大行皇帝謚曰"高皇帝"，廟號"太祖"，孝慈皇后曰"高皇后"。

葬孝陵。

  遵遺詔，儀物一以儉素，不用金玉。

以兵部尚書齊泰、太常寺卿黃子澄預參國事。

  泰受顧命，草遺詔，令諸王臨邸中，毋奔喪。王國吏民，悉聽朝廷節制。詔下，諸王不悦，曰："此齊尚書疏間我也。"子澄，初爲東宫伴讀。帝爲太孫時，密謂子澄曰："諸王尊屬，擁重兵，奈何？"對曰："諸王護兵，僅足自守。萬一有變，以六師臨之，自不能支。漢七國非不强，卒亡滅者，强弱之勢不同，而順逆之理異也。"上喜。及即位，倚任之。子澄遂與泰議，削奪諸王兵權。

革冗員，併郡縣。

六月，以方孝孺爲翰林侍講學士。

  孝孺在漢中，蜀獻王聞其賢，聘爲世子師。每見陳説道德，王甚喜。上即位，廷臣交薦，召爲翰林侍講，尋進學士。

以蹇義爲吏部右侍郎，夏原吉爲户部右侍郎。

秋七月，逮周王橚至京，廢爲庶人。

  橚，初封吳國錢塘，後改封周國開封。洪武二十二年，棄國,來鳳陽,遷之雲南,未行,願還國。至是,人告楠反。上命曹國公李景隆即訊之。景隆大索金寶,楠不能應,竟坐反,逮至京。竄雲南,諸子並流放。已,召還南京。

八月,以雲南布政張紞爲吏部尚書。

紞在滇數年,凡土地貢賦、法令條格、經費程度,皆爲裁定,夷民悅服。洪武中,入覲,治行爲天下第一,賜璽書褒美。至是,召爲吏部尚書,滇人如失父母。

以陳迪爲禮部尚書。

九月,長星隕,有聲如雷。

冬十月,熒惑守心。

十一月,謫前監察御史解縉於河州。

太祖崩,縉來奔喪,有司劾其違詔,謫河州衛吏。

逮岳池訓導程濟于獄。

濟通術數,上書言:"北方兵起,期在明年。"朝議以濟妄言,繫至京,將殺之。濟大呼曰:"陛下且囚臣,至期無兵,殺臣未晚。"乃下于獄。

以刑部侍郎張昺掌北平布政司事,謝貴、張信爲北平都指揮使。

諸大臣言:"藩王相繼告變,藩國所在,宜簡精強謀略有威望者,爲守臣彈壓。"乃命昺與貴往北平,伺察燕王。時,廷臣尚務削奪親藩,諸王皆不自安。于是,都督府斷事高巍上疏曰:

今欲弱侯王,定經制,臣請借漢爲喻。漢高大封同姓,分王天下之半,卒遺文帝〔一〕不治之痼疾。故賈誼脛腰、指股之喻,痛哭流涕之談,無非欲削奪六國之意也。賴文帝寬仁,吳王几杖之賜,折其不臣之心。迨屬王謀反,僅廢處蜀郡,已不免有尺布斗粟之謠。景帝寬厚不如文帝,又晁錯輔以刻深，徑削諸侯，遂挑六國之禍。非文帝付托得人，民心輔漢，幾危社稷，晁錯不能辭其責矣。我太祖高皇帝有文王純一之德，大行皇后有后妃不妒之行，則百斯男宜君宜王，故本宗百世爲天子，支庶百世爲諸侯，體三代之封建，分茅胙土，各居形勢之地，比之前古，雖分封過制，而高皇帝之聖謨神慮，無非欲護中國而屏四夷也。今親王固多驕逸，不削則朝廷綱紀不立，削之則傷親親之恩，此皇上所難處也。以臣愚見，不當聽晁錯削奪之策，當行主父偃推恩之令。秦、晉、燕、蜀四府子弟，分王于齊、兗、楚、湘；齊、兗、楚、湘子弟，分王于秦、晉、燕、蜀，其寧、遼、谷、代、慶、肅等府，類比而分王之。少其力而分其地，則藩王之權不削，而自弱矣。臣又願皇上待親王盡親親之禮，其賢如河間、東平者，下詔褒賞之。其驕逸不法，如淮南、濟北者，初犯則容之，再犯則赦之，三犯而不改者，然後合親王告太廟，削其地而廢處之，豈有不順服哉？

疏入，上奇之，然不能用也。

十二月，以王叔英爲翰林修撰。

叔英，黃巖人，篤志力學。洪武中，徵至京，辭還。已，用薦爲仙居訓導，遷漢陽令。時，方孝孺欲復井田，叔英貽書阻之，略曰：

天下事固有行于古而亦可行于今者，亦有行于古而難行于今者。夏時、周冕之類，此行于古而亦可行于今者也；井田、封建之類，可行于古而難行于今者也。可行者行之，則人從之也易。難行者行之，則人從之也難。從之易則民樂其利，從之難則民受其患。此君子用世，貴得時措之宜也。

召爲翰林修撰，上《資治八策》曰務學問，謹好惡，辨邪正，納諫諍，審才否，慎刑賞，明利害，定法制，皆援古證今，可見諸行事。又曰："太祖除奸剔穢，抑強鋤梗，如醫去病，如農去草。去病急或傷體膚，去草嚴或傷禾稼。故病去則宜調燮其元氣，草去則宜培養其根苗。"深有補于時云。

以董倫爲禮部侍郎。

倫初爲左春坊，事懿文太子。太子薨，出爲河南參議。嘗上封事數千言，皆稱旨。尋以詿誤免官。上即位，眷念舊臣，召至京師，遂有是擢。賜書"順老堂"三字，及鬃几、玉鳩各一。

以王紳爲國子監博士。

紳，禕之子也。禕被害雲南，紳甫十三，事母盡孝。母卒，哀毀逾禮，煢煢憂患中，篤學不輟。宋濂一見，器之，曰："子充有後矣。"蜀王聞其賢，聘教授蜀郡。紳痛父遺骸未返，行至雲南，訪求不獲，即死所哀奠，號慟幾絕，道路悲之。至是，給事中徐誠等薦之，遂有是命。

頒監察御史尹昌隆疏于天下。

時，上視朝稍宴，昌隆諫曰："昔高皇帝雞鳴而起，昧爽而朝。百官戒懼，故庶績咸舉，天下乂安。陛下嗣守太[二]業，正宜追繩祖武，兢業萬幾，未明求衣，日旰求食。今乃日宴臨朝，曠廢天工，上下懈弛，臣恐非社稷之福也。"上嘉納之，詔："禮部頒行天下，使知朕過。"

以宋愫爲翰林侍書。

愫，濂之孫也。

以王鈍爲戶部尚書，鄭賜爲工部尚書。

己卯，建文元年春正月，大祀天地于南郊，奉太祖高皇帝配。

修《太祖高皇帝實錄》。

禮部侍郎兼學士董倫、王景彰爲總裁官，翰林修撰李貫、國子博士王紳、齊府審理副楊士奇等爲纂修官。
以周是修爲衡府紀善。

是修，太和人，少孤力學，舉明經，爲霍丘訓導。入見，高皇帝問："居家何爲？"曰："教子弟孝弟，力田。"高皇帝喜，擢爲周府奉祠正。逾年，升紀善。建文初，周王有過，盡逮府吏詔獄。是修以嘗諫諍，得免。改衡府紀善。是時，衡王未之國，是修留京，預翰林纂修。數陳國家大計，及指斥用事者誤國。衆怒，共挫折之。是修屹不爲動。

更定官制。

升六部尚書正一品，設左、右侍中各一人，位侍郎上。改戶部十二司爲民、度支、金帛、倉庚四司。刑部十二司爲詳憲、比議、職門、都官四司。六部諸司，去"清吏"字。罷左、右都御史，設都御史一人，副僉都御史各一人。改通政司爲寺，通政使爲通政卿，通政參議爲少卿、寺丞，增置左、右補缺，左、右拾遺各一人。復置大理寺，改爲司，卿爲大理卿，左、右寺正爲都評事，寺副爲副都評事，司務爲都典簿。改太常寺卿爲太常卿、少卿，寺丞分左、右。又改天壇祠祭署爲南郊祠祭署，泗州祠祭署爲泗濱祠祭署，宿州祠祭署爲新豐祠祭署，又增鍾山祠祭署及司圃所。改光祿寺卿爲光祿卿、少卿，寺丞分左、右，而升少卿從四品，省署丞二人，增監事二人。改太僕寺卿爲太僕卿，增典廄、典牧二署，設騙騄十五群，遂生三群，分隸二署，增少卿、寺丞各一人。詹事府增少卿、寺丞各一人，賓客二人。又置資德院，設資德一人，資善二人，其屬贊禮、贊書、著作郎各二人，掌籍、典簿各一人。國子監升監丞爲堂上官，增司業二人，省博士、學正、學録，增助教十七人。改鴻臚寺卿爲鴻臚卿，分少卿、寺丞爲左、右，而併行人司于鴻臚寺。翰林院增承旨一人，學士一人，文學博士二人，省侍講、侍讀、學士。置文翰、文史二館，文翰館設侍書，而改中書舍人爲侍書。文史館設修撰、編修、檢討。改謹身殿爲正心殿，設學士一人。罷華蓋、文華、武英三殿，文淵、東閣大學士，各設學士一人。文淵閣設典籍二人。革六科左、右給事中。改五城兵馬指揮司爲五城兵馬司，指揮、副指揮爲兵馬、副兵馬。始置京衛武學教授一人，啓忠等齋各訓導二人。布政司革左、右布政使，設布政使一人，堂上官各升一級。改按察司爲十三道肅政按察司。改廣東鹽課司爲都轉鹽運使司。革五軍斷事官及稽仁、稽義、稽禮、稽智、稽信五司官。增親王官賓輔二人，正三品，伴講、伴讀、伴書各一人，長史一人，左、右長史各一人。審理正、典膳正、奉祠正、良醫正、典寶正，並去"正"字。審理副等改爲副審理等。郡王賓友二人，正四品，教授二人，記室二人，直史一人，左、右直史各一人，吏目一人，典印、典祠、典禮三署，典印、典祠、典禮各一人。典饌、典藥二署，典饌、典藥各二人。典禮署，引禮舍人二人，儀仗司吏目一人。賓輔、三伴、賓友、教授，進對侍坐，稱名不稱臣，見禮如賓師。

燕王來朝，行御道登陛，不拜。

　　監察御史曾鳳韶劾王不敬。帝曰："王，朕叔父，至親，勿問。"戶部侍郎卓敬密奏曰："燕王智慮絕人，酷類先帝。夫北平者，強幹之地，金元所由興也。宜徙燕封南昌，以絕禍本。夫萌而未動者，幾也。量時而爲者，勢也。勢非至勁莫能斷，幾非至明莫能察。"帝覽奏，大驚。翼日，語敬曰："燕王，骨肉至親，何得及此？"敬曰："楊廣、隋文，非父子耶？"上默然良久，曰："卿休矣。"事竟寢。

二月，追尊皇考懿文皇太子爲興宗孝康皇帝，皇妣懿文皇太子妃爲孝康皇后。

立妃馬氏爲皇后，子文煃爲皇太子。

封弟允熥爲吳王，允熞爲衡王，允熙爲徐王。

詔薦賢，養老，墾田，興學，察吏，旌孝，賑貧，掩骼，贖鬻子，減田租。

令親王不得節制文武吏士。

三月，上祀先師，幸太學。

燕王還國，燕世子及其弟高煦、高燧留京師，尋遣還北平。

　　齊泰欲先收三人，黃子澄曰："不可，事覺，彼先發有名，且得爲備。莫若遣歸，使坦懷無疑也。"世子兄弟皆魏國公輝祖甥。輝祖察高煦異常，密奏曰："臣觀三子中，獨高煦勇悍無賴，自倚騎射，非惟不忠，抑且叛父，他日必爲大患。請留之。"上以問輝祖弟都督增壽與駙馬王寧，皆力保無他。上乃遣之歸國。瀕行，高煦竊入輝祖廐中，取其良馬，馳去。比追之，已渡江矣。世子等既還，得京師動靜甚悉。燕王喜曰："吾父子相聚，此天贊我也。吾事濟矣。"及燕兵起，高煦宣力爲多，上始悔不用輝祖之言。

逮北平按察司陳瑛，安置廣西。

　　僉事湯宗奏："瑛密受燕府金錢，有異謀。"遂逮之。燕山左護衛百户倪諒亦上變告，逮府中官旗于諒、周鐸等，伏誅。

遣都督宋忠將兵屯開平。

　　時，燕、齊皆有告變者，黃子澄上言："燕王久稱病，而日練軍士，招異人、術士，反形已露，討之不可不亟。"上曰："燕王素善用兵，討之，計將安出？"齊泰曰："今邊報北虜聲息，但以防邊爲名，發軍戍開平。燕府護衛精銳悉調出塞，剪其羽翼，無能爲矣。不乘此時圖之，噬臍無及也。"上頷之，乃遣宋忠率兵三萬及燕府護衛健卒屯開平，名備胡，實以圖燕。

遣都督徐凱練兵臨清，耿瓛練兵山海關。

遣采訪使巡行天下，問民疾苦。

　　遣都御史暴昭、侍郎夏原吉、給事中徐思勉等二十四人。

京師地震，求直言。貶監察御史尹昌隆爲福寧知縣。

　　昌隆疏言："奸人專政，陰盛陽微，謫見于天。"執政大怒，斥之。未幾，中使誣昌隆詛詋，下獄。事白，得釋。

四月，湘王柏自殺。

　　王好學，能文章，武勇絕人。或告王反，遣使召訊。王懼，縱火自焚，妃從之，闔戶皆死。

召齊王榑至京，廢爲庶人。

　　府人曾名深上變告王反，召至，拘留京師，與周王同繫，誅護衛指揮柴真等。

幽代王桂於大同，廢爲庶人。

縶岷王楩於雲南，廢爲庶人。

五月，選補儒學官。

六月，召解縉爲翰林院待詔。

秋七月，燕兵起，號"靖難"。北平掌布政司事侍郎張昺、都指揮使謝貴、燕府長史葛誠、伴讀余逢辰皆死之。

　　昺、貴至燕，察知異，集兵部署，守王城，栅斷九門，防備嚴密。燕府長史葛誠、伴讀余逢辰亦知其謀，諫，不聽。誠密疏以聞。文皇佯稱病篤，大暑圍爐，搖頭曰："寒甚，寒甚。"宮中亦杖而行。朝廷稍不爲意，誠、逢辰密告昺、貴曰："殿下本無恙，公等勿解防，恐一旦不可測。"初，昺以吏李友直機警，寄心腹，令訶府中事。友直輒泄昺謀，以故府中得爲備。時，蘇州僧姚廣孝在燕邸中，日夜爲文皇畫策，贊出師北平。都指揮張信與昺、貴同受密旨，使圖文皇，日以爲憂。其母疑而問之，信以實對。母驚曰："不可。汝父每言王氣在燕，王者不死，非汝所能圖也。毋妄爲，禍家族。"信乃乘婦人輿，密造府，見文皇，拜床下。時，文皇稱病，不言久矣。信曰："殿下無恙，何不以情語臣？今朝廷敕信執殿下，若無他，幸從臣歸命京師；即有意，宜告臣。"文皇見其誠，乃遂告以密謀。立召廣孝及燕山護衛指揮張玉、千户朱能，定計起兵。文皇曰："昺、貴已先防，非計擒二人不可。"會朝廷遣人逮府中官校。文皇盡縛官校，至庭中，召昺、貴入，與械去。昺意文皇見兵大集，窘不得已，縛府中人獻朝廷，不安，遂與謝貴俱入。至端禮門，伏兵起，縛昺、貴。文皇擲杖起，曰："我何病爲？爾輩所逼耳。"昺、貴不服，皆被害。北平都指揮彭二聞變，急跨馬，大呼市中，集兵得千餘人，欲入端禮門。健卒龐來興、丁勝，文皇遣格殺，二兵亦散。文皇大恨葛誠，遂殺誠，族其家。余逢辰泣諫，并殺逢辰。朱能、張玉遂焚諸柵，奪九門，撫綏城内外，三日悉定。都指揮使余瑱走居庸，馬宣巷戰，不勝，走薊州。宋忠自開平率兵三萬，至居庸關，不敢進，退保懷來。

文皇上書言：

皇考高皇帝艱難百戰，萬死一生，定天下，成帝業。傳之萬世，封建諸子，鞏固宗社，爲磐石安。不幸皇考賓天，陛下嗣承大寶。而奸臣齊泰、黃子澄輩，包蓄禍心，恣讒奮毒。假陛下之威權，剪皇家之枝葉。橚、榑、柏、桂、楩五弟，不數年間，並見削奪。雖有愆過，未聞不軌，輒削爵奪土，轉徙流離，行路矜惻。柏尤可憫，閨室自焚。聖仁在上，胡寧忍此？此非陛下之心，皆奸臣所爲也。心尚未足，又以加臣。臣守藩于燕，二十餘年，寅畏小心，奉法循分。陛下嗣統以來，臣事君之誠，明于皎日，誠以君臣大分，骨肉至親，恒思加慎，爲諸王先。而奸臣蔽陛下之聰明，誣直爲枉，加禍無辜，執臣奏事人，箠楚刺爇，備極苦毒，迫言臣謀不軌。遂分布宋忠、謝貴、張昺等，于北平城內外圍守臣府。大小凜凜，如臨湯火。已而，護衛人執貴、昺，始詢知奸臣之謀，號地呼天，擗踊無訴。竊念臣於懿文皇太子同父母兄弟也，今事陛下如事天也。權奸之心，不止害臣，譬伐大木，先剪附枝，親藩夷滅，朝廷孤立，奸臣得志，社稷危矣。伏望陛下廓日月之明，奮雷霆之斷，去此凶慝，以肅清朝廷，永安宗社。臣又竊計奸黨蟠結深固，恐陛下未易除之。伏睹《祖訓》有云："如朝無正臣，內有奸惡，則親王訓兵待命，天子密詔諸王統領鎮兵討平之。"臣謹俯伏俟命。惟陛下念之。

通州衛指揮房勝以城降燕。

都指揮使馬宣起兵薊州，攻北平，不克，死之。

宣至薊州起兵，西，將攻北平。遇張玉，戰不利，退守薊州。玉環城攻之，宣率衆出戰，又敗，被執，罵不絕口而死。指揮毛遂，以城降燕。

遵化指揮蔣玉、密雲指揮鄭亨皆以城降燕。

靖難兵攻懷來，錦衣衛指揮宋忠、北平都指揮使余瑱、彭聚、孫泰戰敗，皆死之。

余瑱守居庸關，簡卒得數千人，將攻北平。文皇曰："居庸險隘，北平之咽喉。必得此，後可無北顧憂。"乃令指揮徐安、鍾祥等擊瑱。瑱且守且戰，援兵不至。棄關走懷來，依宋忠。文皇曰："宋忠必爭居庸，宜乘其未至，擊之。"遂出精兵八千，卷甲倍道，趨懷來。獲諜者，言忠謂諸將士，家在北平者，並爲燕府誅滅，激使努力復讎。文皇急令其家人張故旗幟，爲先鋒，呼其父子兄弟，相問勞。將士知室家無恙，遂無鬬志。忠倉卒列陣未成。文皇一麾，渡河大戰。都指揮孫泰慷慨先登，頗有斬獲。文皇擇善射者並射，泰中矢，流血被甲，裹血力戰，奮呼陷陣，死之。都指揮彭聚亦力戰而死。忠敗走，入城，余瑱同被執，皆不屈死。

永平指揮趙彝、郭亮以城降燕。

大寧守將卜萬引兵進攻燕，爲其部將陳亨所執。

都指揮卜萬，與其部將陳亨、劉貞引大寧兵，號十萬，出松亭關，將攻遵化。萬素有威名，陳亨陰欲輸款于燕，畏萬，不敢發。文皇知之，乃貽萬書，盛稱萬而極詆毀亨，緘識牢密，召所獲大寧卒，解縛，厚賞之，置書衣中，俾歸密與萬，故使同獲卒見之。尋遣與俱，而不與賞，卒大恚，至即發其事。陳亨、劉貞搜賞卒衣，得與萬書，遂縛萬下獄，聞于朝，籍其家。

以長興侯耿炳文爲征虜大將軍，駙馬都尉李堅、都督甯忠爲左、右副將軍，帥師進攻北平。

時，上方銳意文治，日與方孝孺等討論周官法度，以燕兵不足憂。黃子澄謂："北兵素強，不早御之，恐河北遂失。請急發兵。"遂遣炳文等總大軍，安陸侯吳傑，江陰侯吳高，都督盛庸、顧成、平安等，各率偏師步騎，號百萬，分道並進，直擣北平。檄山東、河南、山西三省，給軍餉。

置平燕布政使司于真定，以刑部尚書暴昭掌布政司事。

八月，靖難兵攻破雄縣，執都督潘忠、楊松。

時，兵分三道，耿炳文駐真定，徐凱駐河間，潘忠、楊松駐鄚州。張玉謂文皇曰："鄚州兵阨吾南路，宜先擒之。"文皇遂命玉爲先鋒，率衆渡白溝河，圍雄縣，破其東門，盡殺守陴卒。潘忠、楊松率兵渡月樣橋逆戰，遇伏，大敗，被執。

靖難兵至真定，耿炳文逆戰，敗績。李堅、甯忠、顧成皆被執，顧成降。

鄚州之敗，炳文部將張保降燕。保言："炳文兵十三萬，分營滹沱河南北。"文皇厚撫保，遣還，令言雄、鄚敗狀，燕兵旦夕且至。諸將言："今間道掩其不備，奈何告之？"文皇曰："吾固使知之，則河南兵必北移，併力拒我，可一舉而盡敗。不然，縱能破其北岸兵，南岸之軍乘吾疲勞，渡河接戰，勝負難必矣。"炳文聞保言，果移南營過河。文皇至真定，炳文出城逆戰。文皇使張玉、朱能等接戰，自率奇兵出其背，循城夾擊，橫衝陣中。炳文大敗，急奔入城。敗卒爭門，相蹈藉，死者甚衆。李堅、甯忠、顧成皆被執。文皇謂："成，先朝舊人。"解其繫，遣人護送北平，令輔世子居守。炳文闔門自守，燕兵攻三日，不能下，文皇還北平。炳文老將善戰，至是敗，帝始有憂色。

以曹國公李景隆爲征虜大將軍，北進，召耿炳文還。

上聞炳文敗，謂黃子澄曰："奈何？"子澄對曰："勝敗兵家常事，無足慮。今天下全盛，士馬精强，糧餉充足，區區一隅，豈足當天下之力。調兵五十萬，四面攻之，衆寡不敵，必成擒矣。"上曰："孰堪將者？"子澄曰："景隆文武全才，可以當之。前不用炳文而用景隆，豈有此失？"遂遣景隆代炳文，命高巍參贊軍務。御史韓郁上書曰："諸王親則太祖遺體，貴則孝康皇帝手足，尊則陛下叔父。使二帝在天之靈，子孫爲天子，而弟與子遭殘戮，其心安乎？臣每念至此，未嘗不流涕也。夫脣亡齒寒，人人自危，周王既廢，湘王自焚，代府被摧，而齊又告王反矣。爲計者必曰：'兵不舉則禍必加。'是朝廷執政激之使然。燕舉兵兩月矣，前後調兵不下五十餘萬，而一矢無獲，謂之國有謀臣乎？經營已久，軍需輒乏，將不效謀，士不效力，徒使中原無辜赤子困于轉輸，命[三]不聊生，日甚一日。九重之憂方深，而出入帷幄與國事者，方且洋洋自得。彼其勸陛下削藩國者，果何心哉？諺曰：'親者割之不斷，疏者續之不堅。'殊有理也。陛下不察，不待十年，悔無及矣。願釋代王之囚，封湘王之墓，還周王于京師，迎楚、蜀爲周公，俾各命其世子持書勸燕罷兵守藩，以慰宗廟之靈。宗社幸甚。"不聽。

谷王橞還京師。

召遼王植、寧王權還京。遼王至，徙封荆州。寧王不至，削其護衛。

九月，江陰侯吳高、都指揮耿瓛、楊文帥遼東兵圍永平。

李景隆師次河間。

文皇聞景隆代將，語諸將曰："李九江，豢養子，寡謀而驕矜，色厲而中餒，忌刻而自用，未嘗習兵見戰，而輒以五十萬付之，是自坑也。趙括之敗，可待矣。"復偵知景隆軍中事，笑曰："兵法有五敗，景隆皆蹈之。政令不修，紀律不整，上下異心，死生離志，一也；北平早寒，南卒裘褐不足，披冒霜雪，手足皸瘃，又士無贏糧，馬無宿藁，二也；不量險易，深入趨利，三也；貪而不治，威令不行，三軍易撓，四也；好諛喜佞，專任小人，五也。五敗悉備，必無能爲。然吾在此，彼不敢至。今須往援永平，彼知我出，必來攻城。回師擊之，堅城在前，大軍在後，必成擒矣。"

靖難兵援永平，吳高退保山海關。

諸將聞李景隆且至，勸守北平，恐出援永平非利。文皇曰："城中之衆，以戰則不足，以守則有餘。且世子推誠任人，足辨禦敵。若全軍在城，祇自示弱，彼得專攻，非策之善。兵出在外，奇變隨用，內外犄角，破敵必矣。吾出非專爲永平，直欲誘九江來就擒耳。吳高怯，不能戰，聞我至，必走。是我一舉解永平圍，而破九江也。"高聞文皇且至，果退屯山海。

吳傑兵潰于真定，遁還京，謫爲南寧衛指揮使。

冬十月，靖難兵襲破大寧，執寧王權以歸，守將朱鑑死之。

文皇欲襲大寧，謂諸將曰："曩予巡塞上，見大寧朵顏諸夷驍勇善戰，戍卒皆閭左罪謫思歸之士。吾取大寧，斷遼東，得胡騎助戰，率戍卒而南，吾事濟矣。"諸將請先破景隆，後攻大寧。文皇曰："今劉家口徑趨大寧，不數日可達。大寧將士悉聚松亭關，老弱居守，師至，不日可拔。城破之日，撫綏其家屬，松亭之衆，不降則潰。北平深溝高壘，守備完固，縱有百萬之衆，未易以窺吾。正欲使其頓兵堅城之下，還兵擊之，而拉朽耳。諸公第從予行，毋憂也。"遂率銳卒千人，倍道趨大寧。遺書寧王，言窮蹙求救。寧王邀文皇單騎入城，執手大慟，言："不得已至此。南兵百萬，旦夕且破北平，非吾弟表奏，吾死矣。"寧王信之，爲草表請赦。居數日，款洽，不爲備。文皇銳兵出伏城外，諸親密吏士稍稍得入城，遂陰結諸胡酋長及戍士，皆喜，定約。文皇辭去，寧王餞郊外，伏兵起，執寧王，諸胡、士卒一呼皆集。都指揮朱鑑力戰不支，被縛，罵不絕口死。都指揮房寬遂降。劉貞、陳亨自松亭關來援，亨襲破貞營，降燕。貞夜負敕印，浮海還京師。

十一月，李景隆攻北平。靖難兵以胡騎還援，景隆逆戰，大敗，奔德州。

　　景隆聞文皇攻大寧，遂引衆攻北平，築壘九門，又結九營于鄭壩村，以遏文皇歸路，令壘營人各爲戰，非受令不得輕動。景隆攻麗正門，幾破。城中婦女並乘城擲瓦石，景隆令不嚴，軍忽退。都督瞿能與其二子帥精騎千餘，奪張掖門而入，燕衆披靡，不敢當，顧後軍不繼，乃勒兵以待。景隆忌能成功，使人止之，候大軍同進，能乃還。城中於是夜汲水灌城，天寒冰結，不可登矣。文皇盡拔大寧，諸軍及兀良哈三衛胡騎馳援北平。景隆遣都督陳暉渡白河，遇文皇，戰敗。僅以身免。文皇乃悉精銳攻一營，盡殲之，莫有救者，連破七營，遂逼景隆營。張玉等列陣而前，城中亦出兵，内外夾擊。景隆不能支，宵遁。翌日，九壘猶固守，燕兵次第破其四壘，諸軍始聞景隆走，委棄兵糧，晨夜南奔。景隆遂還德州。

文皇再上書言：

　　竊聞朝廷論臣不軌之事八，謹陳其詳，惟陛下裁察。其一，謂臣護衛逾額。《祖訓》："王府官軍不拘數目。"此奸臣枉臣一也。二謂不當無事操練人馬。《祖訓》："親王不時教練軍士。"此奸臣枉臣二也。其三，謂臣不當于各衛選用官軍。《祖訓》："王府千、百戶官，從王于所部軍職内選用開奏。"此奸臣枉臣三也。其四，謂臣私養韃靼健卒。本洪武中歸附，處于北平。皇考命于護衛，歲給衣糧，備虜。此奸臣枉臣四也。其五，謂臣招致異人、術士，養于府中，日夕論議爲非，竟無主名。此奸臣枉臣五也。其六，謂臣府中四門不當僭擬皇城守御之制，更番甚嚴。《祖訓》："凡王府守御,宿衛、護衛均番。"此奸臣枉臣六也。其七,謂臣宫室僭侈。此皇考所賜,因元之舊,非臣僭越。此奸臣枉臣七也。其八,謂臣子高煦過涿州,擅笞驛官。此臣失教,然笞一驛官,遂指爲臣不軌之迹,冤濫已甚,何以服天下後世?此奸臣枉臣八也。陛下與臣骨肉至親,奸臣猶得誣以極惡,則疏遠小臣、天下細民,欲寘死地,可望雪理耶?其不濁亂天下、傾危宗社不已也。蓋今諸王之中,臣序爲長,周、齊、湘、代、岷五府已去,獨臣未去。臣去,則楚、蜀、秦、晉諸國不難去矣。譬諸人身,手足皆去,身能全乎?伏望陛下鑒臣愚誠,思宗社大計,斷然不惑,去此奸慝。

又罪狀在廷齊、黃諸臣,傳檄天下。

十二月,廣昌守將楊宗叛,降燕。

薊州鎮撫曾濬起兵攻北平,不克,死之。

罷齊泰、黃子澄。

　　以燕府表二人之罪,陽罷之,陰留居京師籌畫。

復以茹瑺爲兵部尚書。

加李景隆太子太師。

　　景隆敗,子澄等匿不以聞。帝一日問子澄:"外間傳軍中不利,何如?"子澄對曰:"聞交戰數勝,但天寒士卒不堪,今暫回德州,待來春更進。"景隆復以扼退燕師聞,故有是命。且遣使齎貂裘、文幣、白金、珍醞賜之。

省躬殿成。

　　殿在乾清、坤寧二宫間,爲退朝燕息之所,置古經、聖訓其中,以尚父丹書之旨,《夏書》聲色、宫室之戒,命方孝孺爲銘。

徙肅王楧于蘭縣。

參贊軍務高巍使北平。

巍上言：“臣願使燕，披忠膽，陳大義，曉以禍福及親親之誼。”遂遣往燕，上書文皇，其詞曰：

志慕仲連，善與人排難解紛，名世不朽。我太祖升遐，遺詔內外臣民同心輔政。聖天子嗣登寶位，誕布維新之政，下養老之詔，天下感戴，奚啻考妣？朝野皆曰：“內有聖明君王，外有骨肉藩翰，帝王之治可待。”不意大王與朝廷有隙，張皇三軍，抗禦六師，竟不知其意何出？在朝諸臣執言仗義，以順討逆。臣以爲動干戈孰若和解，使帝者復帝，王者復王，君臣之義大明，骨肉之親愈厚。臣所以得奉明詔，置死度外，來見大王，欲盡一言，求頸血污地者，稱臣宿許太祖“生當殞首，死當結草”之願也。

昔周公聞流言，即避位居東。若大王始知謀逆者，擒送京師，或戮而奏聞，或請解護衛，釋骨肉猜忌之疑，塞讒賊離間之口，不與周公比隆哉？慮不及此，遂檄遠邇，大興甲兵，任事者得藉口，以爲殿下欲效漢吳王倡七國，以誅晁錯爲名。家必自毀，然後人毀之。恐奸雄乘釁突起而橫擊之，萬一有失，大王獲罪先帝矣。

今大王據北平，取密雲，下永平，襲雄縣，掩真定，易若建瓴。但自興兵以來，經今數月，尚不能出區區一隅之地，較以天下十五而未有一焉，大王將士殆亦疲矣。大王同心之士大約不過三十萬。大王與聖天子義則君臣，親則骨肉，尚生離間之疑，況三十萬異姓之士可保終身困迫而死於殿下乎？

大王信臣言，上表謝罪，按甲休兵，朝廷寬宥，再修親好，天意順，人心和，太祖在天之靈亦安矣。不然，執迷不回，僥倖悖事，幸而兵勝得成，後世公論謂何？倘有蹉跌，取譏萬世，于是時也，追復臣言可得乎？

巍白髮書生，蜉蝣微命，生死不懼者，但久蒙太祖教養，無能補報。洪武中，旌表愚臣孝行。臣竊自負，既爲孝子，當爲忠臣，死忠死孝，臣至願也。

書再上，不報。

庚辰，二年春正月，靖難兵攻蔚州，守將王忠、李遠以城降。

二月，靖難兵攻大同。

改都察院爲御史府，以都御史景清爲御史大夫。

虜可汗坤帖木兒及瓦剌王猛哥帖木兒納款于燕。

李景隆率兵援大同。

保定知府雒僉叛降于燕。

三月丙寅朔，日有食之。

賜進士胡靖等及第出身有差。

初，取王艮第一。上以艮貌不及靖，且靖策有"親藩陸梁，人心搖動"之語稱旨，遂首擢。靖，初名廣，上易其名曰靖。後艮死靖難，靖于永樂中入閣，復疏名廣。

以胡靖爲翰林修撰，楊榮、楊溥爲翰林編修，金幼孜爲戶科給事中，胡濙爲兵科給事中。

賜李景隆璽書、斧鉞。

先是，遣中官賜景隆璽書及斧鉞，渡江，遇暴風破舟，盡沉諸江。復命再賜之，景隆益專恣，諸將玩之。

夏四月，李景隆及靖難兵大戰于白溝河，敗績，走德州。

景隆與郭英等約日合兵進攻北平，至河間。文皇渡白溝河來御,平安伏精兵萬騎,邀擊之。文皇曰:"平安豎子,嘗從吾出塞,識吾用兵,故敢爲先鋒。今日當破之,使心膽俱喪。"安驍勇善戰,互有勝負。日已暝,戰猶未已,夜深始各收軍。文皇從三騎殿後,迷失道,下馬伏地,視河流,辨東西,始知營在上流,倉卒渡河而北。翼日,復率衆渡河。景隆督諸軍進戰,平安橫槊先登,瞿能佐之,遂破文皇後軍,房寬狼狽走。張玉見寬敗,有懼色。文皇曰:"勝敗兵家常事,不過日中,保爲公破之。"麾衆復戰。景隆使騎兵乘其後,文皇見陣後塵起,曰:"敵繞出我後矣。"馳騎赴之,戰甚力。左右曰:"敵衆我寡,難與持久,宜退就張玉等併力。"景隆等呼噪益進,矢石如雨。文皇馬三易,三被創,矢三服並射盡,乃持劍奮擊,劍又缺折,急走登隄,佯麾鞭,若招後繼者。景隆等疑有伏兵,不敢上隄。高煦見事急,帥精騎馳衛文皇。瞿能大呼"滅燕",搏戰不已,斬百餘人。會旋風起,折大將旗,陣動。文皇率勁騎馳入,軍大亂,瞿能父子皆戰死。文皇乘風縱火,燔諸營。郭英等潰而西,景隆潰而南,委棄輜重、器械,不可勝計。景隆璽書、斧鉞盡爲燕兵所獲,殺溺死者二十萬人。文皇復追至月樣橋,降十萬餘人。景隆單騎走德州。

五月,靖難兵攻德州,李景隆奔濟南。

景隆聞燕兵至,遂自德州奔濟南。燕將陳亨、張信入德州,奪軍餉百萬,轉掠濟陽。儒學教諭王省爲游兵所執,從容引譬,詞義慷慨,衆乃得釋。省歸坐明倫堂,伐鼓聚衆生,謂曰:"此堂何爲名明倫?今且論君臣之義,何如?"遂大哭,諸生亦哭。省以頭觸柱而死。

靖難兵圍濟南,參政鐵鉉、參軍高巍,御却之。

文皇率衆趨濟南,李景隆出戰,敗績,奔入城。文皇圍濟南急，鉉與巍悉力防御，屢挫燕兵。文皇乃提水灌城，城中人大懼，鉉曰："無恐，計且破之，不三日遁矣。"令登陴者皆哭呼，曰："旦日且降。"盡輟守具，出千人城外，伏地請降。又請退兵十里，無驚動城中人。文皇大喜。是時，文皇在軍逾年，往來爭戰甚苦，僅得永平、保定及北平三府，諸府縣旋破旋堅守，不肯降。至是，聞濟南降，曰："濟南中原要會，得濟南，斷南北。即不下金陵，畫中原自守，徐圖江淮，未晚也。"遂下令退軍，受降。鉉懸鐵板城門上，伏壯士闉堵中，約文皇入城，呼"萬歲"，即下鐵板，拔橋。文皇從勁騎數人，渡橋直至城下，方入門，門中人即呼"萬歲"，鐵板亟下，傷文皇馬首。文皇棄馬，取從馬走。走至橋，橋下伏兵發，斷橋，橋不可動。文皇得渡，還營，大怒，復合兵圍城。鉉令守陴者大罵，燕軍攻益急，以礮擊城。鉉書"高皇帝"牌數十面，懸城上，師不敢擊。又間出死士，累破燕兵。

都督僉事朱榮棄師還京，伏誅。

六月，遣尚寶司丞李得成使燕，議罷兵，不報。

八月，濟南圍解。

燕軍圍濟南凡三月餘，鐵鉉、盛庸隨機應敵，夜出劫戰，晝憑城防禦。文皇百方攻之，不能克。姚廣孝曰："師老矣。"文皇乃解去。帝即軍中升鉉兵部尚書，封庸歷城侯。宋參軍說鉉曰："北兵南去，其留守北平者皆老弱，且永平、保定雖叛，諸郡堅守者尚多。公能出奇兵，陸行抵真定，諸將潰逸者稍稍收合，不數日，可至北平。其間豪傑有聞義而起者，公便宜部署招徠之，北平可破也。北平破，北兵回顧家室，必散歸。徐沛間，素稱驍悍，公檄諸守臣，倡義集勇，候北兵歸，合南兵征進者，晝夜躡之。公館穀北平，休養士馬，迎其至，擊之。彼背腹受敵，大難旦夕平耳。"鉉以軍餉盡于德州，城守五月，士卒困甚，而南將皆駑材，無足恃，莫若固守濟南，牽率北兵，使江淮有備，北兵不能越淮，歸必道濟，吾邀而擊之，以逸待勞，全勝計也。遂不從。

盛庸進兵德州，燕將陳旭遁歸北平。

承天門灾，詔求直言。

九月，靖難兵還北平。

詔：諸將毋使朕負殺叔父名。

十月，清遠戍卒羅義上書，下獄。

義詣闕，上書乞息兵講和。又上文皇書，言："殿下聰明英武，今之周公也。宜謹守燕土，以法周公輔成王之義。自古聖賢欲成天下之事，必先明順逆之理、成敗之勢、禍福之機。又得天道之宜、人心之安，然後可。殿下今以藩國敵朝廷，即遂其願，尤爲不可。況萬難無一易哉？乞早息兵歸國。"書上，下義獄。

平安及靖難兵戰于鏵山，斬其將陳亨。

靖難兵襲破滄州，獲守將徐凱，凱遂降燕。

文皇將襲滄州，下令陽征遼東，將士聞之，頗不樂。行至通州，張玉、朱能請曰："今密邇敵境，而勒師遠征。況遼地早寒，士卒難堪。此行恐不利。"文皇屏左右，密語之曰："今南將吳傑、平安守定州，盛庸屯德州，徐凱、陶銘築滄州，欲爲掎角之勢。德州、定州城守堅固，猝未易圖，惟滄州土城隳圮，天寒雨雪，修之未易便葺。今佯言征遼，示無南意，以怠其心，因其不備，偃旗捲甲，由間道直擣城下，破之必矣。機事貴密，故未令衆知者，慮洩也。"玉等稱善。徐凱謀知燕兵征遼，果不爲備。燕兵過直沽，晝夜行三百里，掩至城下。凱等乃覺，亟命分守城堞，衆皆股栗，倉皇無暇擐甲。燕兵四面急攻，文皇麾壯士，由城東北內薄而登，逾時城破。凱及都督程暹、指揮俞琪、趙滸、胡元等皆被擒，悉降于燕。

召李景隆還京，赦，不誅。

　　黃子澄曰："景隆出師觀望，懷二心，不亟誅，何以厲將士？"御史大夫練子寧亦執景隆于朝，數其罪，請誅之。不聽。

以盛庸爲平燕將軍，陳暉、平安爲左、右副總兵，鐵鉉參贊軍務，督諸兵北進。

十二月，盛庸大破靖難兵于東昌，斬其將張玉。

　　文皇率衆循河而南，盛庸、鐵鉉躡其後，至東昌，平安軍亦會，遂合戰。庸背城而陣，燕兵擊其左翼，不動，退而衝其中堅。庸麾兵圍文皇數重，文皇易服躍馬突出，得免。燕兵爲火器所乘，大敗。諸軍大呼奮擊，斬燕大將張玉，燕士卒奔潰。庸乘之，殺傷無算。文皇退駐館陶，北平震動。庸飛檄真定、滄、德諸將，水陸犄角，邀文皇歸路。

詔舉優通文學之士。

辛巳，三年春正月。

靖難兵還北平。

二月，靖難兵南出，至保定。

　　初，燕兵起，僧道衍每云：師行必克，但費兩日耳。及敗于東昌，成祖北還，問之。道衍曰："前固已言之，費兩日乃'昌'字也。自此全勝矣。"與朱能力勸前進。

三月，盛庸及靖難兵戰于夾河，斬其將譚淵，復戰，敗績，走德州。

　　庸將攻北平，兵次單家橋，營于夾河。文皇率衆至，直薄庸陣。陣堅，不能動，庸麾諸軍力戰，斬其大將譚淵。文皇復以勁騎掩庸陣後，庸軍火器不及發，戰盾又中鐵礮，相牽率，不能先後，遂却。都指揮莊得陷陣，没。驍將楚智、皂旗張皆戰死。是夕，戰酣，薄暮，各斂兵入營。文皇以十餘騎逼庸營，野宿。明日，引馬鳴角，穿營而去，諸將相顧，莫敢發一矢，以帝嘗有詔"無使負殺叔父名也"。文皇既還營，復嚴陣約戰。文皇軍東北，庸軍西南，自辰至未，兩軍互相勝負，屢退屢進，將士皆疲，少息復戰，相持甚急。忽東北風大起，塵埃漲天，沙礫擊面，庸軍中昏暗，不辨咫尺。燕兵乘風縱左右翼橫擊，庸軍大敗。文皇追奔至滹沱河，庸走還德州。庸恃東昌之捷，謂此舉必破北平，將士咸携金銀器、錦繡衣，曰："破北平，張筵痛飲。"至是，盡爲燕兵所獲。

平安敗靖難兵于單家橋，擒其將薛禄。

罷齊泰、黃子澄。

　　帝因燕兵日至，不得已，罷泰與子澄，且密使募兵，而以竄齊、黃，使告燕罷兵。

閏三月，吳傑、平安及靖難兵戰于藁城，敗績。

　　傑等營藁城。文皇亦至，戊戌合戰，互有勝負。己亥，傑、安列方陣西南，燕攻其東北。文皇以驍騎循河出軍後，大戰。傑、安發火器、大弩射文皇，下如雨，矢集王旗，如蝟毛。安陣間縛樓，高數丈，登樓望，見戰勝，大喜，麾諸軍力戰。文皇見安登樓，率精騎直趨攻樓。安急下樓，墜而走。會大風，發屋拔樹，傑軍亦敗。都指揮鄧戩、陳鵬皆被執。安、傑還真定。燕兵自白溝、夾河至藁城，三捷，戰皆前敗後勝，有風助之異云。

靖難兵掠順德、廣平、大名。

遣大理少卿薛嵓使燕軍。

　　先是，以罷斥齊、黃貽書文皇，使罷兵。文皇因上書，請召諸將還。帝得書，與方孝孺議之。孝孺曰："今諸軍大集，燕兵久羈大名，暑雨爲沴，不戰自罷。急令遼東諸將入山海關，攻永平、真定，諸將渡盧溝橋，擣北平。彼顧巢穴歸援，我以大軍躡其後，必成擒矣。我固欲緩，彼奏適至，宜且與報書，往返逾月，彼心解而衆離，我謀定而勢合。"帝曰："善。"立命孝孺草詔言罷兵，遣大理少卿薛嵓持報文皇。又爲榜諭數千言，刻印萬張，授嵓，令至燕軍中，密散諸將士。嵓見，文皇問："帝意云何？"嵓曰："朝廷言殿下旦釋甲，暮即旋師。"文皇怒曰："是紿我也。"嵓惶懼，不能對。燕將士譁，欲殺嵓。嵓戰慄流汗，伏地。文皇令護嵓南還。嵓還，言："燕軍強盛。"孝孺惡之曰："此爲燕游說也。"文皇復遣武勝上書，求罷兵。帝曰："燕王，皇考母弟，于朕爲叔父，奈何必用兵爲？"召孝孺諭意，孝孺對曰："陛下即欲罷兵，兵一散則難復聚。彼長驅犯闕，何以御之？今軍聲大振，不日有捷書聞。願陛下毋惑甘言。"遂下勝于獄。

六月，靖難將李遠率兵至濟沛，焚漕糧，都督袁宇御之，敗績。

秋七月，靖難兵掠彰德，都督趙清御之，敗績。

遣錦衣衛千戶張安遺書于燕世子。

方孝孺門人林嘉猷，嘗被文皇召至北平，居邸中，久知高煦及三郡王與世子不睦，屢譖于父。閹黃儼素奸險，世子惡之，儼曲事三郡王。三郡王與世子守北平。高煦從文皇軍中，時時傾世子。孝孺言于上曰："兵家貴間，燕父子、兄弟可間而離也。"上問："云何？"孝孺言其故。上曰："奈何間之？"孝孺曰："世子見疑，必北歸，而吾餉道通矣。"上曰："善。"立命孝孺草書，貽世子，令歸朝，且許王燕地。世子得書，不啓封，并安致文皇所。三郡王及儼先已馳使告文皇："世子且反。"文皇疑之，問高煦，高煦曰："世子故與太孫善厚。"語未竟，世子書至，文皇曰："嗟乎！幾殺吾子。"

大同守將房昭率兵掠保定，靖難兵還援。

限僧道田，人五畝。

十月，真定守將花英等援房昭，與靖難兵戰，敗績。

十一月，遼東總兵楊文圍永平，不克，與燕將劉江戰于昌黎，敗績。

平安敗靖難將李彬于楊村。

十二月，以駙馬都尉梅殷守淮安。

殷，尚寧國公主，恭謹有謀，能騎射。高皇甚愛之，嘗受密命輔帝。至是，充總兵官，守淮安，悉心防禦。

虜可汗坤帖木兒死，鬼力赤為可汗。

禁內臣出使侵陵吏民。

《高皇帝實錄》成。

壬午，四年春正月，平安率兵復通州，不克。靖難兵破東平，指揮詹璟被執，吏目鄭華死之。

靖難兵攻沛縣，指揮王顯以城降，知縣顏伯瑋死之。

伯瑋聞北兵且至，集民兵備禦，以死自誓，遣其子有為還家，戒之曰："汝歸，白大人，吾不能盡子職矣。"及城破，伯瑋冠帶升堂，南面再拜，慟哭曰："臣無以報國矣。"遂自縊死。其子不忍去，復還，見父屍，亦自刎。主簿唐清、典史黃謙亦不屈死。

二月，靖難兵攻徐州。

三月，平安及靖難兵戰于淝河，敗績。

文皇自徐州進攻宿州，平安追躡文皇，至淝河，遇伏，戰敗。胡騎指揮使火耳灰、哈三帖木兒皆被執。安兵駐宿州。

靖難兵破蕭縣，知縣陳恕死之。

以蘇州府知府姚善參贊軍事，督蘇、松、常、鎮、嘉興五郡兵入援。

善，湖廣安陸人，志行淳實愷悌。初，朝廷以吳民薰染夷俗，僭侈違式，繩以重法。囂者或更持短長，訟蜂起，難理。善洞達政體，周悉人情，張弛寬密，各協事宜，數造請群賢，考求治道。由是吏民回心向義，轉稱大治，爲列郡最。隱士王賓獨居陋巷，善往候見，舍車，躬詣門。賓問："爲誰？"應曰："姚善。"乃開門延語。賓報謁，及門，再拜而返。善自邀還，辭曰："非公事，不敢入也。"又將候韓奕，奕避入太湖，善嘆曰："韓先生可謂名可得聞，而不可得見也。"錢芹自守甚高，善願見，不可得。有俞貞木者，以明經見重于善，月朔望必延至學宮，講經書以訓士。一日，饋米于貞木，誤送芹所，芹受之。吏覺其誤，詣貞木以告。貞木曰："錢先生不苟取與，今受米不辭，必仰府公之賢耳。"善聞之，欲往候，乃先使道意。芹對使者曰："芹誠願見明公。然芹民也，禮不可往見于庭。苟明公弘下士之風，請俟月朔相會于學宮。"善如期至，逆芹置上座，質經義。芹曰："此士子之務耳。公今有官守，何不談時務而及此耶？"善益起敬，請問今日急務。芹出一簡以授善，竟不及一言而去。視之，則守禦制勝之策也。善大悅。及是，薦芹爲行軍司馬。

夏四月，平安敗靖難兵于小河，斬其將陳文、王真。

安營小河，亘十餘里，張左右翼，緣河而東。遇文皇騎兵，合戰，斬其將陳文。再戰，又勝，斬其驍將王真。文皇督戰急，幾爲安槊所及。安馬蹶，弗得前。燕番將王麒躍馬入陣援，文皇得脫，裨將丁良、朱彬被執。是役也，燕軍大震，謀還北平。

徐輝祖令諸將及靖難兵，大戰于齊眉山，敗之。召輝祖還。

平安諸軍營小河南，燕兵據河北。甲戌，大戰齊眉山，自午至酉，燕兵敗退，還營，掘塹以自固。時，燕諸將欲還北平，不敢顯言，輒請退屯小河東就麥，觀隙而動。文皇不聽，朱能、鄭亨又力言："渡河非計，諸將不肯從。"文皇曰："欲渡者左，不欲渡者右。"諸將多左，文皇大怒曰："任汝所之。"諸將始不敢言。何福引兵會平安，燕軍亦懼，文皇數日不解甲矣。

何福、平安等及靖難兵大戰于靈璧，敗績。何福遁，平安、陳暉〔四〕、馬溥、徐真等皆被執。

時，文皇遣朱榮、劉江率輕騎邀截餉道，又令遊騎擾樵采，何福乃移營靈璧。平安率軍護糧運將至，文皇覘知之，分壯士萬人遮援兵，而令高煦伏兵林間，戒俟敵戰疲，即出擊。于是，躬率師逆戰，以騎兵爲兩翼。安引軍突至，殺燕兵千餘，矢下如雨。何福復出壁來援，與安合擊，殺傷甚衆。北兵引却，高煦窺見南軍疲，即率衆突出，擊之。王還兵掩擊其後，福等大敗，俘斬萬餘人，盡獲其糧餉。福等以餘衆走入營。是夜，福下令："旦聞炮聲三，即突圍出，師就糧于淮河。"詰旦，燕兵攻營，三震炮，諸軍誤以爲己炮，急趨門走，門塞，不得出。營中紛擾，人馬墜濠塹，皆滿。燕軍急擊之，營遂破。陳暉、平安、馬溥、徐真等及禮部侍郎陳性善、大理寺卿彭與明皆被執，何福單騎走。文皇縱性善、與明南歸。性善衣朝服，入水死；與明裂衣冠，變姓名，逃。

五月，靖難兵至泗州，守將周景初降。

靖難兵渡淮，盛庸棄師走。

盛庸率馬步兵數萬。戰艦數千列淮南岸，燕兵列北岸。文皇令丘福、朱能等將驍騎數百，西行二十里，以小舟潛濟。南軍初不知覺，及漸近營，舉炮，兩軍駭愕，福等衝突其陣，南軍棄戈甲而走。庸股慄，不能上馬，其下掖之登舟，遂單舸脫走。北兵盡獲其船艦，遂濟淮駐南岸。是日，遂攻下盱眙，會諸將，圖所向，或謂宜先取鳳陽，徑趨滁、和，集船渡江；或欲先取淮安，自高郵以達真、揚，即渡江可無後顧之虞。文皇曰："不然。鳳陽樓櫓堅完，所守既固，非攻不下，恐震驚皇陵。淮安高城深池，積粟既富，人馬尚多，若攻之不下，曠日持久，屈威挫銳，援兵既集，非我之利。今乘勝鼓行，直至揚州、儀真，兩城軍弱，可招而下。既得真、揚，則淮安、鳳陽人心自懈。我耀兵江上，聚舟渡江，京城震駭，必有內變，可指日收效也。"諸將皆頓首，稱善。

靖難兵至揚州，指揮王禮以城降，守將崇剛、監察御史王彬死之。

時，諸將分屯鳳陽、淮安以遏燕兵。文皇欲從淮安取道渡江，遣使駙馬梅殷。殷割使者耳鼻，授詞答文皇曰："留汝口，與殿下言君父恩義。"文皇竟不得道淮安，欲從靈璧出鳳陽渡河。鳳陽知府徐安諜知，拆浮橋，絕舟楫，拒守，亦不得渡。文皇遂竟趨揚州。時，御史王彬巡江淮，駐揚州，倚任指揮崇剛，練兵繕城，為守禦計。剛聞燕兵至，晝夜不解甲。指揮王禮欲降燕，彬知之，執禮及其黨繫獄。有力士能舉千斤，彬常以自隨。燕兵飛書城中："有縛王御史降者，官三品。"左右憚力士，莫敢發。禮弟宗厚賂力士母，誘其子出，會彬解甲浴，為千戶徐政、張勝所縛，舁至城上，投燕兵中，不屈，死之。政遂出禮等于獄，與江都知縣張本開門降。剛亦不屈而死。

詔天下勤王。

詔曰："燕兵勢將犯闕，中外臣民坐視予之困苦，而不予救乎？凡文武吏士，宜即日勤王，共除大難。宗社再安，予不敢忘報。"詔下，京城內外，臣民慟哭。

遣禮部侍郎黃觀、翰林修撰王叔英等，分道徵兵入援。

蘇州知府姚善、寧波知府王璡率兵勤王。

遣慶城郡主使燕軍，議割地罷兵，不聽。

北兵漸迫，方孝孺曰："事急矣，宜以計稍緩之。遣人許以割地，稽延數日，東南召募丁壯當畢集，北軍不長于舟楫，相與決戰江上，成敗未可知。"上善其言，乃以太后命，遣郡主往，以割地、分南北爲請。文皇曰："此特欲緩我師耳。行將與諸弟姊相見，無多言也。"

命刑部尚書侯太轉餉淮安。

六月，盛庸敗靖難兵于浦子口，復戰，庸大敗。陳瑄以舟師降燕。

盛庸、徐輝祖等帥舟師駐江上，北兵近岸，庸擊敗之。文皇欲且議和，北還。適高煦引胡騎至，文皇大喜，撫其背曰："吾力疲矣，兒當努力。世子多疾，天下若定，吾以汝爲太子。"于是，高煦殊死戰。文皇麾精騎數百直衝之，庸軍小却。上急遣陳瑄帥舟師援庸，瑄乃釋甲降，庸兵遂敗。

靖難兵渡江，盛庸逆戰于高資港，敗走鎮江，守將童俊降。

靖難兵至龍潭，復遣李景隆、王佐、茹瑺議割地罷兵，不聽。

景隆等見文皇，伏地納款，頓首稱臣，以割地講和爲請。文皇曰：“公等爲説客耶？割地何名？何爲聽奸臣計？”景隆等不敢對，歸，言文皇必欲得泰、子澄輩。上令景隆偕諸王再往，言：“諸臣皆竄逐外郡，俟執至遣來。”文皇曰：“勿多言，不得奸臣，吾必不已。”諸王歸。上會群臣慟哭。或勸上且幸浙，或曰不若幸湖湘。方孝孺曰：“今城中勁兵尚二十萬，城高池深，糧食充足，足以固守，以待援兵至。内外夾擊，決死一戰，可以成功。萬一不利，車駕他幸，未晚。”上然之。太常少卿廖昇聞茹瑺等還，遂慟哭，與家人訣，自縊死。翰林編修王艮，初聞燕兵起，輒憂憤不食，至是，亦仰藥死。

遣諸王分守京城諸門。

靖難兵至金川門，都給事中龔泰死之。

文皇渡江。龔泰與妻傅氏訣曰：“事至此，我自分死。爾携幼穉歸，否則俱溺井，無辱。”文皇師駐金川門，泰知不可爲，遂投城下死。高巍亦自縊于驛舍。時，有議開門迎納者，大理寺丞鄒瑾、監察御史魏冕即殿前毆之，幾死。其日以兵亂輟朝，瑾及冕皆自盡。

谷王橞開金川門，納燕兵，文皇遂入城。宮中火發，上遜。

文皇入城。上手誅徐增壽于左順門。方燕兵起，增壽兄輝祖議督兵北進，增壽獨以百口保文皇無他，故誅之。又欲誅李景隆，不果。急召程濟入，問計，濟曰：“天數已定，惟可走出免難耳。”初，太祖臨崩，付上一小篋，封鑰甚密，戒以急難乃啓。至是，啓視之，乃度牒及披剃具。上遂落髮易服，從地道出。須臾，宮中火發。傳言上崩。程濟從上，每遇厄，濟輒以術脱去。後濟不知所終。

文皇謁孝陵，遂即皇帝位。

文皇入，蹇義、夏原吉、劉俊、薛嵓、楊溥、胡濙、楊榮等，皆迎戴馬首，曰："殿下先謁陵乎？先入廟乎？"上曰："固當先謁陵，非若言幾誤。"茹瑺首率群臣勸進。文皇遂御奉天殿即位。瑺入賀，文皇呼謂之曰："瑺，吾今日得罪于天地、祖宗，奈何？"瑺叩首曰："陛下應天順人，何謂得罪？"文皇大悅，進忠誠伯。

召文學博士方孝孺草詔，不屈，死之。

初，文皇發燕，姚廣孝送道旁，言："江南有方孝孺者，有學行，即不肯降，幸勿殺。"至是，以廣孝言召用之。孝孺不肯屈，繫獄，一日遣人諭再三，終不從。又召孝孺草詔，孝孺斬縗而見，悲慟徹殿陛。文皇降榻勞之，曰："先生無自苦，余欲法周公輔成王耳。"孝孺曰："成王安在？"文皇曰："渠自焚死。"孝孺曰："何不立成王之子？"文皇曰："國賴長君。"孝孺曰："何不立成王之弟？"文皇又曰："先生無過勞苦。"命左右授筆札，曰："詔天下，非先生草不可。"孝孺大批數字，投筆于地，又大哭，且罵曰："死即死，詔不可草。"文皇大怒，磔諸市。孝孺慨然就戮，爲絕命詞曰："天降亂離兮孰知其由？奸臣得計兮謀國用猷。忠臣發憤兮血淚交流，以此徇君兮抑又何求？嗚呼哀哉！庶不我尤。"時年四十六。復詔收其妻鄭，鄭先已經死，宗族坐死者八百七十三人。長洲舉人劉政聞孝孺死，痛哭不食而死。孝孺和粹貞亮，事親孝，處師友，篤恩義。父克勤守濟寧，被誣謫戍，上書乞以身代。師宋濂死夔州，數百里走哭之。所友皆一時名士，以道義相切磋，居恒常以明聖道、闢異端爲己任。又纂古王政，欲見之行事，以故多紛更，卒無成算。其文章大類蘇氏，而正論過之。所著有《宗儀》、《深慮論》、《釋統》及《遜志齋集》、《周禮考次》、《大易枝辭》、《武王戒書注》、《帝王基命錄》、《文統》、《宋史要言》諸書，逸不傳。至成化初，遺文始行于世。

揭奸臣榜于朝堂。

　　黃子澄、齊泰、方孝孺、陳迪、練子寧、黃觀、胡閏、王鈍、張紞、鄒瑾、郭任、盧迥、侯泰、暴昭、毛泰、鄭賜、黃福、卓敬、王叔英、陳繼之、董鏞、曾鳳韶、王度、謝昇、尹昌隆、宋徵、廖昇、巨敬、高翔、徐輝祖、鐵鉉、姚善、甘霖、鄭公智、葉仲惠、王璉、黃希范、陳彥回、劉璟、程通、戴德彝、王艮、盧原質、茅大芳、胡子昭、韓永、葉希賢、林嘉猷、蔡運、盧振、牛景光、周璿等五十餘人，仍頒示中外。有軍民執至者，賞以官爵。戶部尚書王鈍、工部尚書鄭賜、侍郎黃福自陳爲奸臣所累，乞宥罪，令復其官。

革建文年號，仍以洪武紀年。

復周王橚、齊王榑爵。

葬建文帝。

　　初，宮中火起，皇后馬氏赴火死。及上入宮，詰問建文帝所在，內侍指后屍應，乃出屍于煨燼中，哭之曰：“小子無知，乃至此乎？”召翰林侍講王景問：“葬禮當何如？”景對曰：“當葬以天子之禮。”上從之。

贈徐增壽爲武陽侯，禁錮魏國公徐輝祖。

　　時，武臣悉歸附，惟輝祖不屈。上召問，輝祖不出一語。法司迫取供招，輝祖默操筆，惟書其父開國功勞，子孫免死而已。上大怒，欲殺之，以勳戚故中止，勒歸私第，革其祿米。

遷興宗孝康皇帝主于陵，仍稱懿文皇太子。

殺兵部尚書齊泰、太僕寺卿黃子澄。

　　初，靖難兵南下，建文帝不得已，逐齊泰、黃子澄于外。及兵抵江干，蘇州知府姚善言：“子澄文武才，足捍國難，顧屏諸遠以快敵人，胡失計至此？"乃急召子澄，未至城陷。文皇執子澄，責問，不服，族其家。

齊泰聞上遜去，追至廣德，欲往他郡，起兵興復，被執，亦不屈死之。

執禮部尚書陳迪、刑部尚書侯泰〔五〕、暴昭、御史大夫練子寧、户部侍郎卓敬，皆不屈，死之。

陳迪在外督軍餉，過家不入，聞變，即赴京師。文皇責問，迪嫚罵不屈，與子鳳山等六人同就戮。將刑，鳳山呼曰："父累我。"迪叱之，罵不絶口，割其子鼻舌，炙食迪，迪唾，益指斥，俱凌遲死。既死，于衣帶中得詩，有曰："三受天王顧命新，山河帶礪此絲綸。千秋公論明于日，照徹區區不二心。"又有《五噫詞》，並悲烈。

侯泰總餉淮安，至高郵，被執，不屈，下錦衣獄死。

暴昭，初掌平燕布政司事，平安兵敗，召歸京師。靖難兵入城，昭出亡，被執。既見，抗罵不屈，去齒，截手足，至死罵不絶口。

文皇召卓敬，責其不奉迎乘輿，敬厲聲不遜。文皇憐其才，繫獄。或以管仲、魏徵事諷之，不聽。姚廣孝忌敬，必欲殺敬。敬臨刑，從容嘆曰："變起宗親，略無經畫，死有餘罪。"神色凜然。夷三族。

文皇縛練子寧于廷，語不遜，斷其舌，曰："吾欲效周公輔成王。"子寧手探舌血，大書地上："成王安在？"遂族其家，姻戚逮戍邊者百五十一人。

一時同死者，户部侍郎郭任、盧迴，禮部侍郎黄魁，刑部侍郎胡子昭，都御史茅大芳，大理少卿胡閏，太常少卿盧原質，左拾遺戴德彝，給事中陳繼之、韓永，監察御史王度、甘霖、高翔、户部主事巨敬、宗人經歷宋徵，皆以召見不屈死。

監察御史董鏞、葉希賢、鄭公智，河南左參政鄭居貞，陝西按察僉事林嘉猷、知府葉仲惠、黃希范、陳彥回、遼府長史程通、賓州知州蔡運，俱以逆黨，械至論死。

漳州府學教授陳思賢，靖難詔至，慟哭曰："明倫之義，正在今日。"遂堅臥不出迎，率其徒伍性原、陳應宗、林珏、鄒君默、曾廷瑞、吕賢，即明倫堂爲舊君〔六〕，哭臨如禮。郡人執送京師，思賢暨六生咸以身殉。

殺御史大夫景清，夷其族。

清，建文初曾爲北平參議，上遇之厚。及建文出亡，乃詣上，自歸，上喜曰："吾故人也。"仍其官，清恒伏利劍袵中，委蛇侍朝，人疑焉。是日，早朝，清衣新緋入。先是，星官奏文曲星犯帝座，甚急。至是，見清衣緋，上命收之，得所佩劍。清知志不遂，乃躍起奮立，嫚罵。上大怒，命抉其齒，且抉且罵，含血近前，噴沁御衣。上愈怒，剝其皮，實以草，械繫長安門示百官，而磔其骨肉。自是精英疊見，屢入殿廷爲厲。詔赤清族，抄及親鄰，真寧一邑幾徧，蔓延于鄰郡縣云。

禮部侍郎黃觀、翰林修撰王叔英、周是修皆自殺。

觀與叔英俱奉詔募兵。觀至安慶，聞變，謂人曰："吾妻翁氏有志節，必不辱。"招魂葬之江上。明日，家人自京奔至，言翁夫人暨二女同被執，有象奴得之，索釵釧出市酒殽，夫人急攜二女率家屬十人，投維清橋下死。觀慟哭，至李陽河，聞建文帝避〔七〕位，朝服東向再拜，投湍流中死。

叔英至廣德，聞變慟哭，沐浴，衣冠，書絕命詞藏裾間，自經玄妙觀銀杏樹下。其後治奸黨，妻金繫獄死，二女赴井死。

初，胡廣、胡儼、黃淮、金幼孜、解縉、楊士奇、周是修相約同死，已而皆負約。惟是修具衣冠，詣應天府學，拜宣聖畢，自爲贊繫于衣帶，縊東廡下。後縉爲誌，士奇爲傳，謂其子曰："當時吾亦同死，誰與爾父作傳？"士論笑之。

召淮南總兵駙馬梅殷還京。

時，殷尚擁兵淮上。上迫寧國公主，招殷。公主嚙指血爲書，招之。殷得書慟哭，問使者建文帝所在，曰："去矣。"殷曰："君存與存，君亡與亡。吾姑忍俟之。"乃罷兵入見。上慰之曰："都尉在軍，無乃勞乎？"殷對曰："勞而無功，徒自愧耳。"

執蘇州知府姚善至京，不屈死之。給事中黃鉞自殺。

初，黃鉞以外艱還，方孝孺屛左右，問曰："北兵日南，蘇、常、鎮，京師左輔，君吳人，宜有以教我。"鉞曰："三郡惟鎮江最要害，守非其人，是自撤藩籬也。鎮江指揮童俊，狡不可測。蘇州知府姚善，忠義激烈，有國士風，能當一面，但仁慈有餘，而御下大寬。此治郡之良才，恐不足定亂。然國家大勢，不在江南，戎馬至此，而御之晚矣。"孝孺因附書善，勉以忠孝，期戮力王室。善得書，與鉞對哭，以死自誓。鉞就父殯，居廬，足迹不入城邑。靖難兵至江上，善受詔勤王，以書招鉞。鉞即日營葬畢，遂至善所。童俊果以鎮江降。文皇即位，捕善急。善麾下許百户，素權詐，得親于善，遂縛善邀賞。文皇詰善曰："若一郡守，乃敢舉兵抗我耶？"善厲聲不遜，死之，時年四十三。鉞聞之，慟哭，遂絕食閉目三日。或告鉞曰："善款服，已得宥。"鉞復瞠目曰："吾知善決無二心。吾少俟善事定，獨死未晚。"及善死報至，鉞起，登琴川橋，西南再拜，祀善，慟哭曰："吾與君同受國恩，國有難，義同許身。君今死國，吾忍獨生乎？"祀畢，入水死。

執兵部尚書鐵鉉至京，不屈死之。

　　時，鉉尚擁殘兵，駐淮南。被執，至，不肯屈。令一顧，終不可得。割其耳鼻，竟不肯顧，碎其體，至死，罵不絕聲，時年三十七。子福安戍河池。

召御史魯鳳韶、浙江按察使王良，不至，皆自殺。

　　召鳳韶，復其官，不至。尋加侍郎召，又不至。刺血，書憤詞于襟，遂自殺。

　　良聞召，集臬司諸印私第，躊躇未能決。妻問故，曰："我分應死，未知所以處汝耳。"妻曰："我何難？君爲男子，乃爲婦人謀乎？"遂自投池死。良殮妻畢，列薪于尸，以幼子屬妾，使匿友家，舉火合室自焚。事聞，文皇曰："死，良分也。毀印，不得無罪。"徙其家于邊。

執谷王府長史劉璟，下獄，自殺。

　　璟，誠意伯基仲子也。少負奇氣，博通經史，喜談兵。嘗同兄璉侍父入朝，太祖奇之曰："璉明秀，璟凝重，伯溫有子矣。"既而，基與璉繼卒。詔璟襲爵，以讓兄子薦。璟偉貌，豐髯，論說英侃。太祖愛之，欲令在左右，倣宋制授璟閣門使，且金書"除奸摘佞"四字于鐵簡，賜之，令糾正不法。時，都御史袁泰奏事忤旨，璟當大廷擊其項，舉朝憚之。咸欲其遠去，共薦授谷王長史，之國宣府。璟嘗至燕，與文皇弈，璟勝。文皇曰："卿獨不少讓我耶？"璟正色曰："可讓處，不敢不讓；不可讓處，亦不敢讓也。"靖難兵起，璟隨谷王還朝，獻十六策，不能用。令參李景隆軍事，又不見信。景隆敗，璟陷冰幾死，奔還養病。上既登極，璟臥家不起。上欲用之，罪以逃叛親王，逮繫之。臨別，姻親餞之，或曰："主上神武，何遜唐文皇，公爲魏徵可也。"璟瞪目曰："爾謂我學魏徵耶？吾死生之分決矣。"至京，授以官，不受。對上語，猶稱殿下，且云："殿下百世後，逃不得一個'叛'字。"遂下獄。一夕，辮髮，自經死。

宥前御史尹昌隆，以爲北平按察司知事。

初，靖難兵南下，昌隆上言："今事勢日去，而北來章奏有'周公輔成王'語，不若罷兵，許其入朝。彼既欲伸大義于天下，不應便相違戾。設有蹉跌，舉位讓之，猶不失爲藩王。若沉吟不斷，禍至無日，雖求爲丹徒布衣，不可得矣。"不報。及是，按名捕治奸黨，昌隆將刑，當陛大呼曰："臣曾上章，勸以位讓陛下。奏牘尚存，可覆案也"上命停刑，閱其奏，流涕曰："火燒頭，若早從此言，南北生靈可免酷禍，朕亦無此勞苦也。"詔貸其死。

焚建文時章奏。

上以建文時群臣封事千通，命解縉等檢閱，凡言兵食事宜者留覽，其詞涉干犯者悉焚不問。因從容問縉等曰："爾等宜皆有之。"衆未對，修撰李貫獨頓首曰："臣貫實無。"上曰："爾以無爲美耶？食其祿，當任其事。國家危急，官近待者，無一言可乎？"後貫坐累，繫獄十年死。

王鈍罷，張紞自殺。

上召戶部尚書王鈍曰："爾向輔建文，間朕骨肉，今何顏耶？"鈍頓首謝，遂命致仕。

上臨朝，詰問建文中變亂官制，顧侍臣太息曰："只爲群臣散官一事，前代沿襲，行之已久，何關利害？亦欲改易，且陵土未乾，何忍紛紛爲此？"紞懼，退而自經。

以陳瑛爲副都御史。

時，窮治建文諸臣，瑛恨湯宗，首論死。

丁丑，作奉天殿。

舊殿爲建文所焚。至是，改作殿之西。

七月，大祀天地于南郊。

大赦。

降封允熥爲廣澤王，允熞爲懷恩王，允熙爲敷惠王。

幽建文帝少子文圭于中都。後不知所終。

八月，命歷城侯盛庸安戢山東，都督劉貞鎮守遼東，征虜前將軍都督何福鎮守陝西，都督韓觀練兵江西，西平侯沐晟鎮守雲南。

以蹇義爲吏部尚書，夏原吉爲户部尚書，黄福爲工部尚書。

初建内閣，以解縉、胡靖爲侍講，編修楊榮爲修撰，黄淮、楊士奇爲編修，金幼孜、胡儼爲檢討，並直文淵閣。

直文淵閣者，入内閣預機務，出納帝命，奉陳規誨，獻告謨猷，檢點題奏，擬批答[八]，以備顧問。不得專制九卿事，九卿奏事亦不得相關白。

九月，大封靖難功臣。

丘福淇國公，朱能成國公，張武成陽侯，陳珪泰寧侯，鄭亨武安侯，孟善保定侯，火真保安侯，顧成鎮遠侯，王忠靖安侯，王聰武城侯，徐忠永康侯，張信隆平侯，李遠安平侯，房寬思恩侯，徐祥興安伯，徐理武康伯，李濬襄成伯，張輔信安伯，唐雲新昌伯，譚忠新寧伯，徐嚴應成伯，房勝富昌伯，趙彝忻城伯，陳旭雲陽伯，劉才廣恩伯，加曹國公李景隆禄一千石，王佐順昌伯，陳瑄平江伯，其餘將士論功升賞有差。

追封故都督張玉榮國公，故都督僉事陳亨涇國公，故指揮使譚淵崇安侯，皆世襲。

詔諭四夷。

贈前燕山右護衛百户王真金鄉侯。

徙封谷王橞于長沙。

廢廣澤王允熥、懷恩王允熞爲庶人。

冬十月，寧王權來朝，改封南昌。

　　寧王入朝，相見甚歡。因請改南土，初欲得蘇州，上以圻内不許。又欲杭州，上曰："五弟初封錢塘，皇考不可，改開封。建文無道，封其弟允熥，竟不克享。建寧、荆州、重慶、東昌皆善地，惟弟擇焉。"寧王得書，遂出飛旗，令有司治馳道。上大怒，王不自安，屏從兵，從五六老中官，走南昌，稱病卧城樓，乞封南昌。上不得已，即藩司爲府，封王南昌。

重修《高皇帝實録》。

以僧道衍爲左善世。

十一月，新作奉天殿成。

立妃徐氏爲皇后。

以北平布政使郭資爲户部尚書，保定知府雒僉爲刑部尚書，仍各掌司府事。

陳瑛請追論建文死事諸臣，不許。

　　瑛疏：建文死事諸臣，未經逮繫誅戮者，請追治之。上曰："彼食其禄，當盡其心，勿問。"又曰："諸臣盡忠于太祖，故盡忠于建文，但惡其導誘建文變亂成法耳。"

十二月，以李至剛爲禮部尚書。

　　時，月當食不食，至剛請率百官賀。上曰："王者能修德行政，任賢去邪，然後日月當食不食。適以陰雨不見，豈果不食耶？勿賀。"

校勘記

〔一〕"遺文帝"，（明）徐紘《明名臣琬琰錄》卷十一《參贊軍務高巍傳》作"遺文景"。

〔二〕"太"，當作"大"。

〔三〕"命"，當作"民"。

〔四〕"暉"，底本作"輝"，據後文、《明史》卷一百四十四《平安傳》、（清）谷應泰《明史紀事本末》卷十六改。

〔五〕"泰"，底本作"太"。據前文、《明史》卷一百四十二《暴昭傳》、（清）谷應泰《明史紀事本末》卷十八改。後不出校。

〔六〕即明倫堂爲舊君：《明史》卷一百四十三《陳思賢傳》作"即明倫堂爲舊君位"。

〔七〕"避"，（清）谷應泰《明史紀事本末》卷十八作"遜"。

〔八〕"擬批答"，疑當作"擬議批答"。（明）章潢《圖書編》卷八十四："直文淵閣，入內閣預機務，出納帝命，奉陳規誨，獻告謀猷，點檢題奏，擬議批答，以備顧問。"

國史紀聞卷五

成祖文皇帝

癸未，永樂元年春正月，以陳瑛爲左都御史。

復周、齊、代、岷王封爵。

群臣請立皇太子，不允。

二月，以北平爲北京。

革都、布、按三司，置北京刑部及行後軍都督府，以郭資、雒僉爲刑部尚書，平安爲行都督僉事，尋改北平府爲順天府。

遣使貽書鬼力赤可汗通好，不報。

設北平國子監。

遣監察御史分巡天下。

諭之曰：「朕居深宮，下情不能周知。爾等爲朝廷耳目，其用心咨訪，利有當興、弊有當革者，悉以聞。」

命皇子高煦率兵開平備邊。

三月，徙大寧都司於保定，以大寧地界虜。

朵顏、福餘、大寧三衛，故兀良哈地，在烏龍江南，漁陽塞北，即春秋時山戎地，元爲大寧路。國初，割錦、義、建、利諸州隸遼東，而於古會州設北平行都司，領興營等二十餘衛所。洪武十四年，封皇子權於大寧，爲寧王。二十二年，分兀良哈爲朵顏、福餘、大寧三衛，以處降胡，而以阿札失里等爲三衛指揮同知，爲我藩籬。靖難兵起，首劫大寧，諸酋長率胡騎力戰，有功。寧王移封南昌，乃改北平行都司爲大寧都司，徙之保定，散布興營諸衛於畿輔，而以大寧地盡畀三衛。東起廣寧前屯，歷喜峰，近宣府，爲朶顏；自黃泥窪，逾瀋陽、鐵嶺至開原，爲福餘；由錦義渡遼河，至白雲山，爲大寧。皆逐水草，無恒居。三衛朶顏最強，分地又最險。自是遼東、宣府聲援隔絶，諸夷列我險阻，遂爲門庭之寇矣。

夏四月，命户部尚書夏原吉治水江南。

時，嘉興、蘇、松頻罹水患，屢敕有司治之，無功，乃命原吉往。原吉循覽水勢，上言：

浙西諸郡，蘇、松最居下流，常、嘉、湖三郡，土田高多下少，環以太湖，綿五百里，納杭、湖、宣、歙諸山水，注澱山諸湖，入三泖。頃浦港湮塞，匯流漲溢，傷害苗稼。拯治之法，宜浚吳淞諸浦港，洩其壅淤，以入於海。吳淞江袤二百餘里，廣百五十餘丈，西接太湖，東通海，前代屢疏，以當潮汐，沙泥淤積，旋疏旋塞。自吳江長橋至下界浦，約百二十餘里，雖稍通流，多有淺窄。又自下界浦抵上海南倉浦口，可百三十餘里，潮汐壅障，茭蘆叢生，已成平陸。欲即開浚，工費浩大，且灑沙淤泥，浮泛動盪，難以施工。臣相視得，嘉定劉家港，即古婁江，徑通大海，常熟白茆港徑入大江，皆廣川浚流。宜疏吳淞江南北兩峰、安平等浦港，引太湖諸水入劉家、白茆二港，使直注海。松江大黃浦乃通吳淞要道，下流壅塞，難即疏浚。傍有范家浜，至南倉浦口，可徑達海，宜浚，令深闊，上接大黃浦，以達茆湖之水。此即禹貢"三江入海"之迹。俟既開通，相度地勢，各置石閘，以時啟閉。每歲水涸時，修圩岸，以禦暴流。

上從之。役夫凡十餘萬，原吉布衣徒步，日夜經畫，盛暑揮蓋去，曰："衆赤體暴日中，吾何忍？"於是水洩，農田大利。

太白出昴北。

禁金銀交易。

洪武中，鈔法初行，每鈔一貫折銅錢一千文、銀一兩，鈔四貫易金一兩。禁民間不得以金銀交易，違者治罪。鈔昏爛者，入行用庫換易，收工墨值。然鈔楮易於昏爛，雖有倒換之令，收受艱難，法雖嚴而竟不行。

五月，上皇考妣號謚。

皇考曰"太祖聖神文武欽明啓運峻德成功統天大孝高皇帝"，皇妣曰"孝慈昭憲至仁文德承天順聖高皇后"。

遼東都指揮沈永有罪，伏誅。

先是，虜寇遼東三萬衛，永不能禦，又匿不以聞。上以欺蔽，誅之。

殺右副都御史黃信。

李至剛妻父有犯，都察院逮問，當處重刑，至剛乞免於上。上曰："法司鞫獄，情之輕重，外人何以知之？"對曰："此黃信與臣言。"上怒，命錦衣衛鞫之，有實狀，遂殺信。

六月，《高皇帝實錄》成。

定轉輸北京事宜。

先是，瀋陽中屯衛卒唐順上言："衛河之源，出衛輝府輝縣西北大行山下，其流自縣治北經衛輝城下，抵直沽入海，南距河陸路五十餘里。若開衛河，距黃河百步置倉廠，受南方運糧，轉衛河交運，公私兩便。"上是其策，下廷臣議。至是，戶部尚書郁新言："淮河至黃河多淺溜，饋運艱阻。請自淮安用船可載三百石以上者運入淮河、沙河，至陳州潁岐口跌坡下，復以淺船可載二百石以上者運至跌坡上，別以大船載入黃河，至八柳樹等處，令河南車夫運赴衛河，轉輸北京。"從之。

秋八月，命平江伯陳瑄總督海運。

九月，歷城侯盛庸暴卒。

　　庸，安戢山東。千戶王欽告庸不法事，升指揮同知，賞百金。陳瑛復劾："庸有怨言，心懷異圖，請誅庸。"遂削庸爵，下獄死。

詔舉賢才。

冬十月，長興侯耿炳文自殺。

　　陳瑛劾炳文："衣服、器皿，僭飾龍鳳。"上曰："炳文，先朝老臣，亦爲此乎？"炳文懼，遂自殺。長子璿，尚懿文長公主。上即位，杜門稱疾，竟坐罪死。公主亦以憂卒。次瓛，建文時守山海關，嘗請楊文攻永平，以動北平。至是，亦論死。

以金忠爲兵部尚書。

置三大營。

　　曰五軍營，兼馬步，專教陣法；曰神機營，皆步兵，習火器；曰三千營，皆馬隊，專扈從出入。每營以勳臣二人爲總兵官統之。

十一月，詔郡縣考績官言事。

　　上欲聞民間疾苦，命郡縣官考滿至京。吏部選其識達治體者，令於六科辦事，俾各言所治郡縣事，卒無言者。上諭給事中朱原貞等曰："郡邑之間，豈盡無一事可言？今在朕左右，尚猶默默，況遠在千萬里外乎？爾等以朕意諭之，何利當興，何弊當革，皆勿隱。若今不言，有他人言之，則不能逃罪矣。"

閏十一月，封黎蒼爲安南國王，李芳遠爲朝鮮國王。

十二月，徙富民實北京。

天下戶口之數。

　　是歲，天下戶千一百四十一萬五千八百二十九，口六千六百五十九萬八千三百三十七，賦役糧三千一百二十九萬九千七百四石。

甲申，二年春正月，賜進士曾棨等及第出身有差。

召高煦還京。

三月，改封敷惠王允熥爲甌寧王，奉懿文皇太子祀。

遣通政趙居任使日本。

　　日本遣人來貢。上遣居任報之，賜國王冠服、文綺。令十年一貢，每貢毋過二百人。若貢非期，人船逾數，挾兵器，並以寇論。

命科臣直言。

　　上諭六科給事中曰："朕日臨百官庶務，或有失中，宜直言無隱。"又顧解縉等曰："敢爲之臣易求，敢言之臣難得，所以王魏之風世不多見。使進言者無所畏，聽言者無所忤，天下何患不治？朕與爾等勉之。"

以國子監祭酒徐旭爲翰林修撰。

　　禮部言旭書奏不謹，當罰。上問蹇義："旭何如人？"義曰："有學守而於人寡合。"上曰："持守之人，固當寡合。蓋其中有主，不能脂韋依阿，況兼有文學，宜置之近侍。"遂命爲翰林修撰。

夏四月，立世子高某爲皇太子。

　　簡東宮官，以蹇義兼詹事，解縉兼右春坊太學士，楊淮、胡廣左右庶子，胡儼、楊榮左右諭德，楊士奇左中允。

封高煦爲漢王，高燧爲趙王。

　　靖難兵起時，世子居守。高煦扈從有戰功，上愛之。及是，議建儲，藩府舊臣丘福等皆善高煦，時時稱煦功高，請立煦。獨金忠以爲不可。上猶豫未定。一日，密詢之解縉，縉言："世子仁孝，天下歸心。自古以寵奪嫡，必致禍亂。"上不應，縉頓首曰："好聖孫。"上頷之。已復問黃淮、尹昌隆，對與縉同。上意乃決，立世子爲太子。封高煦漢王，國雲南；高燧趙王，國彰德。高煦怏怏曰："我何罪？斥我天末？"改青州，又不肯行，曰："我何罪，置我瘠土？"上不悦。太子力解，得留京師〔一〕。高煦請得天策衛爲護衛，曰："唐太宗天策上將，吾得之豈偶然？且我英武，豈不類秦王世民乎？"

以僧録司左善世道衍爲太子少師，賜名廣孝。

册張氏爲皇太子妃。

《文華寶鑑》成。

先是，命侍臣輯古嘉言善行可爲法者爲書，以授太子。至是成，名《文華寶鑑》。上御奉天殿門，召太子授之，曰："修己、治人之要，具於此書。帝王之道，貴乎知要，知要便足爲治。爾其勉之。"皇太子拜受而退。上顧解縉等曰："昔秦始皇教太子以法律，晉元帝授太子以韓非。帝王之書，道廢而不講，所以亂亡。朕此書，皆大經大法。卿等輔東宫，從容閒暇，當爲講説，庶幾成其德業，他日不失爲守成令主。"

六月，封哈密安克帖木兒爲忠順王。

哈密，古伊吾廬地，在嘉峪關外千五百里，西鄰土魯番，爲羌胡往來要衝。即其地設七衛，以處諸胡内附者，爲肅州藩籬，曰哈密，曰安定，曰阿端，曰赤斤蒙古，曰曲先，曰罕東，曰罕東左。封安克帖木兒爲忠順王，以頭目馬哈麻火只等爲指揮等官，分其衆，居苦峪城。

命姚廣孝等賑濟蘇、湖。

上諭之曰："人君一衣一食，皆取之民。民窮，君豈可不恤？君，父也；民，子也。爲子當孝，爲父當慈，各盡其道。爾往，體朕心，不可爲國惜費。"

时，山东郡县有野蚕成茧，李至刚请贺。上曰："野蚕成茧，不过衣被一方。必天下之民皆饱暖而无饥寒，方可为朕贺也。"不许。

七月，布衣朱季友进书，斥还，诏焚其书。

季友，鄱阳人，年七十余。诣阙上所著书，专斥濂洛、关闽之说，肆其丑诋。上览之，怒甚，曰："此儒之贼也。"李至刚、解缙请寘于法，杨士奇曰："当毁所著书，庶几不误后学。"上即敕行人押季友还，鸣其罪，杖之，悉焚所著书。

八月，安南故王孙陈天平来朝。

天平自言，为前安南王恒孙、日煃之弟。黎民篡弑，天平出走。间行，达老挝，间关万里，得至天朝，请兵兴复。上怜之，馆穀京师。已而安南使者至。上命出天平见之，皆错愕，下拜。上谓侍臣曰："初安南胡奎请封时，云陈氏已绝。朕固疑之，孰知其弑主篡位，欺天虐人乃尔？此天地所不容也，不可不问。"

九月，周王橚来朝，献驺虞。

周王橚来朝，且献驺虞，百官称贺。上曰："祥瑞之来，易令人骄。是以古之明王皆遇祥自警，未尝因祥自怠。警与怠，安危系焉。驺虞若果为祥，在朕更当加慎。"

时，御马监索穀食象，上曰："象何用？乃夺民食食之？此古人所谓率兽食人也。"不听。

冬十月，戒谕甘肃总兵宋晟。

时，有御史言："晟擅窃威权，事多专制。"上谓侍臣曰："任不专，则不能成功。况大将受边寄，岂可尽拘文法？今当明与晟言，使之释疑。"乃敕晟曰："前者，御史言卿专擅，此言官欲举其职。夫为将不专，则功不立。朕既付卿以阃外之寄，事有便宜，即行而后闻。自古明君任将，率用此道。忠臣事主，亦在竭誠。但盡心邊務，以副朕懷。"

十一月，設天津衛。

上以直沽海運往來之衝，且海口田土膏腴，便於屯守，乃設衛。

虜酋鬼赤力馬哈木入貢。

先是，遣使以書諭鬼力赤馬哈木通好，皆不報。屢為邊患，已而互相讎殺。至是，皆遣人入貢，而寇邊如故。

禁錮李景隆。

周王言："景隆，建文時至邸，即訊索賂。"群臣又劾景隆與弟增收匿亡命，謀不軌。命革爵，沒其家，錮獄中。

分女直地，置都司衛所。

海西女直野人頭目來朝，設建州、毛憐、必里、兀者、赤不罕等衛，封其頭目為都督、都指揮、千百戶、鎮撫等官，賜印誥，各統其屬，以時朝貢。自後東瀕海，北至奴兒干，皆來歸附。自開原以北，用其部族，建置奴兒干都司一，衛三百八十四，千戶所二十四。

乙酉，三年春正月，免順天、永平、保定田租二年。

選進士，就文淵閣進學。

上命解縉等選新進士英敏者，俾就文淵閣進學。縉等選修撰曾棨，編修周述、周孟簡，庶吉士楊相、劉子欽、彭汝器、王英、王直、余鼎、章敞、王訓、柴廣敬、王道、熊直、陳敬宗、沈升、洪順、章朴、余學夔、羅汝敬、盧翰、湯流、李時勉、段民、倪維哲、袁添祿、吳紳、楊勉二十八人。周忱自陳年少，亦願進學。上喜曰："志士也。"命增忱，為二十九人。

遣使詰責安南。

遣御史李椅[二]、行人王樞，詰問安南胡奎篡弒陳氏之故。

二月，刑部尚書雒僉伏誅。

  陳瑛劾奏："僉貪婪暴虐，擅作威福，縱其妻索所部郡縣財物。"遂並論死。

改黃福爲北京刑部尚書，宋禮工部尚書。

  陳瑛劾福不恤工匠，故改刑部，而以禮代之。

三月，哈密安克帖木兒卒，封脫脫爲忠順王。

  安克帖木兒卒，無子。兄子脫脫，俘羈京師。朝議：哈密爲西域入貢孔道，宜釋脫脫，令嗣王。乃賜印誥，遣還。令察諸番向背，凡諸番貢物表文，譯上之。

夏四月，遣僉都御史俞士吉册封日本國王。

六月，安南黎蒼請陳天平歸國。

  李椅至安南，蒼上表謝罪，請陳天平歸國。

賑江東饑民。

秋八月，户部尚書郁新卒，命夏原吉還掌部事。

九月，禮部尚書李至剛罷，改刑部尚書鄭賜爲禮部尚書，升真定知府呂震爲刑部尚書。

冬十月，駙馬都尉梅殷暴卒。

  先是，陳瑛劾殷招藏亡命，私匿胡人，與女秀才劉氏朋邪詛說，幾得罪。至是，殷入朝，譻家都督譚深、指揮趙曦令人擠殷，死笪橋下，誣殷自投水死。都督許成發其事。上怒，罪深、曦，對曰："上命也，奈何殺臣？"上大怒，立命力士以金瓜落二人齒，斬之。謚殷曰榮定。公主牽上衣大哭，問："駙馬安在？"上笑曰："爲公主迹踪賊，無自苦。"殷二子順昌、景福。以順昌爲中府都督，景福旗手衛指揮僉事，賜手書曰："朕不念爾母，爾安得有今日？"後改孝陵衛指揮使。

下茹瑺於獄，除名。

十一月，殺庶吉士章樸。

　　先是，禁收藏方孝孺詩文，令榜諭天下，盡毀之，藏者罪。時，樸偶註誤，與序班楊善同坐事。樸與善言："家有孝孺《文集》。"善即借觀，密以奏聞。上怒，逮樸戮於市，而復善官。

十二月，遣使送陳天平歸國。

　　黎蒼復遣阮景真請天平歸國。上遣行人聶聰送之，仍以兵五千屬征南將軍呂毅、黃中護天平，以防不虞。

丙戌，四年春正月，南陽盜起，命豐城侯李彬、新城侯張輔討平之。

二月，命趙王高燧居守北京。

三月，視太學，謁先師。

賜進士林環等及第出身有差。二百一十九人。

安南季犛弒其故主天平於芹站，及使臣聶聰。

　　黃中等送陳天平至丘溫，蒼遣陪臣黃晦卿以牛酒犒師。中問："蒼何不至？"晦卿以疾對。中使晦卿還促蒼，且遣騎覘之，無所見，而迎者壺漿相望。中不逆其詐，遂徑進，度雞陵關，將至芹站，伏發，殺天平，行人聶聰〔三〕亦遇害。中等亟整兵擊之，橋已斷，不得前。乃引還，奏聞。上大怒，謂朱能等曰："蕞爾小醜，罪惡滔天。猶敢潛伏奸謀，肆毒如此。朕推誠容納，乃爲所欺。此而不誅，兵則何用？"遂決意興師。

夏四月，求遺書。

五月，廢齊王榑爲庶人，安置廬州。

　　齊王榑之國，上戒之曰："無忘患難時。"榑至國，復驕縱，陰蓄亡命，爲詛說，輒用護衛兵守青州北門，守吏不得登城巡徽。李拱等上變告。上賜榑書，諭使改過。榑來朝謝，廷臣劾榑罪，請論如法。榑厲聲曰："奸臣喋喋，復欲效建文時事耶？會當斬此輩。"上聞之，大怒，留榑京邸，奪其護衛，誅指揮柴真等，罷斥齊府官僚。召其諸子至京，並奪爵，廢爲庶人，安置廬州。

六月己未朔，日有食之。

回回結牙思進玉碗，却之。

上曰："朕朝夕用惟磁器，潔素瑩然，甚適於心，不必此也。況夷人貪而詭，今受之，必應厚賚之，將有奇異於此者繼踵而至矣，何益國事哉？"

秋七月，以成國公朱能爲征夷大將軍，西平侯沐晟、新城侯張輔爲左、右副將軍，帥師討安南。

朱能率張輔等二十五將軍，以兩京、荊湖、閩浙、兩廣兵出廣西，馮祥、沐晟率李彬等，以巴蜀、建昌、雲貴兵出雲南蒙自，共八十萬人。兵部尚書劉俊參贊戎務，刑部尚書黃福、大理卿陳洽督軍餉。上幸龍江禡祭，誓衆曰："黎賊父子，必獲無赦。脅從者，釋之，毋養亂，毋玩寇，毋擄掠，毋殺降。有一於此，雖功不宥。罪人既得，即擇陳氏子孫賢者立之，以安此一方民，諸將勉之。"

命平江伯陳瑄兼理江淮轉運。

永樂初，北京軍儲不足，以瑄充總兵官，帥舟師海運歲米百萬石，建倉於直沽受之，城天津衛，籍兵萬人戍守。至是，令江南糧一由海運，一由淮河入黃河，至陽武，陸運抵衛輝，仍由衛河入白河，至通州，以瑄兼督之。

以朱潚爲刑部尚書。

閏七月，建北京宮殿。

九月，設陝西、甘肅苑馬寺。

冬十月，征夷大將軍、總兵官成國公朱能卒於軍。

以張輔為征夷大將軍，率師進討。

輔兵渡坡壘關，傳檄數黎賊二十罪，遂入雞陵關，進次沱江，與沐晟兵合。賊沿江樹柵，於險處築城，城柵相望，綿亘九百餘里，守備甚嚴，欲老我師。

平江伯陳瑄擊倭於沙門，敗之。

十二月，甌寧王允熞暴卒。

邸中忽火起，驚仆，卒。

張輔破安南兵於多邦城。

輔、晟進兵，逼多邦城。城浚重濠，守具嚴備。輔下令曰："賊所恃者此城耳。丈夫報國立功，正在此日。先登者，不次賞。"將士皆踴躍用命，都督黃中夜銜枚，昇攻具，薄城下。裨將蔡福先登，諸軍繼之，賊倉皇失措，矢石不得發，皆散走，我軍遂入城。賊又驅象巷戰，輔以畫獅蒙馬，火銃翼而前，象奔，反蹂其衆，賊大潰。官軍乘之，死者不可勝計。追至金圖山，西都賊聞之，焚宮室、倉庫，逃入海。於是，三江路宣江、洮江等州縣次第皆降。

迎番僧尚師哈立麻至京師。

上在藩邸，聞烏思藏有尚師哈立麻者，異僧也。及即位，遣中官侯顯齎書幣往迎，五歷寒暑乃至。車駕躬往視之，不拜，合掌而已。

丁亥，五年春正月。

張輔、沐晟大敗安南兵於木丸江。

輔諜知季犛父子聚舟泊黃江，距交州不遠，遂領軍次木丸江。晟及李彬率步騎、戰船由富良江進次魯江，與賊遇，水陸夾擊之。都督柳升奮前力戰，賊舟膠，遂大敗，斬首萬餘級，溺死者不可勝計。

二月，出解縉爲廣西參議。

上最寵信縉，賞賚與六卿等，而議儲事頗聞於外。丘福等遂譖縉洩禁中語。高煦大恨，欲殺縉。及用兵交趾，縉力言："交趾，古羈縻國，通正朔、時賓貢而已。得其地，不足郡縣。"上遂疏縉，出爲廣西參議。

汰僧徒。

諸郡私披剃者千八百人，上悉令籍爲軍，發戍遼東、甘肅。

三月，封尚師哈立麻爲大寶法王。

其徒字隆逋瓦桑兒加等爲大國師。

張輔、沐晟敗安南兵於富良江。

初，輔等追賊至富良江，賊悉銳逆戰，聯舟亘十餘里，橫截江中，而用划船載木立柵，以拒官軍。輔乘柵未備，督將士力戰，升以舟師橫擊之，賊大敗，殺其將卒數萬，江水爲赤。季犛父子以數小舟遁去。

四月，皇太孫出閣就學。

太孫生九年矣。上使姚廣孝等侍講，諭之曰："朕長孫天資明睿，宜盡心開導。凡經史所載孝弟仁義與夫帝王大訓，可以經綸天下者，日與講解，不必如儒生繹章句、工文詞也。"

五月，張輔、沐晟追黎蒼于海口，獲之，及其父季犛，檻送京師，安南平。

黎季犛敗，遁入海。輔、晟乘勝追之，至其羅海口，賊敗。卒王柴胡等擒季犛及其子澄，安南人武如卿等擒蒼及其子芮，俱檻送京師。

六月，置交趾都、布、按三司，以都督呂毅掌都司事，尚書黃福兼管布、按二司事。

　　安南平，詔求陳氏後，國人言："黎賊殘陳氏無類。"遂郡縣其地，立三司，分十七府，曰交趾、北江、諒江、三江、建平、新安、建昌、奉化、清化、宣化、大原、鎮蠻、諒山、新平、乂安、順化、升華，四十七州，一百五十七縣，衛十一，所三，市舶一，戶三百一十二萬。

徵用交趾人才。

七月，西寧侯宋晟卒。

　　晟久鎮甘涼，威惠甚著，番夷畏服。至是，卒，上深悼之。

皇后徐氏崩。

九月，黎季犛、黎蒼至京，下獄。

　　張輔遣柳升齎露布，檻送黎季犛、黎蒼等至。上御奉天門，受之。詔季犛父子及其偽將相悉付獄，赦其子孫澄、芮等，令有司給衣食。

冬十月辛巳朔，日有食之。

十一月，《永樂大典》書成。

　　上以古今事物散載諸書，篇帙浩繁，不易檢閱，乃命詞臣，自書契以來，經史百家之言及稗官方技，類輯為書，統之以韵，以便考索。至是成，凡二萬二千九百卷，一萬一千一百本，命名《永樂大典》，上親序之。

十二月，命給事中胡濙訪求異人。

　　以訪張仙為名，實為建文也，終莫知所之。

徐輝祖卒，以其子欽嗣魏國公。

　　輝祖卒。上曰："輝祖與齊太輩罪同，宜論死。念中山平定天下有大功，朕曲赦之。今輝祖死，中山不可無後，以其長子欽襲爵。"欽乞守墓，上怒，謫居中都。

戊子，六年春二月，定巡狩禮。

三月，遣使諭虜酋本雅失里，不報。

是時，鬼力赤衰，虜迎本雅失里北行。上遣鴻臚寺丞劉帖木兒不花等以書諭之，使歸順，不報。

夏四月己卯朔，日有食之。

六月，征夷諸將班師還京。

輔等旋師至京，上交趾地圖，東西相距千七百六十里，南北二千八百里。上嘉勞之，賜宴士卒，人賜鈔五錠。

禮部尚書鄭賜卒，改呂震爲禮部尚書，以都御史劉寬爲刑部尚書。

旱。

上御奉天門，顧廷臣曰：「近日郡縣數奏水旱，朕甚不寧。」右通政馬麟對曰：「水旱乃天數，堯湯之世，所不能免。」上曰：「爾此言，不學故也。《洪範》『恒雨』『恒暘』，皆本於人事不修。」顧尚書方賓等曰：「朕與卿等皆當修省，更須擇賢守令。賢則下民安，民安於下，則天應於上。麟言豈識天人感應之理？」麟慚而退。

七月，論平交趾功，張輔等封爵、升職有差。

輔進封英國公，沐晟進封黔國公，清遠伯王友進封清遠侯，都督僉事柳升封安遠伯，都督僉事高士文追贈建平伯，俱世襲。朱榮以下，各升賞有差。

初，上問夏原吉：「升賞孰便？」原吉對曰：「賞，費於一時，有限。升，費於後日，無窮。」上從之。

八月，交趾簡定反，以沐晟爲征夷將軍，帥師討之。詔明年巡幸北京。

九月，滿剌加入貢。

　　滿剌加，前代未嘗通中國。至是，入貢。詔封其西利兒速剌爲國王。

冬十月乙亥朔，日有食之。

楊榮歸葬。

　　榮先有父喪，以經略甘肅，奪情起復。至是，復有母喪，乞終制，又不允，命歸葬還京。

十一月，浡泥國王麻那惹加那來朝，卒。

十二月，沐晟及簡定戰於生厥江，敗績。尚書劉俊、都督呂毅、交趾參政劉昱死之。

遣英國公張輔帥師討簡定。

瓦剌攻破鬼力赤阿魯台，立本雅失里爲可汗。

己丑，七年春正月，遣宦者鄭和航海，通西南夷。

　　時，有傳建文帝浮海者，乃分遣鄭和數輩，泛海下西洋，名冊封滿剌加國王，實踪迹建文也。

楊榮起復。

賜皇太子《聖學心法》。

　　上於萬幾之暇，采聖賢之言切於修齊治平者爲一書，名曰《聖學心法》，以賜東宮。因謂黃淮、楊士奇曰："東宮侍側，朕問：'講何書？'對曰：'《論語》君子小人和同章'。因問：'何以君子難進易退，小人易進難退？'對曰：'小人逞才而無恥，君子守道而無欲。'又問：'何以小人之勢常勝？'對曰：'此係上人之好惡，如明主在上，必君子勝矣。'又問：'明主在上，盡不用小人乎？'曰：'小人果有才，亦不可盡棄，須常警飭之，不使有過可也。'朕甚喜其學問進益，爾等其盡心輔之。"

二月，逮茹瑺下獄，死。

  先是，瑺既以罪除名。既而，其家人告瑺不法事，逮至京。久之，釋還，道經長沙，不朝谷王，王以爲言。陳瑛奏：「瑺違祖訓，當寘重典。」復逮之，下錦衣衛獄。瑺知不免，服毒死。

帝發京師，命皇太子監國。

  上命蹇義、楊士奇、黃淮輔太子監國。惟文武除拜、四夷朝貢、邊境調發上請行在，餘悉啓聞處分。遂發京師，以夏原吉、胡廣、楊榮、金幼孜扈從。

三月，帝至北京。

平安自殺。

  初，平安被執，諸將請殺之。上愛其才勇，簡統〔四〕卒護送北平，已授行後府都督僉事。至是，上忽問左右曰：「平安尚無恙耶？」安懼，遂自經死。

江淮饑。

  都御史虞謙、給事中杜欽巡視兩淮，啓：「軍民缺食，請發廩賑貸。」皇太子遣人馳諭之，曰：「軍民困乏，嗷嗷待哺。尚從容啓請待報，視汲黯何如？急發廩賑之，勿緩。」

夏四月，遣給事中郭驥諭本雅失里，不屈，死之。

閏四月，以方賓爲兵部尚書。

五月，作壽陵於昌平。

簡定僭稱上皇，立陳季擴爲越帝。

封虜瓦剌哈木爲順寧王，太平賢義王，把禿索羅安樂王。

六月，遣御史考察守令。

秋七月，以淇國公丘福爲征虜大將軍，武城侯王聰、同安侯火真爲左、右副將軍，靖安侯王忠、安平侯李遠爲左、右參將，率師征本雅失里。
命右庶子楊榮經畫甘肅軍務。

甘肅總兵何福奏："韃靼脫脫不花等各率所部來歸，駐亦集乃地。"上命楊榮敕諭福曰："脫脫不花止邊外，恐遲回生變。爾可與榮計，斟酌權宜處之，務在得當。"

八月，張輔敗賊於鹹子關。

斬首數千，溺死無算，生擒僞監門衛將軍潘岻等二百餘人。賊酋阮世美、鄧景異脫身逃。

征虜兵至臚朐河，丘福等五將皆敗歿。

丘福出塞，率千餘人先進至臚朐河南，遇虜遊兵，與戰，敗之。遂乘勝渡河，獲虜諜，福飲以酒，問本雅失里所在，諜詐言："本雅失里聞兵來，北遁，去此未遠。"福大喜曰："當疾馳擒此虜。"時，諸軍未集，衆皆曰："虜誘我，不可信。當遣騎偵之，徐議進擊，否則墜虜計。"福不從，令諜爲鄉導，率衆直薄虜營。相持二日，每戰，虜輒佯敗，福銳意乘之。李遠曰："將軍輕信諜者，孤軍深入，進必不利。莫若結營自固，俟大軍畢至，擊之，必捷。否，亦可全師而還。"王聰亦力言不可，福皆不從。欲遣火真使虜，詐求和，而率精騎劫虜營。真猶豫未決，福厲聲曰："違命者斬。"即上馬先馳，麾士卒，控馬者皆泣下。諸將見福去，不得已，俱行。不數里，伏兵四起，環我師。遠、聰率五百騎突虜陣，斬數百人，聰戰死，遠馬蹶，與福、真、忠皆被執，沒虜中。上聞敗大怒，遂決意親征。

封何福爲寧遠侯。

以撫定亦集乃諸酋也。

十月，封陳懋爲寧陽侯。

懋鎮寧夏，虜寇邊，敗之境外，故有是命。

西域火州、哈烈國入貢。

火州，漢車師地，唐之高昌，去肅州三千里。哈烈，即漢大宛，去肅州萬餘里。

冬十二月，張輔獲簡定，檻送京師，伏誅。

輔又敗賊於太平海口。季擴稱故王後，請封，不聽。進兵至清化，獲簡定，檻送至京師，伏誅。

庚寅，永樂八年正月戊辰朔。

張輔敗交趾賊阮師檜於潮州。

初，師檜僞稱王，據安老縣，有衆二萬，時，出海口爲寇，以應簡定。至是，輔以兵圍之，斬首四千餘級，生擒二千餘人，皆斬之，築爲京觀。

召張輔還，命沐晟節制諸軍，雲陽伯陳旭副之，討陳季擴。

二月，帝親征本雅失里。皇長孫留守北京，夏原吉兼理行在部院事。

三月，大閱於鳴鑾戍。

軍陣綿亙數十里，師徒甚盛，瓦剌使者望之，駭愕曰：「天兵如此，孰敢嬰其鋒者。」上聞之，顧謂胡廣等曰：「國家無所用兵，乃善，朕久厭之矣。今日此舉，非得已也。」

車駕次凌霄峰。

上顧胡廣等曰：「元盛時，此皆民居，今萬里蕭條，惟見黃沙野草耳。虜衰微若此，尚敢逆命？」因問廣曰：「諸將此來，不聞進一言，何也？」對曰：「成算在上，星火之輝，何能仰裨日月？」上曰：「是何言也？聖人詢於芻蕘，何況君臣之間？古稱好問則裕，自用則小。朕舉事，必謀於衆，曷嘗專任以掩群策？"時乏水，忽大雪尺餘，軍得不困。

永昌韂官叛，都督費瓛討平之。

交趾副總兵、雲陽伯陳旭卒於軍。

夏五月，上追虜至斡灘河，擊敗之，本雅失里遁。

上至飲馬河，偵知虜在兀古兒札河，遂自將輕騎追及之。虜列陣逆戰，上麾前鋒，一鼓敗之。本雅失里棄輜重，遁去。

沐晟敗陳季擴於虞江。

上班師。

上謂方賓等曰："朕爲天下計，遠征逆虜，冀一勞永逸。今首惡遠遁，餘衆潰散，朕當旋師，休甲兵，嚴守備，更務屯田，使兵精餉實，殄滅此虜易易耳。"賓對曰："宗社生民之福也。"遂班師。初，上之北征也，以金幼孜、楊榮、胡廣扈行，途次，時召帳殿，語移時，或夜分始出。經歷山川、古迹必指示記之。登野狐嶺曰："至此看山，盡在下矣。"至興和，曰："此陰山脊也。若因山爲壘，因壑爲池，得人守之，雖鐵騎千群，能飛度耶？"至鳴鑾戍，曰："此大伯顔山，西北有小伯顔山，由此東去開平不遠。"至環瓊圖，指塞北山川，曰："古交河，在今哈剌火州，兩河相交，水齧沙出，唐碑尚在。"至長清塞，曰："南望北斗矣。"經闊欒海，曰："此周千餘里，斡灘、臚朐七河注其中。"賜名"玄冥池"。駐蹕玄石坡、擒胡山、清流泉，皆有銘。《玄石銘》曰："維日月明，維天地壽。玄石勒銘，與之悠久。"《擒胡銘》曰："瀚海爲鐔，天山爲鍔。一掃胡塵，永清沙漠。"《清流銘》曰："於鑠王師，用殲醜虜。山高水清，永彰我武。"

六月，上歸至飛雲壑，阿魯台逆戰，敗走。上追擊，破之。

　　上次飲馬河，分步兵先還，獨以騎兵躡虜，東北行半月餘，至飛雲壑，與虜遇。虜初遣人詐降，而以精騎逆戰。上麾宿衛兵摧敗之，追奔十餘里，獲輜重無算。

秋七月，上至北京。

有星孛於西南。

八月，寧遠侯何福自殺。

　　福從征沙漠，數違節度。上念舊人，不問。已而，有怨言，陳瑛劾之。福懼，自經死。追削其爵。

長沙妖民季法良作亂。皇太子命豐城侯李彬討平之。

河決。

　　黃河泛漲，壞開封舊城，民被患者，萬四千餘戶，沒田七千五百餘頃。遣使安撫之。

九月，車駕幸天壽山。

以番僧綿思吉等爲國師。

冬十月，周王請祀太祖於國中，不許。

　　上賜周王書曰："《禮》：支子不祭，皇祖王國廟祀肇於始封。太祖之祀，朝廷自有宗廟。王祀於國中，僭矣。孔子曰：'祀之以禮。'若不得爲而爲之，不可爲孝，王其審禮而行。"

上發北京。

贖民鬻子。

太白晝見。

十一月，上還京。

倭寇福建。

　　倭入寇，攻破大金、定海二所，羅原等縣，殺傷民軍。攻圍平海衛，百户繆真戰死。福建都指揮童俊逗遛，不救援。事聞，皇太子命法司鞫之。

十二月，敕風憲官不得用吏。

上諭蹇義曰："御史，國之司直，必有學識、達治體乃可。嚮以刀筆吏爲之，貪污刻薄，不知大體。其悉罷之，繼今勿復。"

陳季擴請降，以爲交趾右布政使，尋復反。

以顧佐爲應天府尹。

佐，河南太康人，剛毅不撓，吏民畏服，勳戚斂手，議者方之包拯云。

辛卯，九年春正月，遣征虜將軍張輔，會沐晟討陳季擴。

大祀天地於南郊。

二月，置開元馬市[五]。

開會通河。

會通河，故元運河也，歲久淤塞。至是，濟寧州同知潘叔正建言："河長四百五十餘里，淤塞者止三之一，浚而通之，非惟山東之民免遞運之勞，實國家無窮之利。"朝廷從之。命工部尚書宋禮相視。禮還，奏浚之便。遂命禮同刑部侍郎金純、都督周長，發山東丁夫三十餘萬開浚。禮用老人白瑛計，築壩於汶上縣之戴村，橫亘五里，障汶水，使不得東，盡入漕河。至南旺，分爲二派，南接徐、沛，北達臨清，相地勢高下，增修水閘，以時啓閉，便蓄洩。自是，輓漕北京，罷海運，公私便之。

三月，賜進士蕭時中等及第出身有差。

八十四人。

陳瑛伏誅。

初，建文中，瑛受金錢，爲異謀。湯宗上變告，安置廣西。及上即位，召爲副都御史，甚親信之。瑛恃寵逢迎上指，恣意羅織，凡建文諸臣得罪深重，瑛實贊之。上北巡，給事中耿通等交劾其罪，皇太子宥之。上還，聞之，下獄死。

夏四月，琉球國入貢。

五月，倭寇浙東。

六月，宦者鄭和襲執錫蘭王亞烈苦奈兒以歸。

苦奈兒貪暴，不睦鄰國，數邀劫其往來使臣，諸番苦之。和奉使歸，經其國，苦奈兒索賂，不與，僭發兵數萬劫和舟，而伐木絕和歸路，使不得相援。和語其下曰："賊大衆既出，國中必虛，出其不意攻之，可以得志。"率兵由間道急攻王城，破之，生擒苦奈兒，俘至京。上釋之，而立其族人耶巴乃巴爲王，遣還國。

逮交趾右參議解縉下獄。

縉出廣西。李至剛奏縉怨望，改交趾。八年，入奏事。會上北征，見東宮，辭去。高煦密疏言："縉瞰上出塞輒遠，覲儲君，徑歸，無人臣禮。"上怒，逮縉并至剛下獄。

秋七月，張輔、沐晟敗賊黨阮帥於月常江。

詔建文時上書，有干犯者，勿論。

黃巖縣民告豪民持建文時士人包彝古《進楚王書》，衆聚觀，書中有干犯語。通政司請治之，上曰："此必與豪民有怨，而欲報之。朕初即位，命百司凡建文中上書有干犯者悉毀之，有告者勿行。今復行之，是號令不信矣。況天下之主豈念舊惡？如唐之王、魏，太宗棄宿憾而信任之，卒相與成功。帝王之度，如海納百川，無所不容，故能成其大。豈可一一追咎往事耶？"

冬十月，重修《太祖高皇帝實錄》。

哈密忠順王脫脫卒，封免力帖木兒爲忠義王，尋卒。封孛羅帖木兒爲忠順王。

十一月，封皇長孫爲皇太孫。

十二月，令百官各舉所知。

令在內七品以上，在外五品以上及縣正官，各舉賢能、廉幹一人，吏部考驗擢用。所舉非才者，連坐。

閏十二月，阿魯台納款，請併女直、吐蕃諸部，不許。

虜酋阿魯台遣使納款，且請女直、吐蕃諸部，屬其約束。上以問侍臣，多請許之。黃淮獨曰："此虜狼子野心，使各爲心則易制。若併爲一，則難圖矣。勿許便。"上顧左右曰："淮如立高岡，無遠不見。諸人惟見目前耳。"遂不許。

滿剌加國王拜里迷蘇剌來朝。

壬辰，十年春正月。

封右軍左都督吳允誠爲恭順伯。

詔朝覲官各上政務。

上命朝覲官各言民瘼，言者止百餘人。上曰："一郡一縣，未必無一事可言、無一民不安，須盡言。緘默者罪。"於是，各官悉上所言。上令六部議，便民者行之。

大祀天地於南郊。

禁差守令。

諭吏部曰："守令，郡邑之長，牧守之寄甚重。聞諸司造作、雜務，輒遣經營。此不識大體，其禁止之。"

賑隴州饑民。

二月，詔免山西、河南逋租。

削遼王護衛。

三月，賜進士馬鐸等一百六人及第出身有差。

甲午夜，月犯軒轅大星。

蠲北京田租。

夏六月，詔郡縣官不言民艱者，罪之。

敕戶部曰："朕爲天下主，務安民而已。故每歲遣人巡行郡邑，欲周知歲之豐斂[六]，民生休戚。近河南饑，有司不以聞，且有言豐稔者，欺罔若此，獲罪於天，亦朕任非其人之過。其速發粟賑之。自今凡郡縣及朝廷遣官，目擊民艱不言者，悉逮下獄。"

湖廣、浙江大水。

湖廣、荊州等府大水，沒民廬舍、田禾。事聞，遣使撫綏之。浙江按察司亦奏："浙西水潦，通政趙居住匿不以聞，逼民輸稅。"命戶部遣人覆視，但田禾壞於水者，蠲其稅；民被水甚者，官給粟，賑之。

八月，選民間勇健。

上以皇太孫英敏，有大略，使學問之暇兼講武事。乃遣人於南畿及山東、山西、陝西、河南、四川、湖廣境內選民間子弟，年十七至二十，勇健有才藝者，給道里費，送京師，俾充隨從。

張輔破賊於神投海口。

九月，瓦剌馬哈木攻破本雅失里，立答里巴爲可汗。

以蘭芳爲工部右侍郎。

初，芳爲吉安知府，有善政，坐事謫爲辦事官，專治河渠，以通漕運，累有建明，即還授都水清吏司主事。至是，尚書宋禮薦其才，故有是命。

冬十月，命皇太孫演武於方山。

張輔破賊於西心江。

令囚輸作贖罪。

諭法司曰："古人不得已而用刑，故存欽恤。後世以治刑爲能，必流於刻，爲朝廷斂怨。卿等不宜效之。"

乙丑夜，月掩犯昴宿。

十一月，命楊榮經略甘肅軍務，老的罕來降。

甘肅守臣宋琥言："老的罕叛，數入赤斤蒙古衛爲寇。"上以榮曉暢軍旅，命至陝西，會豐城侯彬議進兵方略。榮還言："出嘉谷[七]關，千里險阨，乏水草，餉道弗通，又沍寒，士馬疲瘠。不可輕用兵，罷中國。彼小醜，當自來歸。"上從之，未幾，老的罕復降。

十二月，殺浙江按察使周新。

新，南海人，由鄉舉爲御史，彈劾不避權貴，時謂之"冷面鐵寒公"。遷雲南按察使，尋改浙江，屢有異政，名震一時。錦衣指揮紀綱怙寵，差千户緝事浙中，作威索賂，新捕之，千户遁入京。綱訴於上，逮新至陛前。新抗聲曰："在內都察院，在外按察司，朝廷法官也。臣奉法捕惡，奈何罪臣？"上怒，命殺之。臨刑大呼曰："生爲直臣，死爲直鬼，臣無憾矣。"上尋悟其冤，惜之。

癸巳，十一年春正月辛巳朔，日有食之，免朝賀。

先是，鴻臚寺奏習正旦賀儀。上詔禮部翰林官問曰："正旦日食，百官賀禮可行乎？"尚書呂震對曰："日食與朝賀之時先後，不相妨。"侍郎儀智曰："終是同日，免賀爲當。"楊士奇曰："日食，天變之大者。前代元正日食，多不受賀。宋仁宗時，元旦日食。富弼請罷宴、徹樂。呂夷簡不從。弼曰：'萬一契丹行之，爲中國羞。'後有自契丹回者，言虜是日罷宴。仁宗深悔。今免賀誠是。"上從之。

宥建文諸臣姻黨。

　　翰林庶吉士錢習禮，吉水人，與練子寧有姻。先是，逮治奸黨，習禮偶獲免，而恒爲鄉人所持。習禮不自安，以告學士楊榮。榮乘間言於上，上曰："使練子寧在，朕固當用之，況習禮乎？"即日下令，凡建文諸臣姻婭悉貸之，告者勿問。於是，黨禁漸解。

二月，上巡幸北京，皇太孫從。命蹇義、黄淮、楊士奇、楊溥，輔皇太子監國。

始設貴州布政使司，以工部侍郎蔣廷瓚爲左布政使。

　　洪武中，止設貴州、思南、思州諸宣慰司及都指揮使司守其地。既而，兩宣慰使田宗鼎、田琛數相攻殺，抗拒朝命。遣鎮遠侯顧成帥兵擒誅之。乃以思州所轄二十二長官司，分設思州、新化、黎平、石阡四府，思南所轄十七長官司，分設思南、鎮遠、銅仁、烏羅四府，而於貴州設布政使司總之。

夏五月五日，上幸東苑觀擊毬、射柳。

　　時，文武百官、四夷朝使及在京耆老聚觀。自皇太孫而下，諸王、大臣以次擊射。皇太孫擊射，連發皆中。上喜，命儒官賦詩，賜群臣宴，盡歡而罷。

曹縣獻騶虞，禮官請賀，不許。

　　曹縣獻騶虞，吕震請賀。上曰："百穀豐登，雨暘時若，家給人足，此爲上瑞。騶虞何與民事？不必賀。"震固請。上曰："大臣當以道事君，汝能效李沆則善矣。"震退，上顧侍臣曰："震可謂不學無術。"

命禮部侍郎儀智輔皇太孫講學。

上命吏部簡老成人侍皇太孫，蹇義舉智，上曰："得之矣。此人雖老，識大體，能直言。向元旦日食，呂震欲行賀，惟此老與楊士奇力言不可。智可用。"遂令侍太孫授經。智溫重端慤，爲太孫陳説，不少阿附。既而，智以年老，薦其同鄉訓導戴綸，即擢爲吏科給事中，侍從授經。

秋七月，封虜阿魯台爲和寧王。

阿魯台爲瓦剌攻敗，窮蹙，以其部落南竄保塞外，遣使奉表入貢。上曰："虜性黠詐，勢窮來歸，非其本心。然天地覆育，豈有所擇？"納其貢，使封爲和寧王，賜金帛，俾仍居漠北。

八月，遣吏部員外陳誠使西域。

冬十一月，瓦剌馬哈木、太平、把禿孛羅叛，寇邊。

十二月，張輔大敗賊於愛子江，擒陳季擴，檻送京師。

輔等進兵順州，賊屯愛子江，設象伏以待，輔戒。先驅象來衝，一矢落象奴，再矢披象鼻，象奔還，蹂賊陣，官軍乘之，賊大敗。季擴走，追擒之，餘黨悉降，交趾復平。

甲午，十二年春正月丙子朔，日有食之，免朝賀。

二月，詔親征瓦剌。

瓦剌馬哈木等聞朝廷封阿魯台爲王，皆怨朝貢不至。上遂議親征，命安遠侯柳昇統大營，武安侯鄭亨領中軍，寧陽侯陳懋、豐城侯李彬領左右哨，成山侯王通、都督譚清領左右掖，都督劉江、朱榮等爲前鋒，官軍共五十萬。

三月，上發北京，皇太孫從行。

上謂侍臣曰："朕長孫聰明英睿，勇智過人，今肅清沙漠，令侍行，俾知用兵之法，亦使躬歷行陣，見將士勞苦征伐不易。然文事、武備不可偏廢。每日營中閒暇，爾等即以經史講説於前，庶幾有益。"

五月，上閱武於楊林戍。

上閱武畢，皇太孫侍，語及創業、守成之難，上曰："前代帝王，多有生長深宮，狃於富貴安逸，不通古今，不識民艱，經國之務懵然弗究，而至於亡者，朕嘗以之爲戒。汝將來有嗣統之責，須勉力學問。天下之事不可不周知，人之艱難不可不涉歷。聞見廣而涉歷多，心胸開豁，萬幾之來，處之自不差矣。"

六月丙寅朔，日有食之。

前鋒都督劉江敗虜於三峽口。

上至土剌河，答里巴及其三酋逆戰，大敗走之，遂班師。

上至土剌河，答里巴同馬哈木、太平、把禿孛羅以三萬騎來迎，列陣高山上。上躬擐甲冑，麾諸軍與戰，虜且戰且却。薄暮，上以鐵騎數百突前，皆奮勇力戰，無不一當百，虜大敗，殺其王子十餘人，斬首數千餘級，衆皆號痛而遁，遂班師。

上駐蹕三峰山，和寧王阿魯台遣使來朝。

秋八月，上至北京。

陳季擴伏誅。

九月，榜葛剌國獻麒麟，禮部請賀，不許。

閏九月，逮黃淮、楊士奇、楊溥下獄，尋釋士奇。

時，高煦日夜謀奪嫡，造飛語，動搖監國，并中傷淮等。上北征還，以東宮遣使奉迎遲，遂逮淮等下獄。士奇後至，上問東宮事，士奇叩首曰："殿下仁孝誠敬，凡有稽違，皆臣等之罪。"上宥之。淮在獄中，有《省愆集》，溥勵志讀書不輟。獄中人止之曰："性命叵測，無徒勞苦。"溥應曰："朝聞道，夕死可矣。"

十月，江陰侯吳高有罪，免爲庶人。

高守大同，多不法。上北征還，高稱疾不朝。召回京，又擅以邊軍百餘人自隨，所過騷擾。御史成務劾之，免爲庶人。

十一月甲午朔，日有食之。

降晉王濟熺爲庶人，封其弟濟熿爲晉王。

濟熿素狼戾，失愛於父，憾濟熺不爲解，乃嗾諸郡王及府中官校日訴濟熺過於朝。上信之，竟奪濟熺爵，使與其子美圭守恭王園，而以濟熿嗣王。

命湖廣楊榮、金幼孜纂修《五經四書性理大全》。

上諭廣等曰："五經、四書皆聖賢精議要道，傳注之外，諸儒議論有發明餘蘊者，采其切當之言，增附於下，其周、程、張、朱諸君子性理之言，如《太極通書》、《西銘》、《正蒙》之類，皆六經羽翼。然各自爲書，未有統會，亦類聚成編，務極精備，庶可垂後。"

乙未，十三年春正月，解縉暴卒於獄。

縉卒於獄，復籍其家，妻子徙遼東。縉結髮讀書，留心經濟，任事直前，風生電發，遭遇聖明，名動天下。然而豪放自喜，闊略細故，卒罹讒構，以及於禍。生平重義輕利，喜引拔士類，襟宇洞達，絕崖岸。文雄勁奇古，詩豪宕。其教學者，恒曰："寧爲有瑕玉，勿作無瑕石。"書小楷精絕，行草皆佳云。

三月，賜進士陳循等三百五十人及第出身有差。

禮官請賀大巖山呼"萬歲"，不許。

貴州布政使蔣廷瓚言："去年北征，詔至思南府，大巖山有聲呼'萬歲'者三。皇上恩威遠加山川，效靈若此。"呂震請賀，上曰："呼躁山谷，空虛之聲相應，理或有之。布政使不察，以爲祥。爾爲國大臣，不能辨其非，又欲進表媚朕，非君子事君之道也。"震慚而退。

夏四月，命英國公張輔鎮守交趾。

五月，陳瑄開清江浦，罷海運。

漕運至淮安，過壩渡淮以達清河，輓運甚勞。故老爲瑄言："淮安城西有管家湖，至淮河鴨陳口，僅二十里，與清河口適相值。宜鑿河，引湖水入河，以通漕舟。"瑄上其策，詔發丁夫浚之，河成，舟行甚便。又浚儀真、瓜州通潮[八]，鑿吕梁、百步二洪石平水勢。開泰州白河通大江，築高郵湖堤，堤内鑿渠，亘四十里。淮濱作常盈倉五十區，貯江南輸稅。徐州、濟寧、臨清、德州皆建倉，使轉輸。議以蘇州、并山東兖州運糧，交濟寧倉，河南、山東交臨清倉，浙江直隸官軍於淮安運至徐州，京衛官軍於徐州運至德州，山東、河南官軍於德州運至通州，名爲支運，一年四次。河淺膠舟處，濱河置舍五百六十八所，舍淺夫，俾導舟。其可行處，緣河堤鑿井樹木，以便人行。又增置淺船三千餘艘，海運始罷。

秋七月，戒貪殘守令。

九月，昌平壽陵成。

《五經四書性理大全》成。

十月，吏部員外郎陳誠使西域還，上《西域記》。

誠出嘉峪關，歷哈密、土魯番，至火州、亦力把力、於闐、撒馬兒罕、哈烈，以至八荅商、柳陳城、迭里迷、渴石、養夷、塞藍、連藍矢於、海鹿海牙，凡十餘國，宣布威德。諸國各遣使，隨誠等詣闕謝，往還凡三歷寒暑。誠回。備録其所歷山川、人物、風俗之異，爲《西域記》上之，詔付史館。

瓦剌馬哈木遣使貢馬，謝罪。

十一月，麻禄國進麒麟，禮部請賀，不許。

兵部尚書陳洽請發兵討占巴的賴，不許。

　　洽言："討陳季擴時，占巴的賴雖聽命出兵，然實懷二心。請發兵征討。"上以交趾既平，民方安業，不忍窮兵遠夷，但遣使諭之。

十二月，定牧馬法。

　　上以北京論戶養馬，丁有多寡，不均。戶部議：以丁計，請十五丁以下養一馬，十六丁以上養二馬。遷發爲民種田者，不論丁，七戶養一馬。從之。

丙申，十四年正月。

北京、河南、山東饑，免逋賦，遣官賑濟。

　　饑民九十九萬九千三百八十口，給糧百三十七萬九千九百石有奇。

夏四月，祠祭郎中周訥請封禪，不許。

　　周訥上言："今天下太平，四夷賓服，請封禪泰山，刻石紀功德，垂之萬世。"呂震亦言："聖德昭格上下，宜如訥請。"上曰："今天下雖無事，然水旱疾疫亦間有之。朕每聞郡縣上奏，未嘗不惕然於心，豈敢自謂太平？唐太宗且不爲封禪，爾欲處朕於太宗之下乎？"不聽。

五月壬辰朔，日有食之。

七月，錦衣衛都指揮僉事紀綱伏誅。

　　綱，臨邑人。上靖難過臨邑，綱叩馬請自效。上與語，悅之。及即位，累遷錦衣衛都指揮僉事，掌衛事，治詔獄。綱爲人陰狡馴獪，善逆鉤人意。上既從藩國起，不能無疑人有異心，喜綱深刻，寄耳目，詗察朝野向背。綱既得幸，益布私訽，日夜操切陰計，聞上。上大以爲忠，言無不入。而綱恃恩驕橫，居處、服飾僭擬乘輿，受四方賂遺，及侵盜官物，奪民間子女、地宅，不可勝紀。擅作威福，以危法中人。有女冠陳氏者，有姿色，綱欲納爲媵，爲都督薛禄所先。綱、禄遇於大内，以鐵擊禄首，腦裂幾死，禄噤不敢言。又道恚都指揮啞失帖木兒不避，誣以他事，搥殺之。朝中人人側目。久之，上稍悟，疏之。有中官發其奸，上并其黨指揮僉事莊敬磔于市，籍其家，無少長咸謫戍邊。

八月，作北京西宫。

刑科給事中丁珏有罪，謫戍邊。

　珏，山陽人，素無行，不爲鄉里所齒。珏積不平，值里社報賽，遂誣告里人聚衆爲妖言，坐死者數十人。法司言珏忠直，以爲給事中。恒伺察人小過，輒以上聞。因招權受賄，縱軼不法。母喪未期，起復，輒同衆人大祀齋宫，復與慶成宴。爲監察御史俞信等所劾，逮至行在。法司論以大不敬。上曰："朕素疑其奸邪，若悉行所言，左右無一人得全者，豈可以玷朝行？"遂謫戍。

九月，老人星見。

初令監察御史巡鹽。

京師地震。

月犯畢宿。

冬十月，上還京師。

十一月，復議營建北京。

　先是，車駕至自北京，工部請擇日興工。上復命群臣議之，群臣知上意欲遷都，遂上疏曰："北京，乃聖上龍興之地，北枕居庸，西峙太行，東連山海，南俯中原，沃壤千里，山川形勝，足以控四夷，制天下，誠帝王之都也。比年聖駕巡狩，萬國來同，民物阜成，禎祥協應，天意人心昭然可見。乞早賜聖斷，敕所司擇日興工，以成國家悠久之計。"上從之。

召英國公張輔還京，以豐城侯李彬鎮守交趾。

十二月，《歷代名臣奏議》書成。

先是，上以璽書諭皇太子，命翰林儒臣采古名臣直言彙錄，以便觀覽。至是成，上覽而嘉之，謂侍臣曰："致治之道，千古一揆。君能納善言，臣能盡忠不隱，天下未有不治。"遂命刊印，以賜皇太子、皇太孫及諸大臣。

以胡濙爲禮部右侍郎。

丁酉，十五年春，倭寇浙東。

二月，廢谷王橞爲庶人。

初，橞以啓門功，上於諸王中待之特厚。及之國，驕橫不法，奪民田，侵公稅，殺無罪人，造戰船、兵器，招匿亡命習戰陣。日與都指揮張成、宦者吳智、劉信等謀，踪迹詭秘，人莫知之。呼成爲師尚父，智、信爲國老令公。僞造圖讖，以爲己高皇帝十八子，與讖相應，傳播惑衆，製巧燈上獻，擇壯士入朝架燈。又選壯士，習音樂，與燈並上，欲乘隙爲變。長史盧廷綱屢諫，不聽，誣以罪，磔殺之。都督張興懼禍及，因奏事北京，白其狀。上未信興，過南京，啓太子曰："臣冒死上聞，上顧不信。願殿下憶臣言，他日得無連坐。"橞致書蜀王，爲隱語曰："德蒼時，不可言桓文之事；桓文時，亦不可言德蒼之施。"欲結蜀王爲援。蜀王切責，不聽。已而，蜀王子崇寧王悅燇得罪父，奔橞，橞因詭衆曰："往年我開金川門，出建文君。今在我宮中，我將舉事，爲建文君復辟。"事將發，蜀王上變告。上見蜀王疏，嘆曰："朕待橞厚，不宜有此。蜀王忠孝，又不宜欺我。張興嘗爲我言，我不忍信，今果然。"立命中官持敕諭橞，令遣悅燇還蜀。橞不意使猝至，不得已，就徵至京。入見，上以蜀王章示橞，橞頓首，自狀死罪。諸大臣廷劾橞，請寘之法。上曰："朕且令諸兄弟議。"至是，楚王楨等，各上議曰："橞違《祖訓》，謀不軌，踪迹甚著，大逆無道，罪不赦。"上曰："諸王奉大義，國法固爾。吾寧生橞？"乃削橞及其子賦灼、賦爌爲庶人，皆安置廬州，相繼卒。

三月，改封漢王高煦於安樂州，遂令之國。

初，上巡北京，高煦有異志，陰蓄壯士，造兵器，教水戰，僭用天子車服。上聞之，促駕還，召楊士奇問曰："汝與蹇義在此，漢府事當悉知。如朕未知，汝輩慮有離間之罪；朕既知矣，復何慮？"對曰："漢王始封雲南，不肯行。及改青州，又堅不行。今知朝廷將徙都，惟欲留守南京，此其心，路人知之。惟陛下早善處之，使有定所，全父子恩。"上默然。後數日，盡得高煦僭逆實迹。上怒，褫其衣冠，囚繫西華門內，條其罪數十事，且誅之。東宮泣涕，立救之，削兩護，誅其左右，徙封樂安，促即日行。上顧東宮曰："安樂，去北京甚邇。即有變，可朝發夕擒也。"煦至安樂，怨望益甚。

上巡北京，皇太子監國。

夏四月丁巳朔，日有食之。

六月，建北京郊廟宮殿。

秋七月，瓦剌馬哈木死，封其子脱歡爲順寧王。

壽星見，百官請賀，不許。

册皇太孫妃胡氏。

九月，蘇祿國王巴都葛叭答剌來朝。

故吴王允熥卒。

允熥，懿文太子第三子。母妃常氏，開平王遇春女。建文中，封吴王。上即位改廣澤王，以罪免爲庶人。

冬十月癸未朔，日有食之。

遣禮部員外郎呂淵使日本。

十一月，以趙羾爲兵部尚書，巡督塞上，屯戍。

戊戌，十六年春正月，安南黎利反，鎭守總兵李彬遣兵討之，利敗走。

> 黎利，初從季擴爲金吾將軍，已束身來降，令爲土巡檢。至是，復反，自稱平定王，以弟黎石爲相國，段莽爲都督，聚衆肆出劫掠。李彬遣都督朱廣討之，利遁去。

三月，賜進士李騏等二百五十人及第出身有差。

姚廣孝卒。

> 追封榮國公，謚恭靖。

夏四月，呂淵自日本還，國王源義遣使奉表謝罪。

五月，《太祖高皇帝實錄》成。

胡廣卒。

> 廣居官周愼，自處澹然，然性乏骨鯁，一意逢迎。在建文朝，對策斥親藩得擢爲第一。及事上，被恩遇，別無建明，惟有《聖孝瑞應》及《却封禪》兩頌而已。廣病篤時，有人投以詩，云："漢朝胡廣號中庸，今日中庸又見公。可惜天生兩奸宄，天教名姓正相同。"

六月，修天下郡縣誌。

遣禮部侍郎胡濙巡行江浙。

> 濙陛辭，上面諭曰："人言東宮所行失當，至南京可密察之。"濙至南京，日隨朝，凡見東宮善政，退即記之。留稍久，楊士奇疑之，曰："公命使也，宜亟行。"濙權詞謝之。至安慶，始以所見七事，密疏以聞。上覽之，大悅，自是不復疑東宮矣。

七月，贊善梁潛、司諫周冕下獄，死。

時，皇太子監國，有陳千戶者貪暴，皇太子謫交趾立功。後念其舊，有軍功，宥之。或言陳千戶不當宥，潛與冕預聞之，而不諫止。遂逮下獄，皆死獄中。

八月，老人星見。

冬十一月，亦力把力歪思弒其主納里失只罕而自立。

十二月，申嚴貪禁。

上諭法司曰："唐太宗惡官吏貪濁，有犯贓者，必寘於法，故吏尚清謹，民免於掊剋，貞觀之治所以爲盛。朕屢敕中外諸司，不許妄役一夫，擅斂一錢，而不才官吏恣肆自若，百姓苦之。繼今犯贓官吏，必論如法。"

武當山宮觀成。

山有七十二峰、三十六巖、二十四澗，峰之最高者曰天柱，境之最勝者曰紫霄。南巖上軼游氣，下臨絕壑，舊皆有宮。南巖之北，有五龍宮，俱爲祀神祝釐之所。元季兵毀。至是，悉新建之。五龍宮之東十餘里，名玄天玉虛宮，紫霄曰太玄紫霄宮，南巖曰太聖南巖宮，五龍曰興聖五龍宮。又即天柱峰頂冶銅爲殿，飾以黃金，範真武像於中。選道士二百人，供灑掃，給田二百三十七頃以贍之。凡爲殿觀、門廡、享堂、厨庫千五百餘楹。賜名太岳太和山，上親製碑文以記。

己亥，十七年。

六月，遼東總兵劉江大破倭於望海堝，封江爲廣寧伯。

先是，江請城望海堝以便瞭望。一日，瞭者言："東南夜有光。"江計寇將至，亟遣官軍赴堝上備之。翌日，倭以數百艘直逼堝下，登岸魚貫而前。江令犒師秣馬，略不爲意，使都指揮徐剛伏兵於山下，百户江隆帥壯士潛燒賊船，截其歸路，與之約曰：“旗舉伏起，不用命者，以軍法從事。”賊至，江披髮仗劍，麾兩翼薄之，旗舉，伏兵盡發。賊大敗，死者蔽野，餘衆奔櫻桃園空堡內，我師追圍之。江令開西壁縱之出，因夾擊之，生擒數百，斬首千餘。間有脫走者，皆爲隆等所縛，無一人得脫。還營，將士請曰：“明公見敵，意思安閑，惟飽士馬，及臨陣披髮，追賊入堡，不殺而縱之，何也？”江曰：“窮寇遠來，必饑且勞。我以逸待勞，以飽待饑，固治敵之道。賊始貫魚而來，爲蛇陣，故作真武像以鎮之，雖愚士卒之耳目，亦可以作鋭氣。賊既入堡，有死而已。攻之彼必致死，未必無傷。縱其生路，即‘圍師必缺’之意，此固兵法。顧諸君未察耳。”事聞，上賜敕褒之，進封江廣寧伯，世襲。將士升賚有差。先是，倭寇出没海上寇掠，北自遼東、山東，南抵閩浙濱海，無寧歲。及是，爲江所挫，寇害屏息者數年。

十一月，學士楊榮條奏《時政十弊》。

　　榮言十事，皆指斥府部、法司積弊。上覽而嘉之，密諭榮曰：“卿言實切時弊，但卿爲心腹之臣，若進此言，恐群臣相猜疑。不若使御史言之。”於是使御史鄧真入奏，衆皆請罪。詔諸司即日悛改，怙終者不赦。

甘露降孝陵松柏。

朝鮮國王芳遠請老，命其子裪嗣王。

庚子，十八年春正月，以楊榮、金幼孜並爲文淵閣太學士。

二月，山東妖婦唐賽兒作亂，遣安遠侯柳升率兵討之。

　　賽兒，浦臺縣民林三妻，自稱佛母，詭言：“能知前後成敗事。"往來益都、即墨間，煽誘愚民。奸人董彦果等率無賴子從之，擁衆五百餘人，據益都卸石棚塞[九]，出没剽掠。青州指揮高鳳領兵捕之，賊乘夜衝擊，官兵潰，鳳等陷殁。事聞，遣升討之。

山東都指揮衞青大破賊於安丘，賽兒遁。

柳升兵至益都，圍賊寨。賊遣人乞降，詐云："食盡且無水。"升以東門舊有汲道，即往據之。夜二鼓，賊襲官軍營，都指揮劉忠力戰死。黎明，柳升始覺，分兵追捕，獲賊黨劉俊等男婦百餘人，賽兒竟遁，不獲。時，賊黨賓鴻率衆攻安丘，知縣張旟、縣丞馬攟集民夫八百餘人，以死拒戰。都指揮衞青備倭海上，聞安丘圍急，率千騎，晝夜兼行，奮擊敗之，殺二千餘人，生擒四千餘人，皆斬之。既而，升至，青迎謁，升怒其不待己，捽出之，青不爲屈。鰲山衞指揮王貴亦以兵一百五十人敗賊於諸城，盡殺之，賊悉平。

三月，逮柳升于獄，尋宥之。

刑部尚書吴中等劾升："奉命征討，不即就道。及臨賊境，又不設備，致賊夜砍營，殺傷軍士。劉忠身先士卒，幾破賊壘。升忌其成功，不即救援，致忠力盡而死。賊得乘間遁去。升遣兵追捕，所過騷擾，升亦不問。衞青聞安丘圍急，晝夜兼行，遂敗賊衆。後三日，升始至，反忌青功而摧折之。人臣不忠，莫此爲甚，請治其罪。"上曰："朕每命將遣師，必反覆告戒，俾圖萬全。今升方命失機，媢功忌能，罪不可宥。"遂下於獄，尋赦出之。

四月，廣寧伯劉江卒。

江驍果善戰，所向無敵，馭士卒，明紀律，有恩信。諸夷款塞者，綏輯備至。既卒，人咸思之。謚忠武。

五月，交趾左參政侯保、馮貴及黎利戰，敗，死之。

黎利剽掠郡縣，保率民兵於要害禦之，不勝而死。貴能撫輯流民，歸附者衆，有土兵二萬餘人，皆勁勇習戰。中官馬騏疾之，奪其兵。及是，以贏卒數百遇賊，衆寡不敵，力戰而死。保爲政廉恕，貴有方略，其死也，人皆惜之。

湖廣衡州府同知方素易卒於獄。

素易，江西樂平人。洪武中，爲盱眙知縣，政廉恕，吏民戴之。遷金華同知，治行益著。永樂初，坐累，謫戍興州。未幾，驛召至京，以左通政奉命諭交趾叛寇陳季擴，還奏稱旨。復奉命往思州察田宗鼎罪狀，悉得其實。還，除湖廣衡州府同知，往捕桂陽府峒寇龍卯銘。衆詭言：「卯銘已死。」素易不信。已而，果獲，送京師。有鋪卒訴：「年老惟一子，爲虎所噬。」素易爲文檄山神。明日，虎死道側。後有告衡州民匿谷庶人財者，上官併劾素易不舉，坐是死獄中，人多惜之。

秋八月丁巳朔，日有食之。

九月，北京宮殿成，遣夏原吉召皇太子詣北京。

欽天監上言：「明年正旦吉，宜御新殿。」遂遣原吉召皇太子期歲抄〔一〇〕至北京。太子過滁，登琅琊山，指示楊士奇曰：「此醉翁亭故址也。」因嘆：「歐陽修立朝正言，不易得，今人但知愛其文，知其忠者鮮矣。」十一月，過鳳陽，謁皇陵，周步陵旁，徘徊久而後去。耆老進謁，有知太祖龍興時事者，從容與語，賜勞優厚。過鄒縣，見民男女持筐拾草實者，駐馬問之，民對曰：「歲荒，以爲食。」皇太子惻然。稍前，下馬，入民舍視，男女衣百結，竈釜傾仆，嘆曰：「民隱不上聞至此乎？」顧中官，賜之鈔。而召鄉老，問其疾苦，輟所食食之。時，山東布政石執中來迎，責之曰：「爲民牧，而視民窮如此，亦動念否乎？」執中言："已請停秋稅。"皇太子[一]曰："民餓且死,尚徵稅耶?宜速發粟賑之,事不可緩。"執中請人給三斗,曰："與六斗。汝毋懼擅發倉,吾見上,當自奏也。"

定都北京。

十二月,皇太子、太孫至北京。

皇太子奏山東發粟賑饑事,上曰："善。昔范仲淹之子猶能舉麥舟濟其父之故舊,況百姓,吾之赤子乎?"

封薛禄爲陽武侯,擢工部營繕司郎中蔡信爲工部右侍郎。

論營建功。

辛丑,十九年正月甲子朔,御奉天門受賀。

上躬詣太廟,奉安五殿太皇、太后神主。命皇太子詣天、地壇,奉安昊天上帝、后土地祇神主。皇太孫詣社稷壇,奉安大社、大稷神主。黔國公沐晟詣山川壇,奉安山川諸神主。禮畢,上御奉天殿,受朝賀。

大赦。

改學士楊士奇爲左春坊大學士。

二月,虜酋阿魯台寇寧夏。

三月,賜進士曾鶴齡等二百一人及第出身有差。

夏四月,奉天、華蓋、謹身三殿災。

詔求直言。

禁謗訕。

三殿災,言者輒云："都北京,不便主事。"蕭儀言尤峻。上怒,殺儀,曰："吾與大臣密議數月,言遷都便。"於是,言官劾諸大臣。上令言官、大臣午門辨難遷都利害。都御史王彰罵言官："白面書生，不知大計。"上令左右問衆議云何，夏原吉曰："臺諫，職言路，且應詔陳言。臣等備員大臣，不能協贊大議。臣等萬死。"再問，對如初。上悅，兩釋之。

遣吏部尚書蹇義等巡行天下，安撫軍民。

禮部侍郎儀智致仕。

五月，出給事中柯暹、御史何忠、鄭惟桓、羅通等，俱爲交趾知州。

時，暹等建言切直，侵及工部尚書李慶等。慶等不能平，數請罪之。上曰："敬天，故求言。今罪言者，是逆天矣，可乎？"又曰："古之明主，皆獎直言，今汝請罪言者，是欲朕爲何如主？且彼所言汝等過失，若誠有，因而改之，豈不有益？若無之，於汝何損？今罪之，將重其名，而益成汝等之過矣。"慶等慚而退，然暹等竟出於外。

交趾總兵官李彬請分軍屯田，從之。

六月，西僧大寶法王來朝。

或請上親勞之。夏原吉曰："夷人慕義遠來，宜視以君臣之禮。且上如是，下必有甚焉，禮義從此大壞。"上曰："爾欲效韓愈耶？"他日，法王見便殿。上命原吉拜，原吉曰："王臣雖微，加於諸侯之上，況夷狄乎？臣一屈膝，有辱天朝，死不敢奉詔。"上笑曰："卿過侍郎楊勉之遠矣。"

七月，命右都御史王彰巡撫河南。

時，有告周王謀不軌者，上欲及其未發討之，以問彰。彰曰："未有迹，討之無名。"上曰："非爾所知，兵貴神速，彼出城則難爲力矣。"彰曰："以臣之愚，可不煩兵，臣足辨，然須奉敕乃可。"於是，以彰巡撫河南。既至，直造王府，王驚愕，延彰別室，問來故。彰曰："人告王反。"王驚跪。彰曰："朝廷已命丘太師將十萬兵繼至矣。彰以王事未有迹，故來諭王。"王舉家環哭不已。彰曰："哭亦何益？今但速求所以釋上疑者。"王曰："愚不知所出，願公教我。"彰曰："能以三護衛獻上，則可無事。"王從之，彰馳驛以聞，上喜。彰出示："護衛軍三日不徙者，斬。"不數日而軍散。

以段民爲山東左參政。

時，大索唐賽兒，逮山東、北京尼，先後幾萬人。民撫定綏輯，曲爲解釋，人始安。

八月辛巳朔，日有食之。

冬十月，阿魯台叛，數寇邊。

阿魯台數年生聚，蓄牧蕃富，遂桀鶩，每朝使至，輒慢侮或拘留之，時時出沒塞下爲寇。上嘗諭其使，還語阿魯台，竟不悛。至是，大舉圍興和，邊將以聞，上遂議親征。

赦黎利，以爲清化知府。

十一月，議北征。下户部尚書夏原吉、刑部尚書吳中於獄。兵部尚書方賓自殺，以李慶爲兵部尚書。

上命大臣議親征北虜。方賓言："糧儲不足，未可興師。"上召原吉，問邊儲多寡，對曰："僅給將士備禦之用，不足以給大軍。且頻年師出無功，戎馬資儲，什喪八九，災眚間作，内外俱疲。況聖躬少安，尚須調護，勿煩六師。"上不懌。既而，吳中入對，與方賓同。上益怒，召原吉，籍其家，與中皆繫内官監獄。於是，賓懼，自殺。時，吕震數乘間譖賓與原吉等爲憸邪。上命戮賓屍，將殺原吉等，楊榮力言其無他。上怒稍解，置不問。

壬寅，二十年春正月己未朔，日有食之。

二月，議北征饋運。

張輔等議，分前後運，前運隨大軍行，後運繼之。前運隆平侯信總之，尚書李慶、侍郎李昶爲之副；後運保定侯瑛總之，遂安伯瑛爲之副。各率騎兵千人、步兵五千人護行。凡前後運用驢三十四萬、車一十七萬七千五百七十三輛、挽車民夫二十三萬五千一百四十六人，運糧凡三十七萬石，並出塞分貯。

三月，阿魯台攻興和，守將王祥戰歿。

上發北京，親征阿魯台。

夏五月，上駐獨石大閱。

六月，上次威遠川，阿魯台進攻萬全。

　　開平報虜復攻萬全。上召諸將問計，皆曰："宜分兵還擊之。"上曰："此詐謀也，虜慮大軍徑搗其穴，故爲此牽制之計。然其衆不多，知大軍北行，必已喪胆，況敢攻城哉？不足慮也。"

秋七月，上次殺胡原，阿魯台北走，遂旋師征兀良哈，大破之。

　　上至殺胡原。前鋒獲虜，備言阿魯台所部聞大軍出，皆憂懼。其母及妻聞之，罵曰："天朝何負爾？必欲爲逆天負恩事？爾死固宜。使吾屬駢首俘囚，將無葬地，皆汝所貽禍也。"阿魯台盡棄其輜重於闊欒海，與家屬直北走矣。上曰："獸窮則走，然此黠虜，未當遽信。或挾詭謀，示弱以誤我，不可不備。"繼獲虜，亦如前言，驗之果信。乃召前軍還，收虜所棄駝馬，焚其輜重。上召群臣諭曰："朕非欲窮兵黷武，虜爲邊患，驅之足矣。將士遠來，亦宜休息。"遂命旋師。是夜，召諸將諭曰："兀良哈羽翼阿魯台爲逆，阿魯台遁，兀良哈近東塞，門庭之寇，當還師蕆此虜。"乃簡部騎二萬，分五道，親授方略進擊。曰："兵貴神速，迅雷不及掩耳。"又曰："虜聞我師東，必西走，朕當邀擊之。"遂率精騎數萬，西至屈裂兒河，虜果驅輜重西奔，陷山澤中，遇大軍，倉卒逆戰。上麾騎兵張左右翼衝之，斬數百人，虜潰。上乘高望虜，虜復聚，急麾兵繞出虜右，又分兵渡河，斷其後。虜突而右，盡獲之。又麾兵繞出其左，令甲士持神機弩伏深林中，戒曰：「虜過此，發。」虜果突而左，上麾騎士馳追之，虜驚走，至林中，弩競發，虜又潰，餘虜百騎團結甚堅，走且疾。上曰：「必酋也。」率騎兵追奔三十餘里，擒其酋伯兒伯克等，盡收其人畜，焚其輜重。詢降虜，言東北深谷中，有虜千餘。令寧陽侯懋以騎兵五千追之。懋率精騎伏隘中，虜襲我輜重，方接戰，懋發伏夾擊，斬獲過半，凡獲虜牛羊十餘萬，盡賞諸將士。八月，次玻瓈谷，諸將擒兀良哈等，斬虜首千餘，俘其人畜，入喜峰〔一二〕。

九月乙卯，上還京。

逮尚書蹇義、呂震，大學士楊士奇下獄，尋釋之。

　　時，有譖義等輔導有闕者，遂下之錦衣獄。已而，釋之。

冬十二月，阿魯台弒其主本雅失里，自稱可汗。

癸卯，二十一年三月，蜀王椿薨。

　　王性敦厚孝友，循禮法，尤好學，讀書不懈，喜延接賢士大夫，絕聲色遊畋之好，在宗室中最賢。朝廷待之，視諸王特厚。卒，謚曰獻。

夏四月，瓦剌脫歡攻阿魯台，敗之。

五月，常山中護衛指揮孟賢等謀逆，伏誅。

　　時，上以疾多，不視朝，中外事悉啟皇太子處分。皇太子往往裁抑宦寺，黃儼、江保尤見疏斥。儼等日譖之於上，且素厚高燧，常陰爲之地，因僞造毀譽之言，傳播於外，謂上注意高燧以疑外人。欽天監王射成與孟賢厚，密言於賢曰：「觀天象，當有異主之變。」賢遂起邪謀，與弟孟三及其黨馬恕、田子和、高正、陳凱等，日夜潛謀，連結近侍，圖就宮中進毒於上。候上晏駕，即以兵劫內庫兵仗、符寶，分兵執諸大臣。豫令高正僞譔遺詔，付中官楊慶養子，至期，從禁中出，廢皇太子，而立趙王爲帝。布置已定，正密以告其甥王瑜，瑜曰："此舅氏滅族之計。"力止，不從。瑜遂上變告。上覽僞詔，震怒，立捕楊慶養子，誅之。顧高燧曰："爾爲之耶？"高燧惴慄，不能言。皇太子爲之營解，曰："高燧必不與謀，此下人所爲爾。"上命文武大臣鞫治，群臣奏："賢等犯大逆，有實迹，當寘極典。"上曰："且先籍其家。王射成以天象誘人，速誅之。賢等更加窮鞫，毋令遽死。"遂下錦衣衛研治，并其黨悉誅之。升王瑜爲錦衣衛同知。

六月庚寅朔，日有食之。

七月，命安遠侯柳升、遂安伯陳瑛將中軍，武安侯鄭亨、成國公朱勇、英國公張輔、成山侯王通將左、右軍，寧陽侯陳懋將前鋒，從征阿魯台。

　　虜中降者言阿魯台將犯邊。上召諸將曰："虜以朕既得志，必不復出，故謀入寇。當將兵先馳塞外，以逸待勞，破之必矣。"諸將皆曰："善。"

胡濙進太和山祥瑞，呂震請賀，不許。

　　胡濙進《瑞光圖》及榔梅、靈芝，且奏："太嶽太和山頂金殿現五色圓光，紫雲周匝，不散。"又："山石産靈芝。"尚書呂震率百官進賀。上曰："朕創建太和山宮殿，上資福於皇考，下爲天下生民祈福，初非爲己。且朕德凉薄，不敢恃此爲祥。其勿賀。"

八月，上大閱，遂發京師。

冬十月，車駕次萬全，虜酋也先土干來降，封爲忠勇王，遂班師。

上至萬全，虜知院阿失帖木兒來降。言："阿魯台爲瓦剌所敗，部屬潰散。若聞天兵復出，疾走不暇，敢南向耶？"陳懋至飲馬河，北遇韃靼王子也先土干，率其妻子部屬來歸，封爲忠勇王，賜姓名金忠，遂班師。

十一月，上還京。

甲辰，二十二年春正月，逮朝覲官下錦衣獄，尋釋之。

　　朝覲官催徵不完及公事稽遲者，悉下獄。既而，釋之。

三月，賜進士邢寬等一百五十人及第出身有差。

上大閱，詔親征阿魯台。

　　初，金忠來歸，屢言："阿魯台弒主虐人，違天逆命。請發兵討之，願爲前鋒自效。"上曰："兵豈堪數動？朕固厭之。"忠曰："如邊境荼毒何？"上曰："卿意甚善，但事須有名。文帝嘗言：'漢過不先。'姑待之。"至是，阿魯台寇大同，遂大閱北征。以柳升將中軍，陳瑛副之；張輔領左掖，朱勇副之；王通領右掖，徐亨副之；鄭亨左哨，孟瑛副之；薛祿右哨，譚忠副之；陳懋、金忠爲前鋒。

夏四月，詔皇太子監國。車駕發京師。

五月，畿南蝗。

　　浚縣知縣王士廉齋戒，僚屬耆民禱於八蜡祠，以失政自責。越三日，有烏萬數，食蝗殆盡。皇太子聞而嘉之，顧謂侍臣曰："此誠意所格。人患無誠耳，苟出於誠，何求不得？"

遣宦者伯力歌諭虜中部落。

　　上召楊榮、金幼孜至幄中，諭之曰："朕昨夜夢，有神告朕曰：上帝好生。如是者再，此何祥也，豈天屬意此虜乎？"榮對曰："陛下好生惡殺，誠格於天。此舉固在除暴安民，然火炎昆岡，玉石俱毀。惟陛下留意。"上曰："卿言合朕意。豈以一人有罪，罰及無辜？"遣中官伯力歌及所獲胡寇齎敕往虜中，諭其部落，曰："往者阿魯台窮極歸朕，朕待之甚厚，爾等所知。朕何負於彼？而比年以來寇掠不止。朕間者以天人之怒，再率師討之。如徇將士之志，奮雷霆之威，爾等豈復有噍類？朕體上帝好生之仁，亦猶冀其改而自新也。今王師之來，罪止阿魯台一人，其部下悉無所問。有能順天道、輸誠歸附者，悉待以至誠。毋懷二三，以貽後悔。"

六月，上至答蘭納木兒河，虜遁，遂班師。

師次隰寧，獲虜諜者，言虜去秋聞朝廷出兵，挾其屬以遁。及冬，大雪丈餘，人畜多死，部曲離散。比聞大軍且至，復遁往答蘭納木兒河，趨荒漠矣。上曰："然則，寇去此不遠。"遂命諸將速進。五月己卯，次開平，是日雨，士卒有後至霑濕者，上見之，指示諸將，曰："士卒者，將帥所資以成功。若撫之至，則報之厚。古人有言：'視卒如嬰兒，可與赴深溪；視卒如愛子，可與之俱死。'今方用此輩為國家除殘，其可不恤？"丁亥，次武平鎮，召諸將諭曰："古謂武有七德，禁暴除亂為首。又謂止戈為武，蓋謂止殺。非行殺也。朕為天下主，華夷之人，皆朕赤子，豈間彼此？今罪人惟阿魯台，餘脅從之眾悉非得已。凡有歸降者，宜悉意撫綏，無令失所，稱朕體天愛人之意。"六月己未，至玉沙泉，命陳懋、金忠率師前進，至答蘭納木兒河，彌望惟荒塵野草，一虜不見，車轍馬迹亦多漫滅，還奏。上復遣張輔、王通等分兵大索山谷，周迴三百餘里，無所見。輔請："願假一月糧，率騎深入，罪人必得。"上曰："今出塞已久，人馬疲勞，虜地早寒，一旦有風雪之變，歸途尚遠，不可不慮，卿且休矣。朕更思之。"甲子，召輔諭曰："昨日之言，朕思之，不可易也。古王者制夷狄之道，驅之而已，不窮追也。且今孽虜所存無幾，茫茫廣漠之地，譬如求一粟於滄海，可必得耶？吾寧失有罪，不欲重勞將士。朕志定矣，其旋師。"李慶等進曰："王者之師，畏則舍之。今已窮虜穴，塞北萬里無虜迹。雖有數輩，如犬羊棲棲，偷生窮漠。陛下天地大德，寧盡殺之耶？"時，軍士乏食，楊榮請供御之贏盡給之，令軍中有餘者貸不足，入塞官倍償之。衆賴以濟。上悅，命亟班師。

秋七月，上崩於榆木川。

丁亥，次翠微岡。上御幄殿，憑几而坐，楊榮、金幼孜侍，上顧內侍海壽問曰："計程何日至北京？"對曰："八月中。"上頷之。既而，諭楊榮曰："東宮涉歷年久，政務已熟，還京後，軍國事悉付之，朕惟優游暮年，享安和之福矣。"榮對曰："殿下孝友仁厚，天下屬心，允稱皇上付托。"上喜，賜榮等羊酒而退。己丑，次蒼崖。上不豫，下令將士，嚴部伍，謹哨瞭。庚寅，次榆木川，上大漸，召英國公張輔受遺命，傳位皇太子，且云："喪服禮儀，一遵太祖遺制。"辛卯，上崩。內臣馬雲、孟驥等，以六師在外，秘不發喪。密召大學士楊榮、金幼孜入議喪事。含歛畢，載以龍轝，所至朝夕上食如常儀。壬辰，次雙筆峰，大學士楊榮、少監海壽奉遺命，馳訃皇太子。八月壬寅，至京。皇太子聞訃，幾絕。即遣皇太孫出居庸，赴開平迎駕。時，京師諸衛軍皆隨征，惟趙府三護衛軍留京師，一時浮議籍籍，慮爲變，遂秘未發喪。皇太孫瀕行，啓曰："出外有封章白事，非印識無以防僞。"皇太子曰："渠言良是，但行急，製不及。"士奇曰："殿下未踐祚，有事自應行常用之寶。東宮小圖書，可假之行此時之權。"皇太子即取付太孫，曰："有啓事，以此封識。不久當歸汝，就留之。"又顧士奇曰："大行臨御，儲位久未定，浮議喧騰，吾今就以付之，可絕浮議。"八月己酉，次雕鶚，皇太孫至軍中，始發喪。六軍號痛，聲徹天地。辛亥，入居庸關，文武百官縗服哭迎。壬子，及郊，皇太子、親王以下素服哭迎。至宮中，奉安仁智殿，加斂納梓宮。

上英武神授，決機應變，飈發川流，群臣莫窺其際。愛惜下民，屢蠲租賦，猶嗜儉朴，不喜紛華。嘗御便殿，裏衣袖敝，納而復出，侍臣贊美。上曰："朕非不知三公布被之譏，但念爲一身惜福，爲天下惜財。昔皇妣躬緝故衣，皇考見而喜曰：'勤儉如此，正可爲子孫法。'朕念之，不敢忘。"

山西民有言：介休出五色石，可爲器用者。守臣以聞。上曰："官府求一物，則萬民受一害。此石饑不可食，寒不可衣，累民何爲？"急斥之。

御近習嚴，不少假以詞色。嘗有中官私役應天府工匠，召府尹向寶責之，曰："汝爲京尹，當爲國愛民。宮禁小人，何畏而聽其私役？爾在朕左右尚如此，外郡縣吏當若何？"中官即付錦衣衛治之。初，政尚嚴，後漸濟以寬，至躬率六師，三□虜穴〔一三〕，光前代所未有也。

八月，皇太子即皇帝位，改明年元曰洪熙，大赦天下。

出夏原吉、吳中、楊勉、金問、黃淮、楊溥於獄，復其官。赦解縉妻子還鄉，以其子禎爲中書舍人。

初，文皇寵信解縉，手書蹇義等十人名，授縉評之。十人者，皆與縉厚善，縉具實對曰："義天資厚重，中無定見。原吉有德有量，不遠小人。劉俊雖有才幹，不知顧義。鄭賜可謂君子，頗短於才。李至剛誕而附勢，雖才不端。黃福秉心易直，確有執守。陳瑛刻於用法，好惡頗端。宋禮戇直而苛，人怨不恤。陳洽疏通警敏，亦不失正。方賓簿書之才，駔儈之心。"奏上。時，上在東宮，文皇以示。上曰："至剛，朕已洞灼，餘徐驗之。"上因問縉："建文所用人如何？"對曰："此皆洪武中人才，事往已不足論。"又問："尹昌隆，王汝玉。"對曰："昌隆，君子，而量不宏。汝玉，文翰不易得，惜有市心耳。"至是，上出縉奏，示楊士奇，曰："今人率謂縉狂士，觀評所皆有定見也〔一四〕。"赦其孥還鄉，官其子禎。

夏原吉乞終母喪，不許。

上曰："卿老成人，今國有大喪，正望共濟艱難，安得求去？卿有母，朕獨無父乎？如卿言，朕亦不當在此。"不從。

復設三公、三孤。

太師、太傅、太保，階正一品。少師、少傅、少保，從一品。上諭蹇義曰："此皇祖之制也。皇考聖明天縱，可不置此官。予歷事未廣，不無望於傅保。卿等勉之。"遂加義少保，仍兼吏部尚書。

加英國公張輔太師。

加文淵閣大學士楊榮太常寺卿，金幼孜户部侍郎。以楊士奇爲禮部右侍郎兼華蓋殿大學士，黃淮爲通政使，武英殿大學士楊溥爲翰林院學士。

上以蹇義、楊士奇有輔導功，欲加秩，以語士奇。士奇對曰："雖溥恩及下，然必先扈從征行之臣。昔漢文即位，首進宋昌，史以爲貶。臣兩人日在侍近，聖恩必不遺，但不應先及。"上從之，乃與楊榮等并進爵。士奇謝恩畢，聞惜薪司奏請："歲例賦山東、北京棗八十萬斤，供宮中香炭用。"復入奏。時，蹇義、夏原吉奏事未退，上望見士奇，謂二人曰："新學士來，必有奏，試其聽之。"士奇言："恩詔甫下兩日，今聞惜薪司傳旨，賦棗八十萬，得無過多？"上喜，曰："固知學士言有理，數日來，宮中叢脞，遽答之，不暇致審。"即命減四十萬。又顧蹇、夏及士奇曰："汝三人，朕所倚非輕，有事須盡言，庶幾輔朕不逮。"

汰冗官。

上諭吏部曰："古稱官不必備，惟其人。今過冗矣，且賢否、廉汙混淆無別，徒糜廩禄，何裨政理？其貪庸昏懦者悉罷之，自今宜精選勿濫。"

召漢王高煦赴京。

封保母金氏爲翊聖夫人。

九月，上皇考妣謚號。

皇考太宗體天弘道高明廣運聖武神功純仁至孝文皇帝，皇妣仁孝慈懿誠明莊獻配天齊聖文皇后。

命歷事監生還監進學。

中軍都督府奏："歷事監生七人，吏事皆治，請送吏部授官。"上曰："爲士，豈止習吏事而已？吏事，末也。誠能窮經博古，達於修己治人之道，於吏事何難？比士習日下，率逐末以圖進取，而昧于大經大法，故用之往往病民而辱國。自今監生歷事考稱者，仍命還監進學，俾由科舉進，庶幾士有實用，官得其人。"時，六科辦事監生二十人滿，例應還監，願仍就六科辦事。上諭之曰："諸生不患無位，當圖所以無忝於位者，勿懷倖進之心。士有才德，使人求而用之，上也；而求用於人，下也。諸生宜立志，國家教育爾等，固將用之，無自汲汲。"時，六科給事中闕，諸生萌僥倖之心。上知之，故有是命。

召黃福還京，以兵部尚書陳洽兼掌交趾布、按二司事。

福在交趾，視民如子，勞來安輯，躬勤不倦。又戒郡邑吏，專意撫字，曰："新造之邦，新附之民，政令並宜寬簡。"中朝士遷謫至者，咸見温恤，問疾周貧，禮賢雪罪。兵民感悦，夷蠻欣附。中官馬騏怙恩肆虐，福數裁抑之。騏誣福有異志，文皇察其妄，曰："此君子不容於小人。"不問。及是，召福還。上曰："卿老成人，久勞於外，朕亟欲見卿。"福在交趾，凡十九年。及還，交人扶携走送，號泣不忍别。

加蹇義少傅，楊士奇少保，楊榮太子少傅兼謹身殿大學士，金幼孜太子少保兼武英殿大學士。

黜太常少卿周訥爲交趾知府。

納永樂中請封禪，不許。未幾，丁憂。至是，來朝。上曰："此佞人，宜實遠方，不可以玷朝班。"遂有是命。

嚴試歲貢。

禮部引歲貢生奏送翰林院考試。上召楊士奇等諭曰："百姓不得蒙福者，由守令匪人。守令匪人，由學校失教。歲貢中有不通故事、不明道理者，豈可授官？自今嚴考試之法，不論文詞工拙，但取明理適用者，則不學者不復萌僥倖之望，有嚮進之志矣。"

命襄城伯李隆守備南京。

交趾黎利復反，方政與戰於茶龍州，敗績。

弛西山樵采之禁。

上曰："古者，山林川澤皆與民共。雖虞衡之禁，取之有時，其實亦爲民，非公家專之也。京師軍民數百萬，薪非出山，何所取給？人君於民有父母之道，苟可惠民，皆當施之，況山澤天地所産以利民者。其居庸關以東，與天壽山相接，宜禁樵采，餘勿論。"

河決。

黄河泛溢，傷祥符諸縣禾稼。敕免今歲田租，仍遣都御史王彰往撫之。諭彰曰："下情鬱，不能上達久矣。凡可以利民者，悉奏之。各郡邑須周歷諮訪，庶幾得民之情。"

禮部尚書呂震請即吉，不從。

震上言："今喪服已逾二十七日，請如太祖制，釋縗，易吉服。"震奏已，遂退，徧語群臣，且易服。楊士奇謂震曰："洪武有遺詔，未可援此例。且仁孝皇后崩，太宗縗服後仍白衣冠數月。今上於皇考乃遽即吉乎？"震厲聲曰："朝廷每事，爾獨爲異。"蹇義從旁解曰："渠言當理國家事，公不應偏執己見。"遂兼取二說上之，報可。明旦，上素冠麻衣絰出視朝，文臣惟學士，武臣惟英國公，如上服，餘皆從義等所定。朝退，上召蹇義、夏原吉及士奇等，諭曰："呂震昨奏易服，云皆汝等議定。時，吾已疑其非，但聽臣下易之。梓宮在殯，吾豈忍易？後聞士奇有言，始知震妄。士奇所執，良是。"因嘆曰："張輔知禮，六卿乃反不及？"又顧義曰："汝所折衷亦未當，然不必再以語人。群臣聽其便。"

漢王高煦至京。

罷光祿寺卿井泉爲民，誅寺丞蕭成、署丞王鼎。

時，泉奏：歲例請官往南京采用玉面貍。上曰："爾小人，不達政體。朕方下詔，悉罷不急之務，以體恤百姓，爾乃欲以飲食細故失大信耶？"御史遂劾奏："泉、成及署丞王鼎，赦後盜內府物，法當斬。"上曰："其罪當斬者，非止於盜內府物。在先帝時，欺天罔上，造僞旨，間朕父子，搆禍無辜。"立命斬成、鼎，免泉爲民。

出六科給事中李謙等三十五人，爲州縣官。

時，有上言在外之職，命以風憲官爲之。故有是命。

漢王高煦還國。

交趾都指揮陳忠與黎利戰於清化，敗。

賜蹇義、夏原吉、楊士奇、楊榮、金幼孜"繩愆糾繆"銀圖書。

諭曰："卿等皆先帝舊臣，朕嗣位之初，軍國務重，須協心贊輔。凡政事有闕，或群臣言之而朕未從，悉用此印，密疏以聞，毋憚再三。君臣之間，盡誠相與，乃不負祖宗付托之重。"因取五臣誥詞，親增二語云："勿謂崇高而難入，勿以有所從違而或怠。"曰："此朕實心，卿等勉之。"

阿魯台遣使入貢。

十月，革戶部行用庫。

初，建行用庫，專市民間金銀。至是罷市，革之。

選東宮官屬。

安遠侯柳昇太子太傅，成山侯王通、陽武侯薛禄俱太子太保，吕震太子少師，夏原吉太子少傅，李慶太子少保，皆尚書如故。戶部尚書郭資兼太子賓客，刑部尚書吳中、工部尚書黃福俱兼詹事，太僕寺卿郭敦爲戶部左侍郎，及吏部左侍郎郭進俱兼少詹事。改進名璡。升監察御史黃宗載、艾良俱爲詹事府丞。

賜衍聖公孔彥縉第於京師。

彥縉來朝，館民間。上聞之，曰："四夷朝貢之使至京，皆有公館。先聖子孫乃寓民家，何以稱崇儒重道之意？"遂命工部賜宅。

復徐欽魏國公。

南畿水災，免田租。

立妃張氏爲皇后。

詔凡事皆公朝陳奏。

故事，視朝後諸司有急切機務，不得面陳者，具本於宮門投進。後訴私事、丐私恩者亦進題本，上惡之，悉禁止。

立皇太孫瞻基爲皇太子。

封皇子瞻垍爲鄭王，瞻墉爲越王，瞻墡爲襄王，瞻堈爲荆王，瞻墺爲淮王，瞻垲爲滕王，瞻垍爲梁王，瞻埏爲衛王。

詔求直言。

大理寺卿虞謙上言七事："其一用人，曰：用得其人則治道興，非其人則治道隳。人主之職，惟在擇人而已。其二興學校，曰：教育之道，本於師範，不在於備，而在得人。三曰：都察院，耳目綱紀之職，用以激濁揚清。今專俾治獄，非設風憲本意。四曰：今國用空乏，宜廣儲蓄，預爲備。五曰：北京八府之民困於養馬，宜分給無馬郡縣牧養，以蘇圻内。六曰：鈔法不通，由於出多而收少。今但多方收之，而不輕出，民艱於得鈔，則自流通。七曰：京師盜賊之多，宜於軍民、工匠，每十家編爲一甲，使互相覺察，有犯連坐。"上命議行之。謙數言事切直，上頗嫌其矯激。吕震、劉觀等遂奏其賣直沽名，請罪之。楊士奇云："古人有言：主聖則臣直。願陛下容之。不然進言者，將以言爲戒矣。"上不懌，免謙朝參。自是，言事者少。上召士奇諭曰："爾料事不虛，自免謙朝，言者不至。"遂命士奇就榻前草敕引過，令百官言事，毋以謙爲戒。因曰："朕有過，不難於改。雖一時不能容，然終知悔爾。知朕心，毋吝於言也。"

審錄重囚。

大理寺奏決重囚。上曰："人命甚重，帝王以好生爲德。卿等理刑，宜贊輔德政，罔俾無辜含冤，傷國家和氣。昔法吏有於死獄求生者，天有顯報，不在其身，在其後人。卿等勉之。"遂命五府、六部、通政司、六科同三法司於承天門會審。又詔大學士楊士奇、楊榮、金幼孜至榻前，諭曰："比年法官酷濫，所擬大逆不道，多出於羅織煅煉，先帝數切戒之。故死刑至四五覆奏，而法司略不留意。自今凡審決重囚，卿三人同往，有冤抑者，雖細故，必以聞。"

免遠安王貴爕、巴東王貴烜爲庶人。

二人嘗誣告其父謀不軌。上曰："正風化，當自家族始。"遂并罪之。

增官軍月米。

上詔户部尚書郭資曰："往年百官軍士初扈從來，月給米五斗，可贍。今都於此，多有家矣，五斗不足。江南運輸固難，然百官軍士艱難尤甚。往往守義者困於饑寒，玩法者恣無忌憚。卿國之大臣，不可不爲遠慮。朕欲悉加給五斗，京倉儲積不乏用否？"資對曰："不乏。"遂命增給。

降大理寺卿虞謙爲少卿，升左評事楊時習爲卿。

先時，謙奏事，侍臣有言：當榻前密請旨，不當於朝班對衆敷奏，爲賣恩者。又有言：其屬官楊時習，先導之密陳，而謙不從者。遂降謙，而擢時習。

十一月，宥建文諸臣家族。

上札諭吕震曰："建文中，諸臣悉受顯戮，其家屬，初發教坊司、錦衣衛、浣衣局習匠，功臣家爲奴，今有存者，並宥爲民，給還田土。"又諭群臣曰："若方孝孺輩，皆忠臣，詔從寬典。"於是，天下始敢稱孝孺諸死義者爲忠云。

改大理寺卿楊時習爲交趾按察使，復虞謙大理寺卿。

初，謙降，楊士奇乘間言曰："外間皆云，時習無先導之言。時習，臣鄉人，亦親語臣無此言。今冒居卿位，慚懼不安。且謙歷事三朝，頗得大臣體。且今所犯，小過耳。"上曰："吾固悔之。"因問："時習何如人？"對曰："雖起於吏，然明法律，公正廉潔。"上曰："吾有以處之。"會吏部言交趾闕按察使，上諭尚書蹇義曰："左遷虞謙無過失，復其大理卿，改楊時習交趾憲使。"

定畿內軍士更番法。

張輔奏請近京官軍，更番於京師操備。上曰："古者務農講武，皆有定期，故兩不偏廢。今宜略倣此意，無廢屯種，令畢農事而後來，先農事即遣歸，庶不相妨。"

以《祖訓》賜諸王。

上謂侍臣："守成之主，動法祖宗，斯鮮過舉。《書》曰：'監於先王成憲，其永無愆。'後世嗣君，往往作聰明，亂舊章，卒至喪敗不救，可爲鑒戒。朕十餘歲侍皇祖側，親見作《祖訓》，屢經改易，而後成書。是時，秦、晋、周世子皆在。太祖閑暇，即召太孫及諸世子於前，分條逐事委曲開諭，皆持身正家治天下之要道。朕寤寐不忘。"侍臣對曰："陛下此心，即太祖之心也。"

召內官馬騏還京。

騏還，未幾，尋綸旨下內閣書敕，復往交趾，辦金銀珠香。內閣覆請，上正色曰："朕安得有此言？此奴曩在交趾荼毒軍民，卿等獨不聞乎？自騏召還，交人如解倒懸，豈可再遣？"然亦不誅騏也。

郭資進太子太師，致仕。

蹇義、夏原吉數言："資偏執妨事，且多病，請令致仕。"上曰："先帝初舉義，一切軍需皆資調度。朕時居守，竭誠輔佐，甚得其力。今出危履安，乃遂棄之，不忍。"問士奇曰："資委如何？"對曰："資强義，人不敢干以私。但偏執甚至，沮格恩澤，不流於下。"上問故，對曰："詔敕數下，蠲免災傷租稅，資不聽開除，必責有司依歲額徵納，此其過之大者。"上乃命資致仕，仍復其家。

降江浙按察副使趙緯爲嘉興典史。

初，緯爲給事中，務掇拾人過失，以希進擢。至是，來朝。上曰："此人尚在耶？懷蛇蝎之心，豈可復置當道？"遂降。

遣監察御史湯溁十四人分巡天下，考察官吏。

上諭之曰："國以民爲本，民安則國安。比年牧守官不體朝廷恤民之意，侵削擾害，民不聊生，故遣爾等分行考察。然人才器不同，有專爲脂韋而政事不理，殃及於民者；有沉静不善逢迎，而爲政簡易，民悅之者；有虐於用刑，巧於取賄，而能集事者；有廉潔無私，謙謹自守，而政務不舉者。爾當明白具實以聞，無屈於勢要，無私於親故，詢之於衆，斷之以公，可也。"各賜鈔二十錠爲道里費。又諭之曰："御史，朕之耳目，當副朕心。必先自治，乃可治人。若棄廉恥，違禮法，亦不汝貸。汝往，勉之。"

禁役屯卒。

上諭夏原吉曰："古者寓兵於農，而不奪其時，所以民無轉輸之勞，而兵食足。漢之屯田，猶有古意。先帝立屯種法，用心甚至。但所司數以征繕擾之，既失其時，遂無所獲，以致儲蓄不充，勞民轉運。今後嚴禁衛所官，不許擅役屯卒。違者寘以法。"

命逮湖廣按察司副使舒仲成，尋止。

上監國時，仲成論事忤旨。至是，因吏部奏仲成他事，上命逮治之。楊士奇上疏曰："向來小人得罪者多，陛下即位以來，皆以宥之。今又追理前事，則詔書不信矣。漢景帝爲太子時，召衛綰，稱疾不赴。即位，進用綰，前史韙之。"上覽疏喜，即罷治仲成，而獎諭士奇曰："卿盡忠如此，朕復何憂？"

虜寇雲中，陽武侯薛祿擊敗之。

十二月，視牲南郊。

作觀天臺於禁中。

徙封韓王於平涼。

冬無雪。

諭吏部慎選師儒。

上曰："師儒之職，欲其成就人才，古以模範稱。模範不正，所造器何由得正？比來國子生務實學者甚少，皆苟延歲月，以圖出身。固是學者志願卑下，亦由師範失職所致。每見選國子監官，皆循資格升之，不聞舉一道德老成之士，如何望太學得人？自後宜慎重其選。"

朝鮮國王李祹遣使入貢。

書各省都、布、按三司官姓名於奉天門西序。

上諭蹇義、李慶曰："庶官賢否，軍民休戚所關。唐太宗書刺史之名於屏，朝夕省覽，聞其有善政，則各疏於下，故當時所用之人，皆思奮勵，致治太平。皇考亦嘗書中外官姓名於武英殿南廊，時一觀之。今五府六部之臣，朕朝夕接見，得詢察其賢否。若都司、布政司、按察司官，朕既不識其人，又不悉其姓名，雖或聞其賢否，久則易忘。人臣有善，而上忘之，誰肯自勉？有不善而上忘之，誰復自戒？如此，國家何以望治效？爾吏部、兵部具各司官姓名、履歷，揭諸西序。朕間暇觀之，以考察其行事而黜陟焉。卿等更須留心，以副朕意。"

罷海子及西湖巡視官。

西湖受房山之水，流經城南，注海子，凡三十餘里，官常遣人巡視，禁民不得取魚而因緣爲奸者，其濱河之草及灌田之水皆禁。至是，上命罷之。

葬長陵。

封都督張昶爲彭城伯。

　　昶，后兄也。

是歲户口之數。

　　户一千六萬六千八百八十，口二千二百四十六萬八千一百五十。

校勘記

〔一〕"太子力解得留京師"，底本原作"上太子力解得留京師"，據谷應泰《明史紀事本末》卷二十七刪"上"字。

〔二〕"李椅"，（清）谷應泰《明史紀事本末》卷二十二、《明史》卷三百二十一《安南傳》作"李琦"。本書卷六宣德九年有"夏四月，李琦還自交趾"。後文不出校。

〔三〕"聰"，底本作"總"，據前文、（清）谷應泰《明史紀事本末》卷二十二、《明史》卷三百二十一《安南傳》改。

〔四〕"統"，當作"鋭"。

〔五〕"開元馬市"，《明史》卷八十一《食貨五》："永樂間，設馬市三：一在開原南關，以待海西；一在開原城東五里；一在廣寧。"

〔六〕"斂"，疑當作"歉"。

〔七〕"谷"，當作"峪"。

〔八〕"通潮"，《明史》卷八十五《河渠志三·運河上》作"河以通江湖"。

〔九〕"塞"，（清）谷應泰《明史紀事本末》卷二十三、《明史》卷一百七十五《衛青傳》作"寨"。

〔一〇〕"抄"，當作"杪"。

〔一一〕"皇太子"，底本無"子"字，據前文、（清）谷應泰《明史紀事本末》卷二十六補。

〔一二〕"喜峰",疑當作"喜峰口"。

〔一三〕"三□虜穴",原文如此,疑當作"三犁虜穴"。

〔一四〕"觀評所皆有定見也",疑當作"觀所評皆有定見也"。《明史》卷一百四十七《解縉傳》作"觀所論列皆有定見"。

國史紀聞卷六

乙巳，洪熙元年正月壬申朔，上御殿，撤樂。

　　先是，呂震請：「元旦受賀，作樂如大朝儀。」不從。震固請，上曰：「山陵甫畢，忍遽即吉。朕旦日亦不欲出見群臣。」震曰：「萬國之人遠朝新主，皆欲一睹天顏。雖聖孝誠至，亦宜勉徇下情。」上顧學士楊士奇等，曰：「禮過矣。」對曰：「誠如聖諭，必欲俯徇輿情，亦不宜備禮。」上從之，遂命群臣止行五拜禮，樂懸不奏。次日，召士奇等曰：「為君以受直言為明，不受直言，則德日損；為臣以能直言為賢，不能直言，則忠不盡。若昨日從震言，今悔何及？賴卿等同心，遂免此失。自今遇朕行有未當，但直言之，毋以不從為慮。」各賜鈔幣。

朝鮮遣使朝賀，貢方物。

加楊士奇兼兵部尚書，黃淮少保、戶部尚書，金幼孜兼禮部尚書仍掌內制。

　　士奇、淮俱辭尚書俸，從之。榮、幼孜亦辭，以扈駕北征勞，不許。

罷朝覲官畜馬。

　　李慶言，今歲畜馬頗蕃，給軍外，尚餘數千。民間困弊，不可復散。今朝覲官皆集京師，請人給一馬，令牧之，准民間例。上令與蹇義、原吉議，皆從慶言。楊士奇力陳不可，曰：「朝廷以禮徵賢，授方面守令，乃以畜馬役之，是貴馬而賤官矣。」上曰：「慶誤朕，即當罷之。」已中止後兩日，士奇復奏，上曰：「偶忘耳。」當即批出。午刻，御思善門，召士奇曰：「朕豈真忘之？聞李慶輩交口妬爾。朕念爾孤立，慮為眾所傷，故不欲因汝言而罷。今有名矣。"出一疏示之，乃陝西按察司陳智言："按察司，所以肅庶官、貞百度，而令養馬，歲徵駒，與下民等，憲綱掃地矣。"上曰："就據此草敕，止散馬。"士奇叩首曰："古人有言：陛下知臣，臣不孤矣。"上曰："繼今令有不便，惟密與朕言。李慶輩不識大體，不足語也。但皆先朝舊臣，未可遽退之耳。"

建弘文閣，以楊溥掌閣事。

上親書印授溥曰："朕命卿左右，非止裨益學問，亦欲廣知民事，為理道助。如有建白，以此封識進。"其同事則侍講王璡、五經博士陳繼、編修楊敬、給事中何澄，直日輪對。

著養馬令。

上諭李慶曰："馬資於國用甚大，然當與民同利。民富，即國富也。漢文景時，閭巷有馬，千百為群，蓋民生樂業，庶物咸殖，馬自蕃息。先帝嘗聽民間畜馬，然有司急于官馬孳息，故民不暇及其私。今宜寬恤之，凡養官馬者，三歲納一駒，著為令。"

大祀天地於南郊，以太祖、太宗配。

赦。

詔二十八條：凡山場、園林、湖地、坑冶，原係民業者，聽民取之。四川茶課悉如洪武間例，徵納價、買民茶盡罷。

賜三公及六部尚書《天元玉曆祥異賦》。

上初得此書，示侍臣曰："天道人事，原非二途。有動于此，必應于彼。朕少侍太祖，每教以慎修敬天，朕未嘗敢怠。此書言簡理當，左右輔臣亦宜知之。"遂命刊布，親為之序。

詔：朝臣久者還鄉省墓，賜鈔有差。

公侯伯、一品、二品，賜鈔五千貫；三品，四千貫；四品，三千貫；五品，二千貫；六品、七品，一千貫；八品以下，皆五百貫。

日生左右珥，色赤黃，白虹貫之。

遣布政周翰、按察使胡概、參政葉春巡行南畿、浙江，察民利害。

二月，祭先農，耕籍田。

加國子祭酒胡儼爲太子賓客，致仕。

儼賦性朴諒，學問該博，然性少戇，不能委曲全交。初直內閣，同事者疾之，薦儼學行堪師表，遂改祭酒。儼在國學二十餘年，正身率教，士心翕然嚮慕。至是，以疾乞休，賜璽書加秩，致仕，復其家。

始頒各鎭總兵官印。

國初，立大都督，節制中外諸軍事。尋以權太重，設左、右都督，都督同僉事。洪武十三年，又以權專一，設中、左、右、前、後五軍都督府分領之。其錦衣宿衛親軍，不隸五府。若有征討之役，就中簡將，名"掛印將軍"。在外鎭守武臣原無掛印。至是，始頒各鎭總兵佩印：雲南征南將軍、大同征西前將軍、廣西征蠻將軍、遼東征虜前將軍、宣府鎭朔將軍、甘肅平羌將軍。後設薊州、淮安總兵，以在畿內，不得掛印稱將軍。

三月，以光祿署丞權謹爲文華殿大學士。

謹，滁州人。事母孝，母病，籲天求代。母卒，哀毀，廬墓三年。有司上其行，驛召至京。上曰："能孝者必忠。忠孝之人，可任輔導。"遂升是職。

贈故兵部尚書劉俊爲太子太傅。

上謂呂震曰："往劉俊從征交趾，陷賊不屈而死，禮官不言。婦人盡節于夫，且有旌典，況大臣捐軀爲國，可無褒恤乎？"遂贈官，謚忠愍。

五色雲見。

南京地震。

命外官滿三考者，聽給假省親省墓。

詔求直言。

除誹謗之禁。

上諭刑部尚書金純等曰："往法司以羅織爲功，能有片言涉及國事，遂論誹謗。中外相視成風，奸民嫁禍良善輒用此法，身家破滅，莫爲辨理。今覺此風又萌。夫治道，所急者求言，所患者以言爲諱。自今有告者，勿聽。"

趙王高燧之國彰德。

詔恤刑。

詔曰："朕恭承大統，爲生民主。夙夜思人命甚重，哀矜庶獄，惓惓在懷。夫刑以禁暴止邪，道民於善，豈專務誅殺哉？律令之制，罰之輕重，咸適厥中。顧執法之吏不能皆平，有虛飾其情，傅致死罪者，朕甚憫之。夫五刑之條，莫甚大辟，身首異處，斯已極矣。自今犯死罪，應凌遲者依律決，其餘罪止斬絞。法司毋得牽合傅會，以致冤濫。若一時過于嫉惡，律外用籍沒及凌遲之刑，當再三執奏，三奏不允，至五奏，五奏不允，同三公及大臣執奏，必允乃已。文武諸司亦不許用鞭背等刑以傷人命，尤不許加人宮刑，絕人嗣續。有自宮者，以不孝論。且人之爲非，固有父子不相謀者。虞舜罰弗及嗣，文王之世，罪人不孥。自今惟犯謀反大逆者連坐，餘止坐其身，毋得一概處以連坐之法。違者必罰，不貸。"

以楊溥爲太常卿兼翰林學士。

以胡濙爲太子賓客兼南京國子監祭酒。

命征夷將軍榮昌伯陳智率師討黎利。

徙岷王楩於武岡。

夏四月，免山東、淮安、徐州田租。

　　時，有至自南京者，上問道路所見，對曰："淮、徐及山東境內，民多乏食，而有司榷徵方急。"上遽命楊士奇草詔蠲恤，士奇言："當令戶部、工部與聞。"上曰："救民之窮，當如救焚拯溺，不可遲疑。有司慮國用不足，必爭。卿勿言。"命中官具楮筆，促士奇書詔。詔已發，顧士奇曰："汝今可與戶、工二部言，朕悉免之矣。"左右或言："地方千餘里，其間未必盡荒，宜有分別，庶恩施不濫。"上曰："恤民寧過厚，爲天下主，可與民寸寸計較耶？"

以戈謙爲都察院右副都御史，巡視四川。

　　時，有中官采木四川，貪橫厲民。上聞之，召謙諭曰："爾素清直，其往爲朕窮治之。朕自知爾，勿懷疑畏。"賜鈔，遣之。

寧王權請改封，不許。

　　寧王言江西非其封國，請改封。上諭之曰："王叔受封於先帝，已二十餘年，朕不敢違。"

遣漢王高煦子瞻圻於鳳陽，守皇陵。

　　高煦使瞻圻在北京伺察朝廷事，潛遣人馳報，一晝夜六七行。上知之，顧益厚遇，倍加歲祿，賜賚萬計。先是，瞻圻憾父殺其母，屢發父過惡。至是，高煦悉上瞻圻前後覘報中朝事，又曰："廷議，旦夕發兵取安樂。"上召瞻圻，示之曰："汝處父子兄弟間，讒搆至此乎？穉子不足誅。"遣鳳陽，守皇陵。

賜皇太子"中正"圖書。

　　并以書諭之曰："中正，體用一也。不偏不倚，無過不及，天下萬善皆原於此。人以中正存諸內，則發於喜怒哀樂，無非道也；以中正施諸行，則形於動靜云爲，無非德也。君人者，中天下而立，以正天下之表，可不敬於內，慎所發哉？故以中正成身，則身尊；以中正治家，則家齊。惟中正之人是親，則君子益進，小人益遠；惟中正之言是聽，則善道日開，讒諂日退。行賞以中正，則仁不濫而人皆戀功；行罰以中正，則刑不濫而人皆畏罪。以中正施政教，則治道可成而俗化可興；以中正施命令，則萬姓服從而四夷效順。爾懋敬之。"

南京地震，命皇太子謁皇陵、孝陵。

　　南京屢奏地震，群臣或請親王及重臣守之。上曰："非皇太子不可。"遂有是命。時，有星變，上問蹇義等曰："夜來星變，曾見否？"皆對曰："未見。"上曰："士奇當知之。"士奇對曰："臣愚，亦不能知之。"上曰："天命也。"嘆息而起。又明日，召義、士奇諭曰："朕監國二十年，讒慝交搆，心之艱危，吾三人共之。賴皇考仁明，得遂保全。"言已泫然，二人亦流涕。上曰："即吾不幸，後誰復知吾三人同心者？"遂出二印賜之，義曰"忠貞"，士奇曰"貞一"。

　　時，近臣有上言太平者，楊士奇進曰："流徙未歸，瘡痍未復，遠近民猶艱食，須休息二三年，庶幾人皆得所。"上嘉納之，因曰："朕與諸卿，相與出自誠心。去年各與'繩愆糾謬'圖書，切望匡輔。惟士奇曾封五章，餘皆無言。豈朝政盡無闕？生民果皆安乎？"義等頓首，有慚色。

乙卯，謁長陵。

己未，帝回宮。

夏五月，修《太宗文皇實錄》。

下監察御史李時勉、羅汝敬于獄。

　　時，勉以時政違節，上疏言之。上怒，縛至便殿，命武士撲以金瓜，肋斷其三，曳出，不能言。時，汝敬亦以言事得罪，俱下錦衣獄。

諭吏部慎選御史。

上諭蹇義曰："御史，朝廷耳目之官，惟老成識治體者可任。新進小生遽受斯職，未達政體，而有可爲之權，遇事風生，以喜怒爲威福，以好惡爲是非，甚者貪穢無籍。賢人君子正直不阿，往往被其凌辱。小人阿順從諛，則相與爲膠漆。其於政事得失、軍民利病略不用心，安在其爲耳目也？自今須慎選擇。"既又嘆曰："都御史，十三道之表，如廉清公正，御史雖間有不才，亦當畏憚。今之不才者，無畏憚矣。其咨訪可任都御史者，以聞。"

庚辰，帝不豫，遣中官海壽召皇太子於南京。

辛巳，帝崩於欽安殿。

帝天性仁愛，洞知民隱。洪武中，太祖嘗召秦、晉、燕、周四世子入侍。一日，令上閱皇城衛卒，還奏遲，問："何後也？"對曰："旦寒甚，衛士方食，俟食既，乃閱，以故遲。"太祖喜曰："孺子知恤下人乎？"又令閱奏疏，獨取言及民瘼者上之。太祖喜曰："兒生長深宮，乃亦知民間疾苦乎？"嘗問："堯九年水，湯七年旱，當時百姓奚所恃？"對曰："恃聖人有恤民之政耳。"太祖又喜，稱善。

在東宮，爲漢、趙二王讒間，幾危者數，以妃有賢德，太孫英武，故得不廢。嘗泣曰："吾知盡子職而已，他不暇慮也。"及即位，恭儉慈祥，視民如子，蠲賑數下，嚴謹邊備，不勤遠略。邊將陛辭，每戒曰："民力罷矣，慎無貪功。虜至塞，驅之而已，毋爲首禍。違命獲功，吾所不賞。"屢敕法司，崇寬厚，戒深刻。然極惡贓吏，每曰："恤民必自去贓吏。"始重學校，嚴薦舉，知人善任，推誠不疑。樂聞直言，間有咈逆，旋即悔悟。雅志篤學，六經皆通，每事必問祖法。又曰："循祖宗之法者，當明祖宗之心。"嘗録太祖皇陵碑文，授諸子，俾知祖宗創業艱難。享壽四十八，崩之日，百姓如喪慈父。時，以皇太子未至，不發喪。

六月辛丑，皇太子至自南京。

皇太子至良鄉，宮中始發喪。皇太子至宮門外，披跣詣靈前，哭，盡哀，幾絶。

庚戌，皇太子即皇帝位，改明年元曰宣德。

大赦天下。

罷浙江參議王和、遠昱，陝西僉事韓善。

和等皆坐贓，遇赦，吏部奏擬還職。上曰："士大夫當務廉恥。古人不飲盜泉，蓋惡其名也。三人者皆貪汙，豈可復任方面？"悉罷爲民。

諭户部賑荒，先給後聞。

河南新安知縣陶鎔奏："歲荒民饑，欲待申報，而民命危在旦夕。先借倉糧給之，俟秋成還官。"上謂夏原吉曰："知縣所行良是。往見有司不體人情，苟有饑荒，必須申報，展轉勘實，賑濟失待〔一〕，民多饑死。鎔先給後聞，能稱任使，毋以專擅罪之。"

南京地震。

秋七月，尊皇后張氏爲皇太后，上大行皇帝謚號。

曰敬天體道純誠至德弘文欽武章聖達孝昭皇帝，廟號仁宗。

立妃胡氏爲皇后。

定會試分南、北取士例。

先是，仁宗與侍臣論科舉之弊，士奇對曰："科舉須兼取南北士。"仁宗曰："北人學問，遠不逮南人。"對曰："長才大器，多出北方，南人浮華少實用。請每百人南六北四，則人才皆入用矣。"仁宗曰："北士得進，而北方學者亦感發興起。嚮緣無進用者，故怠惰成風。汝言良是。"命與蹇義、夏原吉計議以聞。議定未上，會晏駕。上嗣位始，奏行之。後復定南、北、中卷，以百名爲率，南北各分五名爲中卷。北卷則北直、山東、河南、山西、陝西；中卷則四川、廣西、雲南、貴州及鳳陽、廬州二府，徐、滁、和三州；餘皆南卷。

閏七月，修《仁宗昭皇帝實錄》。

改文華殿大學士權謹爲通政司參議，令致仕。

> 謹質實，有操履，而文學非其所長，又年老故也。

八月，減織造。

> 工部奏："内府供用羅紵九千疋，請下蘇、杭織造。"上以民力艱難，減其半。又言："造御用器皿，物料不足，請市之民間。"上曰："昔漢文帝服御、帷帳無文繡，史稱其賢。朕方慕之，以儉率下，器用皆從朴素，不事華靡。物料不足，取給内庫，毋擾百姓也。"

九月，葬獻陵。

冬十月丙寅朔，日有食之。

十一月，命平江伯陳瑄鎮守淮安兼都督漕運。

敕榮昌伯陳智、都督方政進兵討黎利。

> 陳洽奏："黎利名雖求降，實則携二，招聚逆黨，日以滋蔓。望早滅此賊，以靖遐方。"上乃敕責陳智等曰："黎利包藏禍心，已非一日。誤信人言，惟事招撫，延今八年，終不聽命，養成猖獗之勢，使忠臣罹害，良民被毒，是誰之過？敕至，急進兵，若來春捷報不至，責有所歸。"

十二月，南京地震。

瓦剌馬哈木立故元孽脫脫不花爲可汗。

馬哈木破阿魯台，欲自立，衆心不附。乃立脫脫不花爲可汗，居漠北。馬哈木居瓦剌。

宣宗章皇帝。

丙午，宣德元年春正月，金幼孜憂去，尋起復。

大祀天地于南郊。

封虜瓦剌捏烈忽爲賢義王，脫歡爲順寧王。

捏忽烈[二]，太平子。脫歡，馬哈木子。

二月，免邊軍歲辦柴炭。

初，都督府歲供柴炭役及邊軍。至是，陽武侯薛禄以爲言，上即命罷其役。

禮部上《籍田儀注》。

上觀之，謂侍臣曰："先王制籍田以奉粢盛，以率天下務農。天子、公卿躬秉耒耜，所貴有實心耳。人君誠念稼穡艱難，愛恤蒼生，使明德達于神明，則黍稷之薦不待親耕矣。誠輕徭薄斂，貴農重穀，禁止遊食，則人咸樂於耕稼，不待勸率矣。不然。三推、五推何益？"侍臣對曰："先王制禮有本有文，陛下言及此，宗社蒼生之福也。"

三月，陳智、方政與黎利戰於茶籠州，敗績。

以張瑛爲禮部左侍郎兼華蓋殿大學士，直文淵閣。

夏四月，吕震卒，以胡濙爲禮部尚書。

以成山侯王通爲征夷將軍，帥師討交趾，削陳智、方政官爵。

上視朝罷，御文華殿，蹇義、夏原吉、楊士奇、楊榮侍。上曰："《祖訓》有云：四方諸夷，限山隔海，僻在一隅，得其地不足供給，得其民不足使令。安南黎氏弑主篡國，毒害生民。太宗不得已，有弔伐之師，初意討平黎賊，即求前王子孫立之，蓋興滅繼絶之盛心也。而前王子孫戕殺已盡，乃徇土人之情，建郡縣，置官守，實非太宗本心。自是以來，交趾無歲不用兵，一方生靈荼毒已多，中國亦疲於奔走矣。皇考常念及此，爲之惻然。昨遣將出師，朕通夕不寧，誠不忍生靈無辜戕于鋒鏑之下也。今欲如洪武中，使自爲一國，歲奉職貢，以全一方民命，休息中國，如何？"義等皆未有對。上曰："此固祖宗之心。"義、原吉對曰："太宗平定此方，勞費多矣。今小醜作孽，何患不克？若以二十年之勤勞一旦棄之，豈不可惜？"上顧士奇、榮，曰："卿兩人云何？"對曰："陛下此心，固天地祖宗之心。交趾於唐虞三代，皆在荒服之外。當時不有其地，而堯、舜、禹、湯、文、武不失爲聖君。漢唐以來，雖常爲郡縣，叛服不常，喪師費財，不可殫紀。漢元帝時，珠厓反，發兵擊之，連年不定，有司議罷珠厓郡，前史稱之。元帝中主，猶能如此，況陛下父母天下，何用與此豺豕輩校得失耶？"原吉曰："容臣等更思之。"明日，士奇、榮奏事畢，上曰："昨所論交趾事，朕意定矣。卿兩人與朕同，第未可遽言耳。"

阿魯台、脱歡各遣使入貢。

命吏部慎選官。

上諭蹇義曰："庶官賢否，關國家治亂。一事得人，則一事理；一邑得人，則一邑安。掌銓衡者以進賢、退不肖爲職，不可不慎。"

《外戚事鑒》、《歷代臣鑒》二書成，頒賜群臣。

五月，審録罪囚。

上諭法司曰："古者，孟夏斷薄刑，出輕繋；仲夏，拔重囚〔三〕，益其食。所以順時令，重人命也。祖宗時，每遇嚴寒、盛暑，必命法司審錄囚繫。朕體祖宗之心，敬慎刑獄，冀不枉民。今天氣炎蒸，不分輕重悉繫之，非欽恤之道。即量罪輕重，區別之，務存平恕，毋深刻。"

七月，命六科給事中，凡内官傳旨，皆覆奏後行。

八月，漢王高煦反，上親征至樂安，執高煦以歸。

初，上自南京奔喪，高煦以兵邀于途，不及。及上即位，賜賚視他府特厚，凡有請及言朝政，皆曲徇其意。高煦逆謀益肆，是月壬戌遂反。立五軍，偽授指揮王斌等為都督等官統之。部署已定，遣枚青潛入京，約張輔內應。輔暮夜繫青以聞。時，樂安人御史李濬家居，亦變姓名，間道詣京上變。上遣中官侯太賜高煦書，言："枚青來言叔父督過朝廷，予不信。皇考至親惟二叔，予所賴亦惟二叔。小人離間，不得不敷露中懇。且傳播驚疑，恐有乘間竊發者，不得不為之備。惟叔鑒之。"太至樂安，高煦盛陳兵見太，不拜敕，大言曰："太宗信讒，削我護衛，徙我樂安。仁宗徒以金帛餌我，今又輒以祖宗舊制繩我，殊令人鬱鬱，豈能久居此？汝觀我士馬，豈不橫行天下？還報上，急縛奸臣來，徐議吾所欲。"太懼，唯唯歸。上問："高煦何言？"太對無所言。上曰："太二心。"已而，從官具陳所見，上大怒。

高煦遣百户陳剛上疏，指斥朝廷，詞甚悖慢。又斥二三大臣夏原吉等為奸邪，並索誅之。上嘆曰："高煦果反矣。"議遣陽武侯薛禄討之，楊榮力言不可，勸上親征。上有難色，顧夏原吉，原吉曰："往事可鑒，臣見諸將語臣兵事輒泣，臨事可知。兵貴神速，卷甲趨之，所謂先人有奪人之心也。"榮言是，上意乃決，遂下詔親征。張輔請曰："高煦素怯，今所擁非有謀能戰者。願假臣兵二萬，俘獻闕下。"上曰："卿誠足辦此，顧朕新即位，小人或懷二心，行決矣。"乙丑，命黃淮、黃福輔鄭、襄二王留守北京，蹇義、楊士奇及原吉、榮皆扈行，陽武侯爲先鋒，遂發京師。途中，馬上顧問從臣曰："試度高煦計將安出？"或對曰："樂安城小，必先取濟南爲巢窟。"或曰："彼曩不肯離南京，今必引兵南去。"上曰："不然，濟南雖近，未易攻；聞大軍至，亦不暇攻。護軍家在樂安，不肯棄此南走。高煦外多誇詐，內實怯懦，臨事狐疑，展轉不能斷。今敢反，輕朕少年新立，衆心未附。又謂朕不能親征，即遣將來，得以厚利餌之，幸成事。今聞朕行，已膽落，尚敢戰乎？至即擒矣。"已獲樂安歸正人，言："高煦初聞陽武侯將兵，攘臂喜曰：'此易與耳。'聞親征，始懼。朱恒，南京人，力言：'宜引精兵取南京，得南京，大事可成。'衆不從曰：'爾顧赴家，奈我輩何？'"上仍書諭高煦曰："張敖失國，本之貫高；淮南受誅，始於伍被。今六師壓境，王能擒獻首謀，朕與王除過，恩禮如初。不然，大兵臨城，或以王爲奇貨，悔無及矣。"辛巳，上至樂安，諸將請即攻城。上不許，再諭高煦，皆不答。圍中人多欲執獻高煦者，高煦密遣人詣行幄，願假今夕，訣妻子，明旦出歸罪。上許之。是夜，高煦盡焚兵器及交通逆謀書。詰旦，將出，王斌等力止曰："寧一戰死，無爲人擒。"高煦紿斌等復入宮，遂潛從間道出。見上，頓首言："臣罪萬死，惟陛下命。"上令高煦爲書召諸子，赦城中，罪止同謀，脅從不問。執王斌等，令張本鎮撫，樂安改爲武定，遂班師。王斌等至京，皆伏誅，凡六百四十餘人。惟長史李默以嘗諫，免死，謫爲民。高煦免爲庶人，繫大內逍遙城。後上欲往觀，左右力止，不聽。及至，熟視久之，高煦出不意，伸一足，仆上于地。上怒，命力士昇銅缸覆之，積炭熾其上，須臾死。諸子并死。

九月，上還京。

遣駙馬都尉廣平侯袁容、左都御史劉觀諭趙王高燧。

上征高煦還，戶部侍郎陳山迎至單家橋，遂言曰："趙王與漢逆謀，久矣。今宜以六師移之，否亦反側不自安。異日，復爲朝廷憂。"楊榮亦力贊上，楊士奇以爲不可。山又邀蹇義、夏原吉共請，上不忍，曰："先帝友愛二弟。漢王自絕於天，朕不敢赦。趙王反形未著，朕終不忍負先帝也。"高煦至京，又言："嘗與趙通謀。"上以漢庶人詞、群臣奏章遣容等持示王。王大懼，即獻護衛，且上表謝恩。

冬十月，復以李時勉爲翰林侍讀。

上怒時勉言懟，觸仁宗怒，令于獄縛時勉，面鞫，將殺之。尋又令王指揮縛時勉，即斬西市。王出，與先使者相左，時勉得至上前。上復憐時勉忠臣，能直言，立脫桎梏，復其官，升侍讀學士。

十一月，王通與黎利戰，敗績，尚書陳洽死之。

通引兵渡河，擊賊，戰寧橋。洽力言："賊狡，有伏誘我，不可出。"通不聽，遇賊，洽力戰不支，被執，不屈死之。事聞，上曰："大臣以忠殉國，一代幾人？"贈少保，諡節愍。

大學士黃淮罷。

淮以疾乞骸骨，許之。

平州知州何忠爲黎利所執，死之。

忠初爲御史，以言事出知平州，明惠有聲。黎賊侵圍鎮城，藩鎮詭與賊和，且請赦朝廷，遣忠同酋陳渭老表謝，而密請益兵征剿。至昌江，內使徐訓泄其謀，賊執忠，使降，且舉酒酌忠曰："能從我，同享富貴。"忠大罵曰："狗奴，吾天朝臣，豈食汝犬彘之食？"奮杯擲虜面，流血盈頤，遂遇害。

以沐晟爲征南將軍，柳升爲征虜將軍，帥師分道討黎利。黄福仍掌交趾布、按二司事。

柳升出廣西，保定伯梁銘副之；沐晟出雲南，興安伯徐亨、新寧伯譚忠副之。兵部尚書李慶參贊軍務。上令慶舉部臣中有才略者自助，慶舉郎中史安、主事陳鏞等十人偕行。

以張本爲兵部尚書。

以陳祚爲監察御史。

祚，永樂中爲河南右參議，以言事謫武當山佃户，躬自耕作，勞役者十年。至是，召爲監察御史。

丁未，二年春正月庚寅朔。

申明屯田法。

上謂侍臣曰："今海內無事，軍士量留守備，餘悉屯田，可省養兵之費。且軍士平日不習勞苦，遇有征調，畏難思避。使之耕種服勞，農隙習武，亦無驕惰之患矣。"

賜百官上元節假十日。

自是，歲以爲常，俾各得燕飲爲樂。

二月，以户部左侍郎陳山爲尚書兼謹身殿大學士，直文淵閣。

進張瑛禮部尚書。

黎利攻交趾城，王通擊敗之。

諸將言："宜乘勢亟擊。"通猶豫不決，賊衆復聚。

南京地震。

三月，戒群臣。

敕曰："惟爾群臣，執德以廉爲要，廉者法之公，而政得其平；治人以仁爲本，仁者施之厚，而下得其所。忠以奉國，敬以勤事。古之良臣，率由斯道，其勗之哉。"

時，有進《豳風·七月》圖者，上喜受之。顧侍臣曰："此見周公立國之本、周公輔成王之心。當時，君民相親如父子，此周之王業所以久也。"

上與夏原吉等語及古人信讒事，曰："讒慝之人，真能變白爲黑，誣正爲邪？聽其言若忠，究其心則險。是以舜聖讒說，孔子遠佞人，唐太宗以爲國之賊。朕於此輩，每切防閑，若萌必杜，不使奸言得入，枉害忠良。汲黯正直，奸邪寢謀。卿等亦宜爲法。"

一日，儒臣講《孟子》，上曰："伯夷、太公，皆處海濱而歸文王。及武王伐紂，太公佐之，伯夷扣馬而諫，所見何以不同？"對曰："太公以救民爲心，伯夷以君臣之義爲重。"上曰："太公之心在當時，伯夷之心在萬世，無非爲天下生民計也。"

上與侍臣論理兵經國之道，曰："宋太祖承五代分裂之餘，芟平諸國。太宗繼之，并有吳越，親下太原。當時，兵力足以混一，而幽薊之地終不能復，何也？"對曰："自石晉以關南諸郡賂契丹，飛狐以東重關復嶺爲虜所有。幽薊之南，平壤千里，蕃漢共之，用兵不易也。"上曰："御狄之道，守備爲先。彼得其險，已非我利。況當時契丹強盛，無可乘之機乎？然使宋之子孫，謹守憲章，恒如開寶、淳化之時，亦足以保有成業，乃熙寧至宣和，小人用事，國多弊政，遂致金虜之禍。高宗南渡，并中原而棄之，國勢陵夷，有其漸矣。"

上御文華殿，儒臣講《易》"觀大象"畢，上曰："古帝王有巡狩之禮，後世何以不行？"對曰："古之君臣，上下往來，以通禮意，至秦尊君抑臣，斯禮遂廢。"上曰："亦時勢不同也。舜當時，五載一巡狩。觀《虞書》所載，一年遍天下。後世人君，一出千乘萬騎，百姓供億，勞敝不堪。成周十二年一巡，已與虞時不同矣。況後世乎？朕以爲治貴有實效，巡狩之禮，考制度，觀民風，明黜陟，此其大略也。誠能體古帝王之心，選任賢良，撫養百姓，崇德報功，畢協至公，不患制度不一，民風不振。若以後世侍衞之衆，征求之廣，欲行時巡之禮，難矣。"

策士於奉天殿，賜進士馬愉等一百一人及第出身有差。

上既發策，退御左順門，謂儒臣曰："國家取士，科目爲先，貴得真才，以資任用。古人取士於鄉，其行藝素定，朝廷復辨其官才，所以得人爲盛。後世惟考其文學，欲得真才，難矣。然文章本乎學識，有實學者，其言多剴切；無實見者，其言多浮靡。唐虞取士，亦嘗敷奏以言，況士習視朝廷所尚，朝廷尚典實，則士習日趨于厚；朝廷尚浮華，則士習日趨于薄。此在激勵之有道耳。爾等精擇之，朕將親覽焉。"

夏四月，晋王濟熿有罪，廢爲庶人，安置鳳陽。復濟熺爲晋王。

初，濟熿既陷濟熺，得嗣王。又誣承奉左徵佐濟熺爲逆，逮治京師。濟熿益驕橫，百方幽苦濟熺父子。恭王有老媼，不能平，走訴文皇，立出左徵於獄，令馳召濟熺父子。時，濟熺囚空室已十年，而府中亦言左徵死矣。徵至，一府大驚。徵至空室，解濟熺縲紲，相抱大慟。濟熺見文皇，病憊甚。上惻然，不直濟熿。遂封美圭爲平陽王，俾奉父居平陽。恭王故有田在平陽，因與美圭。濟熿由是怨望，出悖語，又奪美圭田。美圭以聞，仁宗諭還之，濟熿不從。仁宗以書諭濟熿曰："美圭父子困頓多年，《詩》曰：'脊令在原，兄弟急難。'每用吟咏，感念無已。緬惟賢弟，同吾此心。"濟熿得書，不悛，益廣致妖巫，造呪詛。仁宗崩，不服喪。上即位，憐濟熺父子，時時問勞。濟熿自度罪不可解，遣人結高煦，謀不軌，擅取屯糧十萬給護軍，造兵器。上擒高煦，得濟熿與交通書。寧化王濟焕與内使劉信交發其奸逆狀，又言："濟熿毒弑其母。"上召濟熿至，訊之，濟熿頓首伏罪，遂免爲庶人，屏之鳳陽，復濟熺爲王。

黎利陷昌江，都指揮李任、指揮顧福、劉順死之。

任等守昌江，前後與賊三十餘戰，輒破賊。賊益兵攻之，九閲月，糧盡，衆困，不能戰。賊梯登城，任猶率死士巷戰，不勝，與顧福皆自刎死。劉順及内宦馮智自經死。城中軍校不肯降賊，死者數千人。賊縱火焚民居，劫掠一空。

王通與黎利和，利上表，貢方物。

通自寧橋之敗，氣大沮喪。黎利致書請和，通以柳升師雖出，道路多梗，未能猝至，遂許利和，且許割清化等州地與利。按察使楊時習曰："奉命征討，乃與賊和，棄地旋師，何以逃罪？"通厲聲叱之曰："非常之事，惟非常人能之。汝何所知？"諸將不敢復言。利遣人進表及方物，通聞于朝。

五月，簡用罷黜庶官。

吏部上言："自永樂十九年迄今，遣回庶官四千三百餘人，居鄉多不循分，持官府短長。請悉召至京，考驗才能，可用者以次序銓，否罷爲民。"從之。

和寧王阿魯台、順寧王脱歡各遣使入貢。

秋七月，逮顧興祖下獄。

黎利攻隘留關，興祖擁兵南寧，不救，城遂陷。逮興祖下獄。

以都督山雲爲征蠻將軍，鎮守廣西。

廣西溪洞猺獞叛服不常，歲殺掠吏民萬計。雲至鎮，嚴號令，公賞罰，每與賊戰，身先士卒，前後討廣源、柳潯、平樂、慶遠諸蠻，斬首萬餘級。自是，蠻夷畏服，嶺南無警。雲沉毅，善用兵，廉正自持，淡然儒素。帥府有老卒鄭牢者，鯁直敢言，雲呼試問曰："世謂爲將者不忌貪，廣西饒珍貨，我亦可貪否？"牢曰："白袍點墨，終不可湔。"雲曰："人言土夷饋送，苟不納，彼疑且忿，奈何？"牢曰："居官黷貨，國憲甚嚴，公不畏朝廷，畏夷人耶？"雲舉手謝曰："教我，教我。"居廣西十餘年，始終操守不渝。

禁有司沮格詔令。

上御便殿，問侍臣曰："聞朝廷下寬恤之令，或爲有司沮格，誠有之乎？"對曰："亦間有之。"上曰："治天下，以信爲本。朕每出一詔令，必預度可行可守而後發。不然，恐失信於民。而臣反沮格於下，不忠孰大焉？"侍臣對曰："此實有司負陛下，請嚴禁之。"

九月，柳升遇賊於隘留關，敗歿。

升等師至隘留關，黎利具書遣人詣軍門，乞罷兵息民，立陳氏後。升受書不啓。時，賊於官軍所經處悉列柵拒守，升連破之，直抵鎮夷關，如入無人之境。升有矜色，史安、陳鏞言于李慶曰："總戎驕矣。夷情譎詐，不可以屢敗忽之，安知不示弱以誘我？公宜力言之。"時慶病，強起與升言，升唯唯，實無戒意。至倒馬坡，獨與百騎前進，既渡，橋遽壞，後隊阻，不得進。伏兵四起，升中鏢死。次日，梁銘、李慶皆病死。崔聚率兵進至昌江，遇賊，死戰，軍潰，被執。賊大呼："降者不殺。"官軍或死或奔，竟無降者。史安、陳鏞、李宗昉等皆死，惟主事潘原大脫歸。黃福爲賊所得，皆下馬羅拜，泣曰："我父也，公向不北歸，我曹不至此。"福諭以順逆，賊不忍加害，乘以肩輿，贈之金，送出境。至龍州，悉以所贈歸之官。

逮浙江按察使林碩，尋宥之。

時，中官裴可立督事浙江，有湯千戶者以賄結之，甚見寵信。因漁獵百姓，驅迫郡縣，無不承順。碩時初至，振舉憲法，湯俱不容，譖於裴。裴亦畏碩，遂奏：「碩誹謗，沮格詔旨。」上遣人逮碩至，親問之曰：「爾勿怖，但以實對。」碩言：「臣往爲御史，按浙江，小人多不便。臣今至浙未久，與中官亦無乖迕。惟左右舊不便臣者，設謀造詐，欲去臣，以自便耳。」上曰：「朕固未信。」即令馳驛復任，而降敕切責可立。

王通與黎利盟，棄交趾還。

柳升等既敗死，通大懼，乃集將士議，以城不可守，不若全師北歸。衆從之。乃與黎利約和，且爲利請立陳氏後於朝，遂棄交州城，引師還。

黎利寇陷諒江府，知府劉子輔死之。

子輔，廬陵人。初爲廣東按察使，坐累，左遷知諒江，撫民如子。時，寇熾甚，他郡皆陷。子輔與守將死守數月，食已盡，人無叛志。寇攻益力，遂破城。子輔見事不支，曰：「吾奉命守郡，郡亡與亡，義不可汙賊手。」遂自經死。一子一妾先子輔死，城中兵皆力鬭死，無一人降者。

十月，遣禮部侍郎李琦、工部侍郎羅汝敬立陳暠爲安南國王，詔文武將吏還。

黎利詭言：「故安南王三世孫暠，嚮在老撾。今始求得之，乞立爲陳氏後。」并僞爲暠表請封，王通以聞。上會群臣議之，張輔曰：「此利譎計，不可從。將士勞苦數年，然後得之，當益發兵，誅此賊耳。」蹇義、夏原吉曰：「與之無名，徒[四]示弱於天下。」上又召楊榮、楊士奇問之，榮曰：「永樂中，費數萬人命始得此。至今勞者未息，困者未蘇，發兵之說必不可從。不若因其請而與之，可轉禍爲福。」士奇曰：「榮言是，求立陳氏後者，太宗之初心。求之不得，乃郡縣其地。數年來，兵民困於交趾之役極矣。此皆祖宗赤子，行祖宗之心，以保祖宗赤子，此正陛下盛德，何謂無名？"上曰："汝兩人言正合吾意。論者不達止戈之意，必謂從之不武，但得民安，朕何恤人言？"遂遣琦、汝敬賫詔撫諭安南，册封暠爲王，使交趾官吏軍士各攜家還。琦等未發，王通已狼狽而歸，委棄資仗不可勝計。而中國人多爲利閉留不遣，得還者止八萬四千六百餘人。

十一月，皇太子生，大赦。

十二月，遣科道官清軍。

南京户部尚書師逵卒。

逵起太學，歷御史、按察使，堅貞有風裁。靖難後，升兵部侍郎，改吏部，尋升南京户部尚書兼領吏部。文皇北巡時，嘗問："仁宗南京群臣，孰廉？"對曰："皆廉。"文皇曰："從朕北來者，率好貨，惟師逵一人廉耳。"

以薛瑄爲監察御史。

瑄，河津人。幼穎悟，年十二能詩賦，及讀周、程、張、朱書，嘆曰："此道學正脉也。"遂焚所作詩賦，潛心理學，至忘寢食。舉鄉試第一，登進士。至是，授御史。內閣楊士奇等令人邀瑄一識面，瑄曰："瑄忝糾劾之任，無私交理。"一日，三楊於班行中尋識之，曰："薛公見且不可得，況得而屈乎？"稱嘆不已。

以王驥爲兵部尚書。

戊申，三年春正月。

二月，立皇子祁鎮爲皇太子。

皇后胡氏遜居別宮，立貴妃孫氏爲皇后。

上召蹇義、夏原吉、楊士奇、楊榮諭之曰："有一大事與卿等議，誠出不得已，然朕亦決矣。朕年三十未有子，中宮屢產而不育。日者言：中宮祿命不宜子。今幸貴妃生子，已立爲嗣，母從子貴，古亦有之。但今何以處中宮？"因舉后過失數事。義等唯唯，楊士奇亦不敢力爭，但曰："願善處中宮。"遂退后，居別宮，號慈靜仙師，而立貴妃爲后。

封孫忠爲會昌伯。

后父也。

敕諭各部法司。

敕吏部者，有曰："官不必備，惟在得人。今事不加多，而額外添注，紛紛倖位，苟祿偷安，可不釐正？吏員考滿，歲以千計，不分淑慝，一概受官，廉能幾何？貪鄙塞路，可不精擇？數詔求賢，期得真才，而或以親故，或以貨賂，徇私濫舉，可不覈實？"

敕戶部者，有曰："財賦，國之大計，出入有節，則國不至於空虛；調度有方，則民不疲於輸轉。京師充實，足以馭四方；郡邑充實，足以備荒歉；邊境充實，足以禦外侮。比年遠近困於轉運，而京師不足。倉廩所儲爲奸盜藪，遣官催征，往往乘爲貪濁。商販之徒，阻滯鈔法。爾宜審之。"

敕禮部者，有曰："學校所以興賢，必求實效；旌表所以勸俗，必求實行。"

敕工部者，有曰："國家用度，皆出於民，過用於上，必過取於下。財匱民貧，何以爲國？凡所興作，審度緩急，爲之節制，以息民力，以紓國用；至若屯田水利，皆有成法。因循廢弛，罔聞實效，當修舉之。"

諭法司者曰："比聞刑罰失當，或畏權豪徇其請托，或念恩怨因而復報，或弄刀筆輕重人情，或肆箠楚鍛鍊成獄，甚至貪圖賄賂，顛倒是非，以致無辜含冤，有罪幸免，此何心哉？明有國法，幽有神譴，爾其慎之。"

上御文華殿，謂侍臣曰："朕觀先王治民，有本有末，制田里以給衣食，設學校以明教化，不幸而有頑嚚者，然後刑之，蓋非得已。然觀肉刑，亦過於慘。"侍臣曰："古人用肉刑，故人自愛而重犯法。至漢文帝除之，自是，人輕犯法。"上曰："古人教民之道備，故犯法者少；後世教民之道失，故犯法者多，不係于肉刑之存否。舜法有流宥、金贖，而四凶之罪，止于流放竄殛。可見，當時被肉刑者必皆重罪。況漢承秦弊，挾書有律，若概用肉刑，傷殘者多矣。以不教之民，而遽斷其支體，刻其肌膚，亦所不忍。唐以笞、杖、徒、流、死爲五刑，亦良法也。文帝除肉刑，唐太宗觀《明堂針灸圖》，禁鞭背，皆後世仁政。文帝培漢之國脉，太宗肇啓唐祚，享國長久，有以哉。"

上與侍臣論歷代户口盛衰，曰："漢尚〔五〕至文景，民庶大增。武帝征伐不息，十數年間，民數減半。隋文帝恭儉，大業之初，户口極盛。煬帝荒淫，役人以百萬計。丁男不足，役及婦人。由是，天下之民聚而爲盜。唐貞觀以後，户口日增，至開元極盛。安史之亂，遂至大耗。其盛也，本於休養生息；其衰也，必由土木兵戈。豈非恃其富庶，而不知警戒乎？漢武末年乃知悔過，煬帝遂以亡國，玄宗至於播遷，皆足爲後世戒。"

御製《帝訓》及《官箴》二書成。

三月，召蹇義、夏原吉、楊士奇、楊榮同遊西苑。

上召義等及翰林官十八人，從遊西苑萬歲山，許乘馬，中官導引，登山周覽，復泛太液池。上曰："天下無事，雖不可流於安逸，而政務之暇，命卿等至此，以開豁心目，庶幾古人遊豫之樂。"賜宴，盡歡而罷。

賑山西饑民。

工部侍郎李新自河南還,言:"山西民饑,流徙至南陽諸郡十餘萬,有司遣人捕逐,死亡甚多。"上謂夏原吉曰:"民饑流移,豈其得已?仁人君子,所宜矜念。昔富弼知青州,飲食、居處、醫藥皆爲區畫,所活至五十餘萬。今乃驅逐,使之失所,不仁甚矣。即遣官撫綏,發廩賑之,有捕治者罪。"

四月,以黃福爲戶部尚書。

時,諸大臣蹇義等多將順上意,惟福持正不阿。上命觀戲,曰:"臣性不好觀。"命奕,曰:"臣不能。臣幼時,父師嚴,止教讀書,不教無益之事。"上頗不樂。

裁冗員。

閏四月,王通、山壽、馬騏下獄,籍其家。蔡福伏誅。贈安南死事諸臣。

通至京,群臣交効[六]之,下廷鞫論。通喪師棄地,山壽曲護叛賊,馬騏激變藩方,皆論死,繫詔獄,籍其家。梁瑛、陳智、李安、方政、戈謙坐罪有差。蔡福守又安,被賊圍,福不戰,率指揮朱廣、薛聚、于瓚、魯貴、千戶李忠降賊,教賊造攻具,攻東關。我兵九千餘人憤欲焚賊營,福又報賊,盡殲之。至和州城下,呼城中人出降,爲羅通大罵而去。至是,與廣等悉棄市。

群臣又劾:"沐晟奉命與柳升犄角進兵,顧逗遛逾時,與升聲聞斷絶,賊得專力拒我。及聞升陷没,又不進援。乞寘之法。"上曲赦晟。

五月,作《酒諭》示百官。

時,郎官、御史以酗酒相繼敗,故作《酒諭》。

李琦、羅汝敬還自交趾。

黎利表言："陳暠病卒，乞自守國，俟命。"復遣羅汝敬諭利，訪陳氏後以聞。

下工部尚書吴中于獄。

中私以官物遣[七]太監楊慶作私第，甚弘壯。上登皇城樓遥望，見之，問左右，得實，遂下中獄。

秋七月，以顧佐爲右都御史。

上朝罷，召楊榮、楊士奇至文華門，曰："京師，端本澄源之地，朝臣貪濁，奈何？"士奇對曰："貪風，永樂末已有之，但至今甚耳。"上問："何如？"對曰："十五六年以後，太宗以疾多，不視朝。扈從之臣請托賄賂，公行無忌。"榮曰："當時貪者，方賓最甚。"上問："今日之貪，誰最者？"榮對曰："莫甚劉觀。"上撫掌，嘆曰："除惡務本，廷臣中誰可代觀者？"士奇曰："通政使顧佐，廉公有威。"榮曰："佐嘗爲京尹，剛稜不撓，勳戚斂戢。"上喜曰："顧佐乃能如此。"遂令劉觀巡閱河道，而升佐右都御史，令考黜不肖，湔滌奸弊。佐遂考覈御史，貪淫不律，嚴暟等二十人謫吏遼東；不達政體，李孟宣等九人降典史；老疾，馮斌等三人爲民。時不禁官妓，諸司朝退，群飲娼樓，喧呶狎褻，比入署，半已霑醉，曹務廢弛。佐奏革之，官常始肅。

召蹇義、夏原吉、楊士奇、楊榮同遊東苑。

上御殿，召義等與語政務，良久，曰："此中有草舍一區，乃朕致齋之所，非敢比古人茅茨不剪，然庶幾不忘儉朴。卿等可一觀。"觀畢，賜宴於東廡，盡醉而歸。

八月，皇子祁鈺生。

九月，上巡邊。兀良哈入寇，上出喜峰口，擊敗之，遂班師。

上御奉天門，召群臣諭曰："胡虜每歲秋高馬肥必擾邊，比來邊備不審何似？朕將親歷東北諸關，警飭兵備。卿等整士馬以俟。"乃命張輔、薛祿帥師，蹇義、夏原言、楊士奇、楊榮、楊溥等扈從，駙馬都尉袁容、隆平侯張信、尚書張本、都御史顧佐等居守。

八月丁未，發京師，駐驆虹橋。召諸將諭曰："朕深居九重，豈不自樂？但朝夕思念保民，故爲此行。今道路所經，水潦之後，秋田無獲，朕念民艱，憫焉於心，爾將士敢有一毫擾民者，必戮不赦。"

九月庚戌朔，入薊州境。上覽郊原平遠，山川明秀，刈獲之後，頗有遺秉滯穗，喜嘆曰："使他處皆若此，朕何憂？"駐驆薊州西，吏民朝謁，上進州官，諭之曰："此漢漁陽郡也，昔張堪爲政，民有'樂不可支'之歌，古今人不相遠，爾勉之。"又進其耆老，諭曰："今歲斯郡獨稔，無他虞，善訓子孫，務禮義廉恥，毋安於溫飽而自棄也。"

辛亥，至石門驛、喜峰口。守將遣人馳奏："兀良哈率萬衆寇邊，已迫塞下。"上曰："天遣此寇投死，當急擊之。"諸將有請待後軍者。上曰："此出喜峰口，路隘且險，止容單騎，若候諸軍並進，恐失事機。朕以鐵騎三千出其不意，擒之必矣。"或言："三千未必足用。"上曰："兵在精與和，不在多。三千兵足矣。"乙卯，至喜峰，夜令軍士銜枚卷甲，馳四十里，至寬河，距虜營二十里。虜望見，以爲戍兵，悉衆來戰。上分鐵騎爲兩翼夾擊之，親射殪其前鋒三人。兩翼飛矢如雨，虜不能支，死者過半，餘悉潰走。上以數百騎直前追之，虜望見黃龍旗，知上在也，下馬羅拜，請降，皆生縛之，斬首其酋渠。分命諸將搜山谷，擄虜穴。忠勇王金忠及其甥都督把台請自效，或密言於上曰："虜，其類也，往則不復矣。"上曰："去留，亦任所欲耳。

朕爲天下主，豈獨少此二人？果其志欲去，雖朝夕置於左右，亦終去，寧能久繫之耶？朕待此二人厚，犬馬識豢養之恩，況人乎？彼當有以見報。"遂遣之，忠果獲虜而還。享廟期迫，群臣有言："請待諸將捕虜未至者。"上曰："事祖宗與待將士，孰重？孔子曰：'吾不與祭，如不祭。'倘諸將更五日不還，亦可待耶？"遂班師。

上還京。

冬十月，敕蹇義、夏原吉輟部事。

上念二人春秋高，尚典劇司，非所以優老，乃令解部務，朝夕左右，討論治理。

命陽武侯薛祿、遂安伯陳瑛、武進伯朱冕鎮守薊州、永平、山海。

十一月，城獨石，遂棄開平。

國初，克元上都，設衛開平，置八驛，東四驛曰：涼亭、泥河、賽峰、黃崖，接大寧古北口；西四驛曰：桓州、威虜、明安、隰寧，接獨石。文皇四出塞，皆道開平、興和、萬全間，嘗曰："滅此殘虜，惟守開平，則興和、大寧、遼東、甘肅、寧夏邊圉永無虞矣。"已棄大寧與虜，而興和亦廢，開平失援。至是，徙衛獨石，蹙國蓋三百里云。

十二月，令南京刑部侍郎段民考察京官。

己酉，四年春正月，兩京地震。

二月，羅汝敬還自交趾，黎利遣人貢方物。

襄城伯李隆獻騶虞。

隆獻騶虞二，云："出滁州來安縣石固山，素質黑文，馴狎不驚。"胡濙請賀。上曰："禎祥之興，必有實德，庶幾副之。朕嗣位四年，所任豈盡得人？民生豈皆得所？騶虞之祥，於德弗類。其免賀。"

三月，遣李琦諭黎利。

　　琦還，國人奏言：陳氏無後，利撫綏有方，得民心，乞令管國事，永爲藩臣，奉職貢。

夏四月，以郭璉爲吏部尚書。

　　時，二楊用事，欲奪吏部權，進退天下士。乃令三品以上京官，舉方面、郡守；五品以上京官，舉御史、知縣。由是，天下要職，吏部不得銓除，奔競大作，嗜進之徒至行金錢請乞。尋有言其弊者，乃罷御史、知縣保舉例，而郡守以上薦用如舊。

戒諭寧王權。

　　上即位以來，寧王以大父行恣橫不奉法，常請於封內選子女，上不許，重違其意，賜女婦八十四人。王又令省中官衣朝服，用天子儀仗，賀王元旦、千秋節。副使石璞聞於朝，罪其長史王堅。朝議定宗室將軍祿米視品，王抗言："宗室安得有品？"又言："靖江王府將軍，與諸王同班，異姓相見，當行君臣禮。"語多忿戾。上復書，大略謂："將軍、中尉有品，《祖訓》也，王不得違。洪武中，定靖江世子與百官相見禮儀具在，無行君臣禮之說。必如所云，是不知有君矣。天無二日，民無二王，尊尊親親，各有攸當。文武大臣咸謂王托此爲名，其意蓋未可量。予已悉拒群臣言。若復不謹，非獨群臣有言，天下皆將言之。是時，予雖欲全親親之義，不可得矣。"王又乞灌城田與諸子。上復與王書曰："灌城田，鄉民所賴以足衣食。庶子郡王，自有歲祿，若復奪民田，百姓失業，必歸怨朝廷矣。余不能曲從。"王得書，乃惶恐謝罪。

命工部尚書黃福同平江伯陳瑄經理漕運。

　　上以軍民每歲漕運勞苦，欲少蘇其力，使歲運不乏，命福與瑄議之。福至，上言：＂宜令江西、湖廣、浙江民運糧一百五十萬石，貯淮安倉。蘇松、寧國、池廬、安慶、廣德民運糧二百五十萬石，貯徐州倉。應天、鎮江、常州、太平、淮安、揚州、鳳陽及滁、和、徐三州民運糧一百五十萬石，貯臨清倉。山東、河南、北直隸府州縣糧，俱令運赴北京倉。＂下群臣議，徐州倉增二十四萬石，臨清倉增七十餘萬石，漕卒令各衛撥補，餘俱依瑄所奏。

五月，初設鈔關。

六月，以郭資掌行在户部事。

秋七月，劉觀有罪，徙遼東。

時，御史連章劾觀父子受賕鬻獄諸不法狀。上怒，俱逮至京，命法司鞫之。法司按實，擬重辟。上召楊榮、士奇以奏示之，且曰：＂觀負朝廷，處重非過。＂士奇對曰：＂觀誠有罪，但經事四朝，願姑屈法以全其生。＂上曰：＂爲汝二人，曲貸其死，發爲邊吏。＂榮曰：＂辱之過甚，與死等耳。＂上曰：＂欲父子皆貸乎？＂榮曰：＂子發戍邊，而令觀隨居，恩與法兩盡矣。＂上從之。

户部上户口登耗之數。

上曰：＂隋文帝户口繁殖，財賦充足，自漢以來，皆莫能及。議者以在當世必有良法，後世因其享國不永，故無取焉，此未必然。隋文克勤政事，自奉儉薄，足致富庶，豈徒以其法哉？大抵人君恭儉，國家無事，則生齒日繁，財賦自然克〔八〕足矣。＂

上幸文淵閣。

與楊士奇、楊榮論經史、咨政務，悉召諸學士及史官，賜鈔有差。

八月，楊溥憂去，尋起復，直弘文閣。

上嘗坐齋宮，召溥諭曰："朕每念創業艱難，守成不易，夙夜惓惓。今幸百姓稍安，顧禍亂生于不虞，常爲憂惕。邇來群臣好進諛辭，令人厭聞。卿宜勉輔朕，直箴朕過。"溥頓首，言："直言求之非難，受之爲難。"上曰："然。"溥有母喪，上遣中官護行，葬畢，復召還。

十月，上幸文淵閣。

改張瑛爲南京禮部尚書，陳山專授內侍書。

上御左順門，遙見大學士陳山，問楊士奇："山何如人？"士奇對曰："山雖侍從陛下久，然其人寡學多欲，而昧大體，非君子也。"上曰："然。趙王事幾爲所誤，朕已甚薄之。近聞渠於諸司日有干求，內閣政本之地，豈可令若人溷之？"蓋上初臨御，山及張瑛以東宮舊臣俱升內閣，二人行能鄙薄，不厭衆心，浸聞於上。遂調瑛南京禮部，山專教內竪，不復近左右矣。

禁差正官。

上巡近郊閱武，尋還京。

下戶部郎中蕭翔等于獄。

給事中賈諒、張居傑劾奏："戶部郎中蕭翔等不理職務，惟日挾妓酣飲恣樂。"命悉下之獄。上謂夏原吉等曰："飲酒，人之常情，朕未嘗禁。但君子當以廉恥相尚，倡優賤人，豈宜褻狎？近聞此風盛行，流而不返，大壞禮俗。卿等以朕此言徧諭之。"

十一月，誅千戶臧清。

清殺一家三人，論死繫獄。欲解脫，而畏顧佐嚴明不可撓，遂教他囚誣告佐枉無辜，久淹不理。上曰："此必有重囚教之，欲中傷佐，不治之，佐何以行法？"下法司訊，得實，立命磔清于市。佐自掌憲，宿弊盡蠲，奸吏不便者遂掯佐過訴之朝，謂受隸金，私遣歸。上密以示楊士奇，曰："爾不舉佐廉乎？"對曰："誠有之。中朝官禄薄，僕馬薪蒭，咸資之隸，遣隸，隸得歸耕，官得資費，臣僚皆然，臣亦然，不獨佐也。"上嘆曰："朝臣之艱如此。"因怒訴者曰："朝廷用一正人，小人輒敢誣陷。"欲下法司治之，士奇曰："此末事，不足干聖怒。但付佐自治，恩法並行矣。"上召佐，以吏狀授之，且曰："此不足爲卿累，小人不樂檢束誣卿，卿自治之。"佐頓首謝，召吏示之狀，曰："上命我治汝，我姑貸汝，但改行爲善。"上聞之，喜曰："佐得大體矣。"

庚戌，五年春正月，太宗、仁宗兩朝《實錄》成。考察朝覲官。

朝覲官至京，吏部廉察賢否以聞。上命鄙猥無能者五十五人皆罷歸爲民，貪汙者二十五人發戍邊。

上與侍臣論前代官制，曰："唐虞建官惟百，夏商官倍，秦漢以下益增多，何也？"對曰："時世不同也。"上曰："唐虞建官，事簡民淳，不可比擬。唐太宗定內、外官七百三十員，去古未遠，亦足爲法。"對曰："心清則事簡，事簡則官可省，官省則民安。若國家多事，政務煩雜，小人倖進，冗食者多，欲百姓免於煩擾，難矣。"上曰："此誠確論。清心者省事之本，朕當勉之。"

有建言洪武、永樂中，法制有當更易者。上謂侍臣曰："自古帝王創業垂統，必有成憲，以貽子孫。子孫能謹守之，足以保天下。若自作聰明，或惑于小人而變更之，必生禍亂。如唐府兵，其制近古，後一變爲彍騎，再變爲方鎮，遂使武夫悍卒得專方面，唐遂以亡。宋之賦役，祖宗時皆有定制，其後變爲新法，民不勝擾。自是，朝政反覆，國事日非，卒致夷虜之禍。是皆可監。"

戶部尚書夏原吉卒。

原吉度量寬弘，人莫能測。僚屬有善，采納不遺；有小失，必掩護。曰："人才難得，一加譴責，則自沮矣。"呂震嘗訐原吉柔奸，及震爲子乞官，原吉顧稱："震有守城功，宜與。"陳瑄靖難時，首欲殺原吉，後乃薦瑄總漕運。二人愧服。每朝廷行善政，或歸稱之，曰："此天子之明，群公之力，吾何與焉？"凡奏章皆焚之，曰："不可章吾直也。"嘗夜批文書，撫卷太息，筆欲下而止者再，妻問之故，曰："此歲終大辟奏也，筆一下，生死決矣，是以不忍。"在戶部數年，酌大體，略煩苛，以故數興大役，供餉贍給，而民不驛騷。卒，贈太師，諡忠靖。

二月，上謁陵。三月還京。

上奉皇太后，率皇后謁長陵、獻陵。駐天壽山。

太后召張輔、蹇義、楊士奇、楊榮、金幼孜、楊溥入見，曰："皇帝數言卿等贊輔功。今國家清寧，生民無事，固祖宗垂佑，亦卿等之力。"輔等頓首謝。太后復曰："卿等皆先朝舊人，自今更須協力，一心勉輔嗣君。"賜六臣白金、文綺。

上還，道中遙見耕者，從數騎往視之。下馬，從容詢其稼穡之事，因取所執耒耜三推。耕者初不知爲上也，既而，中官語之，乃驚躍羅拜。上顧左右，曰："朕三舉耒，已不勝勞，況常事此乎？人恒言勞苦莫如農，信矣。"命耕者隨至營，人賜鈔六十錠。已而，道路所經農家，悉賜鈔如之。至京，御左順門，召蹇義等曰："朕昨謁陵還，道昌平東郊，見耕夫在田。召而問之，知人事艱難，吏治得失，因錄其語成篇。今以示卿，卿亦當體念不忘也。"所錄語曰：

庚戌春暮，謁陵歸，道昌平之東郊，見道旁耕者，俛而耕，不仰以視。召而問焉："何若是之勤哉？"跽曰："勤，我職也。"曰："亦有時而逸乎？"曰："農之于田，春則耕，夏則耘，秋而熟則穫三者，皆用勤也。有一弗勤，農弗成功，而寒餒及之，奈何敢怠？"曰："冬其遂逸乎？"曰："冬，然後執力役於縣官，亦我之職，不敢怠也。"曰："民有四焉，若是終歲之勞也。何不易爾業，爲士、爲工、爲賈，庶幾乎少逸哉？"曰："我祖父皆業農，以及於我，我不能易也。且我之里，無業士與工者，故我不能知。然有業賈者矣，亦莫或不勤，率常奔走負販二三百里外，遠或一月，近或十日而返。其獲利厚者，十二三，薄者十一；亦有盡喪其利者，則闔室失意，戚戚不樂矣。計其終歲家居之日，十不一二。我事農而勤，苟無水旱之虞，歲入厚者，可以支二歲；薄者，可以給一歲。且旦暮得與父母、妻子相聚，我是以不願易業也。"朕聞其言喜，賜之食。既又問曰："若平居所睹，惟知賈之勤乎？抑尚他有知乎？"曰："我鄙人，不能遠知。嘗躬力役於縣，竊觀縣之官長二人。其一人，寅出酉入，盡心民事，不少懈，惟恐民之失其所也。而升遷去久矣，蓋至于今，民思慕之，弗忘也。其一人，率晝出坐廳事，日未昃而入，民休戚不一問，竟坐是謫去。後嘗一來，民亦視之如途人。此我所目睹，其他不能知也。"朕聞其言嘆息，思此小人，其言質而有理也，蓋周公所陳無逸之意也。厚遣之，而遂記其語。

下詔寬恤。

上御齋宮，召楊士奇諭曰："朕以春和，欲下寬恤之詔，蠲災傷田租，是第一事。聞民間虧欠畜馬，所司追償甚迫，亦甚艱難，部官坐視而不言。"對曰："陛下念及此，生民之福。各部惟知督責下民，以供公家，故一切民瘼，蔽不以聞。今所當恤者，非止兩事。"因請免負欠薪蒭，減官田租稅，清刑獄，恤工匠，分別征派諸事，上悉從之。詔下，民大悅。

策士於奉天殿，賜進士林震等一百人及第出身有差。

上臨軒發策畢，退御武英殿，謂侍臣曰："朕取士，不尚虛文，欲得忠鯁之士爲用，有若劉蕡、蘇轍直言抗論者，朕當顯庸之。"於是賦《策士歌》示讀卷官。

上御武英殿，偶與侍臣論漢以下創業諸君。侍臣言："漢高帝之大度，唐太宗之英武，宋太祖之仁厚，不相上下。"上曰："唐太宗、宋太祖，皆假借權力，襲取天下，太宗慚德尤多。漢高帝及我太祖，起布衣，光明正大，可比而同。然高帝除秦苛政，而禮文制度不修。我太祖剪除群雄，革元敝俗，申明中國先王之教，要爲過之。"

以熊概爲南京右都御史。

命陽武侯薛禄率師巡邊。

三月，加陽武侯薛禄太保。

禄爲將紀律嚴明，所過秋毫無犯，善憮士卒，臨陣赴敵，有進無退，故所向成功。巡邊至奇黃嶺，敗虜，盡斬之，獲其家口、孳畜，故有是命。

夏四月，加楊榮少傅。

上屏左右，問楊士奇曰："楊榮家畜馬甚富，察之皆邊將饋遺，榮大負朕。"對曰："榮屢從文皇北征，典兵馬，以故交諸將熟。今内閣諸臣，知邊將才否、邊塞遠近險易及虜情順逆，惟榮一人，臣等皆不及。"上笑曰："朕初即位，榮數短汝，汝顧爲榮地耶？"士奇頓首曰："願陛下以曲容臣者容榮。"上意乃解，然自是不專任榮矣。

命工部尚書黃福經理屯田，尋罷。

福言："濟寧以北，衛輝、真定以南，瀕河多閒曠地，請役軍民十萬屯田，積穀以省漕粟。"下戶、兵二部議，郭資、張本言："沿河屯田甚便。鳳陽、淮安以北，及山東、河南、北直隸近河二百里，內通舟楫處，擇荒閒田，以五萬頃爲率，發附近軍民五萬人耕之，官給牛、器。但山東近年饑旱，流徙初復，宜先遣官行視，以俟開墾。"上從之，遣吏部郎中趙新等經理屯田，福總其事。既而，有言："軍民各有常業，若復分田役，益勞擾。"事竟不行。

土魯番始入貢。

五月，以禮部郎中況鐘爲蘇州知府。

　　永樂中，鐘爲吏，吕震薦其才，授禮部主事，升郎中。時，郡守多缺，命廷臣薦舉堪任者，鐘在薦中，授蘇州，賜敕乘傳之任。鐘初至郡，佯不解事，諸吏抱案環立請判，鐘顧左右問吏，吏所欲行止，鐘輒聽。吏大喜，謂："太守愚。"越三日，鐘乃召諸吏，詰曰："某事宜行，若顧止我；某事宜止，若顧令我行。若輩受賕賣法，吾當爲百姓除賊。"縛諸吏拷掠，投庭下，死者數人。鐘又覈屬吏，斥貪墨庸懦者十餘人。一郡震悚，謂："太守神明。"未幾，大旱，發倉賑濟，民得不困。初，永樂間，因轉輸道遠，糧長以一徵三，歲額二百七十萬石，加徵至八百一十萬，除正供及僦車船費，盡爲糧長乾没。鐘乃與巡撫周忱議，立收糧法，别立糧額，與糧長同收受，互覺察除，免舊徵三之一，以其二之一爲轉輸費，餘皆入濟農倉，爲經費本。累年逋賦及雜出供費，並代以餘米。上無廢事，下無横科，民大悦。每旱又輒發餘米賑，活數萬人。二十餘年積弊，不戮一人而盡除。民接遞終歲在官，不得負販。鐘叙差，歲不過三日，盡罷其在官者。置綱運簿防運夫侵盜，又制館夫簿防非理需索，綜理周密，簡約易行。鐘爲政專厲豪狡，拊善良。勢家恣犯法，立死杖下。寒門下士有行藝者，時時賑贍。有鄒亮者獻詩，鐘稱賞，欲薦于朝。會有以匿名書數亮過失揭府門者，鐘得書，笑曰："彼欲沮吾薦，正速成亮名耳。"遂奏亮才學可用，召試，授吏部司務，轉監察御史。

朝鮮獻海青。

　　使還，諭王祹曰："王國中多珍禽異獸，然朕所欲，不在此，後勿獻。"

追奪貪官誥敕。

六月，置萬全都指揮使司。

秋七月，陽武侯薛祿卒。

　　追封鄞國公，諡忠武。

撒馬兒罕貢龍馬，禮官請賀，不許。

　　龍馬産于西域，風鬐霧鬣，蒼然若雲，體質潔素，駿爽特異。禮部請賀，上曰："年豐民足，仁賢效用，四裔順服，乃爲上瑞。一獸之異，何足爲祥？"不許。

八月己巳朔，日有食之。

　　八月朔，日當食，陰雨不見。胡濙以爲即同不食，請率群臣上表賀。上不許，曰："人君所謹，莫大于天戒。日食，又天戒之大者，陰雨所蔽有限，京師不見，四方必有見者。比之不食，天可欺歟？朕方圖修省以答天意，其勿賀。"

令吏部舉廉吏。

　　上謂尚書郭璡曰："竇融以孔奮爲姑臧長，姑臧最富饒，奮廉潔自守，衆皆笑之，謂其身處膏脂，不能自潤。光武知之，及融率官屬入朝，即擢奮爲武都郡丞以旌之。夫激揚清濁，爲治之道，使清濁無別，何以勸懲？光武即位未幾，舉卓茂，又舉孔奮，東漢多循良吏，蓋由此也。今天下未嘗無潔士，卿亦爲朕甄別以聞，朕當旌之。若人有善而上不知，則爲善者怠矣。"

罷南京刑部尚書趙翀、侍郎余士吉。

南京御史張楷劾奏："翀、士吉曠職縱奸。繫囚吳福金覆奏待決，乃詐死，相驗瘞之，後復出強劫。蘇州富民過達者，安港巡檢司利其財，誣爲盜，械送刑部，私賂獄官、獄卒，斃之于獄。翀等皆不察，請罪之。"上覽奏怒曰："縱有罪，殺無罪，豈可恕也？"既又曰："翀等歷事先朝，今老矣，其召之來，令都御史熊概兼理部事。"

九月初，設巡撫。以于謙爲兵部右侍郎巡撫河南、山西，周忱爲工部右侍郎巡撫南畿。

謙嘗按江西，平反冤獄，稱神明，民所不便，釐革殆盡。至是，河南、山西災。上親書謙名，升侍郎，巡撫二省。謙遍歷梁、晉，問民疾苦，湔剔百弊，馬政、河防、民租、軍賦一經擘畫，遂爲規式。凡歷十八年，每議事入京，不持一物，兩省人皆尸祝之。

忱由越府長史薦升。先是，胡概用法嚴刻，忱濟以寬。吳中豪勢不納耗，偏累貧民。忱爲平官、民田加耗，民困始蘇。又從知府況鐘議，立水次便民倉收糧，加耗不過什一。又于糧長中差力產厚薄爲押運，視遠近酌量支撥，京、通正米一石支三，臨淮諸倉以次定支，爲舟檣剝轉費。支撥羨餘貯官倉，號"餘米"。米有餘，減耗，次年十六徵，又次年十五。後羨日多，備賑荒，及供公私費。時，軍民轉運，經年往返，失農業。忱議令江南軍民舟至淮安、瓜州水次，與江北運軍交兌，淮安一石加五斗，瓜州加五升。若未及江北，于本地兌者，加過江米。民甚便之。民間歲運馬草兩京，勞費不貲。忱請每束折銀三分。北京官俸舊赴南京支米。忱請于江南重額官田折納金花銀，每兩准米四石，官民便之。

嚴暟伏誅。

暟，初爲南京御史，數受賕。御史劉弘道奏黜之。暟賂劉觀，得復職。及顧佐代觀，劾暟，謫遼東。暟潛逃至京，造詞脅衆。佐復奏："暟蹤迹詭秘，將謀陷臣。"上命戮於市。

冬十月，上巡近郊，度居庸關，獵岔道，遂還京。

丙子，車駕發京師，駐蹕玉河，戒從行諸將曰："今農工雖畢，而禾稼在場。民間公私之費，皆出於此。其嚴禁官軍，勿擾民。違者以重刑處之。"至雷家站，召楊士奇等曰："唐太宗征遼，不常過此乎？"對曰："然。"上曰："太宗恃其英武，而勤遠略，此行所喪不少，後世之鑒也。"又問："此山崩於順帝時，人率謂元亡之徵，卿等以爲然否？"衆對曰："順帝自是亡國之主，雖山不崩，亦亡。"上曰："此言正合朕意。昔聖帝明王之世，未嘗無災異，大抵國之存亡，繫君之仁與不仁而已。"壬辰，還京。

有獻《歷代年紀圖》者，上覽既，顧侍臣曰："唐之後，不五十年，天下五易主，生民之禍極矣。周世宗英武，足平定天下，而亦享年不久，何也？"對曰："帝王之興，自有天命，非人謀所及。"上曰："國家創業垂統，貴有根本。三代以下，若漢高帝除秦苛法，唐太宗革隋敝政，皆規模弘遠，所以傳世長久。若後周之主，稱兵爲逆，劫掠京城，曾無匡濟之功，室家先覆，而世宗以養子繼之，欲宗祀長久得乎？"

蓬星見。

閏十二月，含譽星見。

含譽星見于九斿，大如彈丸，色黃白，光輝，有彗。

辛亥，六年春正月。

二月，逮巡按江西御史陳祚下獄。

祚上言："帝王之學，在於明理，明理在於讀書知要。陛下備有聖質，惜講學之功少有程度，於聖賢精微之蘊、古今治亂之由，豈能周知？宋儒真德秀《大學衍義》一書，其言明白懇切，凡聖賢格言、古今實迹，無不備載。陛下欲致太平，舍此書不可。願於聽朝之暇，命儒臣講說，則知孰為忠賢之可親，孰為邪佞之當遠，古今若何而治亂，政事若何而得失，自必開廣聰明，增光德業，天下之民受福無窮矣。"上覽疏，怒曰："朕不讀書，《大學》且不識，豈堪為天下主？"逮祚至京，下錦衣衛獄，禁錮者五年。時，上方以博綜經史自負，祚遂觸怒云。

趙儼伏誅。

夏四月，有星孛於東井。

令四川總兵陳懷移鎮松藩。

五月，黎利遣人謝罪，貢方物。

六月，遣禮部右侍郎章敞詔黎利權署安南國事。

秋七月，上幸楊士奇第。

時，上頗好微行。一夕，以四騎至士奇第。士奇俯伏言："陛下奈何以宗廟社稷之身自輕，擾擾塵埃，昏昧中誰識至尊？萬一變起，倉猝何以備之？"上笑曰："思見卿一言耳。"語竟，還宮。明旦，遣太監范弘問士奇曰："車駕幸臨，曷不謝？"對曰："至尊夜出，愚臣迄今中心惴慄未已，豈敢言謝？"復遣弘問曰："今天下平靜，時一微行，何足過？堯不微行乎？"對曰："陛下恩澤，豈能遍洽幽隱？萬一冤夫怨卒窺伺竊發，不可無慮。"後數日，邏卒獲二盜，嘗殺人，捕之急，遂私約，上幸玉泉寺，挾弓矢伏林莽中作亂。上乃嘆曰："士奇言不虛。"賜白金、文綺。士奇入謝。上曰："愛朕莫如卿。自今朕不復微行矣。"

賜輔臣《招隱歌》。

上作《招隱歌》，賜蹇義，曰："古亦有《招隱詩》，然彼欲招隱者，與之俱遊；朕則意在招賢者而用之。彼所懷者，一己之私；朕所懷者，天下之公也。"

八月，忠勇王金忠卒。

忠勇健有智略，自歸順以來，歷事三朝，矢心竭力，至死匪懈。上嘗撫其背曰："朕之日磾也。"至是，卒，且〔九〕甚悼之，賜祭葬。

九月，熒惑犯南斗。

冬十月，上巡近郊，尋還京。

十一月，唐賽兒伏誅。

十二月，宦者袁琦伏誅。

琦侍上久，因張威焰，肆貪橫，私遣同輩于外，凌辱長吏，毒虐百姓，所得財賄，動以萬計。事露，上磔之于市，并誅其黨陳海等十人。

大學士金幼孜卒。

幼孜簡易沉默，溫裕有容，不肯伐善爭名疾革，家人請爲子求恩澤，正色曰："君子所恥。"諡文靖。

壬子，七年春正月朔，日有食之，免朝賀。

少詹事兼翰林侍讀學士曾棨卒。

棨，江西永豐人。永樂甲申廷對第一，讀中秘書。文皇時，召試，迅筆千言立就。摘群官隱僻事問之，應答如嚮。文皇賞嘆，寵異逾諸學士。數侍燕間，應制賦詩。有薦文士者，必問："得如棨否？"會修《永樂大典》《天下郡縣志》，爲副總裁，在館中三十年，名聞天下。卒，贈禮部左侍郎，諡襄毅。

二月，工部右侍郎羅汝敬總督陝西屯田河渠事。

三月，下寬恤詔。

上召楊士奇至文華殿，曰："憶五年二月，共爾齋宮，論寬恤事。今兩閱歲矣，民事不又有可恤者乎？"對曰："誠有之，只五年官田減租額一事，璽書已下，户部格不行，至今追徵如故。"上怒曰："是可罪也？"對曰："此循習之弊，永樂末年多如此。"上怒稍解，曰："今欲再下詔寬恤，必舉此爲第一。事如再格，朕必罪之。爾且言今日當寬恤者。"士奇言處流民、寬歲課、選吏員、舉才勇數事，又言："小民之不安，皆由有司之貪虐，請令風憲官考察奏罷。方面郡守皆要職，吏部往往循資格濫授，不免賢愚混進。宜令京官三品以上及布政、按察薦舉，若不職併罪舉者。"又言："唐虞之世，罰弗及嗣。今極刑之家，有賢子弟，錮不得進，宜弛其禁。"上悉從之。

夏四月，募商輸粟塞下。

山西進龍馬，禮官請賀，不許。

太原忻州民武煥家，馬生一駒，鹿耳、牛尾、肉文被體如鱗，咸以爲龍馬。守臣進之，胡濴請賀。上曰："二三年水旱告灾者踵至，朕方日夕憂勵，一獸之微，何足賀？其止之。"

令有司積穀。

巡按湖廣御史朱鑑言："洪武間，各郡縣皆置倉，貯官穀，多置萬餘石，少亦四五千石，遇有水旱、饑饉，以貸貧民。今有司以爲不急之務，倉廒廢弛，贖穀罰金，掩爲己有，深負朝廷仁民之意。乞令府州縣修倉廒，謹儲積，給貸以時。仍令布按二司、巡按御史巡察，違者罪之。"上諭户部曰："此祖宗良法美意，比由守令不得人，遂至廢弛，爾户部亦豈能無過？其如御史言,違者從監察御史劾奏。"

秋七月,置呂梁漕渠石閘。

初,陳瑄以呂梁上洪地陂水急,漕舟難行,奏准,令民於舊洪西岸鑿渠,深二尺[一〇],闊五丈有奇,夏秋有水,可以行舟。至是,復欲深鑿,置石閘二。時其啓閉以節水,庶幾往來無虞。事聞,命附近軍衛及山東布政司,量發民工夫匠協成之。

揭《豳風圖詩》于便殿。

上燕閒,閱元趙孟頫所繪《豳風圖》,因賦詩一章,召翰林詞臣示之,曰:"《豳詩》,周公陳周家王業之由,以告成王,使知稼穡艱難,萬世人君皆當鑑此。朕愛斯圖,爲賦詩,欲揭于便殿之壁,使朝夕在目,有所儆勵。爾其書於圖之右。"

上登萬壽山,坐廣寒殿,召□林儒臣[一一],與同覽山川形勢。既畢,上曰:"此元之故都也。世祖知人善任,使崇信儒術,愛養民力,故能混一區宇,以成帝業。再傳至武宗,政稍變更。仁宗繼之,恭儉愛人,孜孜爲治,遵世祖之法,足爲賢君。英宗果於殺戮,奸黨畏禍,遂搆大變。泰定以後,皆享祚不久。至順帝,在位既久,肆意荒淫,怠於政事,紀法蕩然,遂致失國。使順帝能長守世祖、仁宗之法,天下豈爲我祖宗所有?"又曰:"兹山、兹宇,順帝存日宴遊者也,豈不可感?"侍臣頓首曰:"桀紂之迹,殷周之鑒也。"上曰:"然。"

製《織婦詞》,示群臣。

上曰:"朕非好爲詞章。昔真西山有言農桑,衣食之本。爲君者,當詔儒臣以農夫、織婦耕蠶勤勞之狀作爲詩歌,使人誦于前。又繪以圖,揭于宮掖,布于戚里,使皆知民事之艱、衣食之自。朕所以賦此也。"

八月,以黄福掌南京户部事。

上在宫中覽福理漕運時言便民數事，出其章示楊士奇，曰："福所言皆智慮深遠可行。今六卿中，誰可匹者？"對曰："福受知太祖最先，大約爲人正直明果，才德兼備，有大臣體，六卿中鮮及之。福今年七旬矣。諸後進少年高坐公堂，理政事，出入輿馬，騶從揚揚。福先朝舊人，乃朝暮奔走道路，勞瘁不已，殆非國家優老敬賢之道。"上曰："非汝不聞此言。"士奇曰："南京根本重地，宜用福南京，緩急可倚。"上曰："然。"遂改福南京。

令京官三品以上舉文學才行之士。

上敕諭吏部曰："致治之方，用賢爲要；事君之道，薦賢爲忠。朕主天下，思惟負荷之重，必得賢才共圖治理，夙夜在念，寢食弗忘。嘗敕朝臣三品以上舉薦所知。又出示《招隱》、《猗蘭》之作，庶幾群臣咸知朕意。近惟一二廷臣有舉薦，其餘曠時積月，不舉一人。豈其無遺賢歟？抑今中外所用皆得人歟？蓋典銓衡者之怠也。孔子曰：'十室之邑，必有忠信。'況今天下之廣，生民之衆。爾吏部即令在京三品以上，衆議推舉有才行文學者以聞。"

釋故城縣丞陳銘，復任。

先是，上聞內官出使在外者多貪縱，爲民害。以太監劉寧清謹，命同御史馳往諸處，收所差內官資橐，并其人解送京。既還，道經故城。縣丞陳銘聞有內官至，不問所從來，輒奮前摔寧，手擊之。御史奏丞無狀，逮至。上曰："丞固可罪，然一時偏於所惡，其宥之。"待〔一二〕臣言："銘酗酒，擅擊朝使。陛下縱赦之，亦不可使復任。"上曰："朕既釋之矣，彼當因此改過也。"

十一月，白葛達國入貢。

天方默德那國入貢。

　　天方,舊名天堂。默德那國,即回回祖也。

十二月,修祖陵、孝陵。

癸丑宣德八年正月乙卯朔。

祀天地于南郊。

　　故事,朝後乃行。上不視朝,即行。既至,躬詣神厨,凡祭物一一閱視,諭太常寺曰:"祭物固應精潔,典祭之官以虔誠爲本,宜秉寅清以率百執事,分毫無慢,庶幾神明歆享。"

張燈于内苑。

　　製作精麗,鋪張繁盛,命文武大臣及四夷朝貢使、京城百姓皆往觀。仍賜群臣宴苑中,楊士奇因獻《太平聖德詩》十章。

召張輔、蹇義、楊士奇、黄淮等十人,同遊西苑。

　　淮父卒,賜一品禮祭葬。赴闕謝,故預焉。

賜宴溫州知府何文淵等于廷。

三月,策士於奉天殿,賜曹鼐等及第出身有差。

　　鼐,晉寧人。初舉鄉試,中乙榜,授代州學正,辭:"年少不堪爲人師,願改别職。"得泰和典史。劇邑政繁,處之裕如,公暇益進學不倦。時以督部工匠至京,疏乞試,中會試第二。廷試,策問"羲禹河洛象數",鼐對稱旨,上親擢爲第一,授翰林院修撰。

夏四月,南北直隸、河南、山東、山西饑,詔中外寬恤。

五月,四川盜起,命副都御史賈諒討平之。

六月,命平蠻將軍都督方政鎮守松潘。

秋七月,初置武驤、騰驤四衛。

八月，熒惑犯南斗。

遣官恤刑。

　　上以法司處決天下重獄但憑所具爰書，恐有冤抑，命遣官分往各省直，與外官詳審。若情有可矜、獄有可疑及不服者，復奏，與之辯理。

命黃福兼掌南京兵部事。

閏八月，彗出天倉。

海外諸國獻麒麟。

　　凡獻麒麟四，楊士奇等進頌。

景星見天門。

　　星見于天門，大如半月狀，光彩爛然。楊士奇上言："稽之載籍，云四氣和爲景星。又云天子至孝，任賢使能，法令清明，製作合天，四海歡悦，則景星見。又云德至于天，則景星見于天門。此皆聖德之實者也。"因進頌以美。

冬十月，平江伯陳瑄卒。

　　瑄閎爽英毅，稠人廣會，談論亹亹。公餘披閱載籍，喜近逢掖士，時相講議。善交際，能推利濟人。自浚通會河後專領漕運，擘畫周密，皆可經久，河渠之功，瑄爲第一。卒，諡恭襄。

十一月，命右軍都督僉事王瑜督理漕運。

　　先是，裏河民運率自僱舟，經年往復，多失農業。周忱始與平江伯議奏：民舟至淮安或瓜州水次，給腳價兑與江北衛所，衛所漕者出給通關還謝，軍民兩便。至是，參將吳亮言："浙江、江西、湖廣、江南船各回附近水次領兑，南京、江北船於瓜、淮領兑，其淮、徐、臨、德諸倉仍支運十分之四。浙江、蘇松等船本地方兑。不盡者，仍於瓜、淮交兑。江淮以北，如河南彰德府於小灘，山東濟南州縣於濟寧。其餘水次倣此。"是爲兑運。

十二月，致仕户部尚書郭資卒。

　　資，歷仕三朝，小心恭慎，嚴寒暑雨，必入署視事。卒之日，家無遺貲，幾不能葬。贈湯陰伯，諡忠襄。

日本國王源道義卒。

　　遣使吊祭。

甲寅，九年春二月，妖僧李皋謀反，伏誅。

令軍民運開平中鹽。

　　户部員外羅通奏："今運糧開平，每軍運一石，又當以騎士護送，計人馬資費，率以二石七斗致一石。莫若令軍民自運米至開平，中納鹽糧，舊例二斗五升減爲一斗五升。若商一人納米五百石，可當五百軍所運，且省行糧二百石。"從之。

二月，南京刑部侍郎段民卒。

　　民好古力學，精練吏事，廉平勁直，人不敢干以私。卒于官，貧不能喪。吳訥爲經紀，始克還云。

三月，命百官朝皇太子于文華殿。

交趾黎利死。

　　廣西總兵山雲奏："黎利死，長子狂妄，次子幼弱，奸臣黎問、黎察搆相仇殺，夷民驚懼。諒山土官阮世寧、七源土官阮公廷率衆避難來歸，願居廣西龍州及太平府上下凍州。"上敕諭雲曰："利本起微賤，因奏立晆，從人望。朕志在息民，遂詔罷兵，徐議立晆。利遽奏晆死，晆之死，利所爲也。朝廷即欲問罪，不忍毒民，令權署國事。多行不義，爲天所殛。爾戒飭邊兵，嚴謹守備勿忽。世寧、公廷可善撫之。"

夏四月，李琦還自交趾，黎利子麟遣人告喪。

五月，命行人郭濟、朱弼祭黎利。

七月，山西霍州學正曹端卒。

端，河南澠池人。篤尚理學，專志静修，座下足着處，兩磚皆窪。教人務躬行實踐，日事著述，有《四書詳說》《太極通書》《西銘釋文》《孝經述解》《性理文集》《儒家宗統譜》《家規輯略》《存疑録》等書。事父母孝，養志愉色。及遭喪，五味不入口，寢苦塊，始終不易。詣縣上書，請毀淫祠。年荒勸賑，存活甚衆。父信佛，端作《夜行燭》一書，與父誦之，父遂悔悟。其言曰："佛氏以空爲性，非天命之性，人受之中。老子以虚爲道，非率性之道，人由之路。"在霍庠十餘年，士子皆服從其教，循循雅飭，一於禮義。方岳不敢以屬禮待，至其郡，必敬謁之。後調蒲州學正，霍庠弟子伏闕上章請留，蒲庠弟子亦上章爭之。霍州先上得允，後竟終于霍，一郡人罷市巷哭，其德化之感人如此。學者稱爲月川先生。

八月，以楊溥爲禮部尚書兼學士。

上御文華殿，溥等侍。上曰："朕念祖宗積德累善篤生。太祖繼天立極，創業垂統。太宗迅掃奸回，再安宗社。皇考恢弘治化，增高累厚，以固鴻業。朕承天位，夙夜不忘。記曰：先祖有美而不知，不明；知而不傳，不仁。是用撰述成詩，揭之坐上，朝夕覽觀，勉圖繼述，庶幾永保天命。今以賜卿等，當亦思祖宗開創之難，守成不易，盡心輔朕，國家安，卿等亦與有榮矣。"

上出御書《洪範篇》及御製序文示溥等，曰："所論或未當，卿等當直言勿隱。"楊士奇對曰："聖論，真得古人之精藴。"上曰："朕在宮中，雖寒暑不廢書。"對曰："願陛下始終此心。"上笑曰："卿等亦常須直言。"

上與侍臣論兩晋，曰："晋武創業，不爲遠圖，樹立失宜，托付非才。況羌胡、鮮卑雜處内郡，不能先幾區處，以致國禍方殷，戎寇遽至。東晉僅能立國，逆臣接迹，朝政陵夷，尚傳數世，由賢人爲之用也。"又曰："帝王維持天下，以禮教爲本。兩晉風俗淫僻，士習浮薄，先王禮樂教化蕩然掃地，豈久安之道？"

瓦剌脫歡攻殺阿魯台，遣使入貢。

河南、江西旱災，敕諭巡撫撫恤兵民。

九月，張瑛復直文淵閣。

上巡邊，度居庸關，大獵。

上駐蹕洗馬林，楊士奇、楊榮等侍。上曰："人君御世之權，何者爲重？"榮對曰："命德、討罪，二者是也。"上曰："二者天下之公器，人君特主之耳。若舜舉十六相，誅四凶，而天下悅，以天下之好惡爲好惡也。齊威王封即墨，烹阿，不以左右之好惡爲好惡也。故爵賞刑罰至公無私，然後能服天下。"士奇等頓首曰："誠如聖諭。"

阿魯台子阿卜只俺來歸，以爲中府左都督。

冬十月，上還京。

遣禮部侍郎章敞諭黎麟，權署安南國事。

十二月，命監察御史巡視各倉。

先是，楊士奇言："南方運糧至京，人力甚艱，而倉廩無關防，奸人盜竊動輒千萬。前者就執，後者復繼，恬無警畏。請命官巡察。"上從之。於是，京倉、通州倉、草廠、甲乙等庫、象牛羊等房錢糧，光祿寺各遣一人巡視。

上不豫，衛王瞻埏攝享太廟。

乙卯，十年正月，停采辦諸役。

敕工部：凡采辦、買辦及打造下西洋船并營造物料悉停罷，軍夫、匠役遣還，差出內官即時回京，采捕禽獸蟲魚花木等物悉皆停止，起集營造軍夫勿遣。

上不豫，百官朝太子于文華殿。

上崩于乾清宮。

時，皇太子方九歲，太后取金符入內，浮議頗有欲立襄王之說。楊士奇、楊榮與張輔入臨畢，請見皇太子，即叩首呼"萬歲"，群臣亦呼"萬歲"，浮議乃息。

皇太子即皇帝位，赦天下，以明年為正統元年。

上大行皇帝諡號。

上尊諡曰憲天體道英明神聖欽文昭武寬仁純孝章皇帝，廟號宣宗，葬景陵。

尊皇太后張氏為太皇太后，皇后孫氏為皇太后。

冊封弟祁鈺為郕王。

吏部尚書蹇義卒。

義疾革，上遣中官范弘問所欲言，對曰："犬馬之誠，惟望聖明敬守成憲，終始不渝耳。"言已而絕。義質實和易，處人有量，未嘗一語傷物。在吏部，考察明恕，不縱不苛。然性乏骨鯁，遇事脂韋，無所匡拂，善保祿位，榮寵終其身。贈太師，諡忠定。

釋御史陳祚囚，復其官。

命楊溥仍直文淵閣。

溥言："聖帝明王，莫不務學。先帝在時，屢諭臣等勸學東宮，遺音尚在。乞早開經筵，預擇講官。必得言行端謹老成、達大體者數人供其職，及選宮中左右朝夕侍從之人，涵養本源，輔成德性。"太皇太后喜。

夏五月，以王驥爲兵部尚書。

加黃福少保，參贊機務。

　　留都文臣參贊機務，自福始。福每事先籌定，付襄城伯，而襄城伯亦敬信福。比視事，皆襄城伯處分，福不出一語。或以爲言，福曰："體當如是，且守備何嘗一事誤耶？"

六月，葬景陵。

七月，命司禮監太監王振偕文武大臣閱武於將臺。

　　振，大同人。初侍上東宮，及即位，遂命掌司禮監，寵信之，呼爲"先生"而不名。振遂擅權，作威福。時，輔臣方議開經筵，而振乃導上講武。於是，詔振偕諸大臣閱武將臺，集京營及諸衛武弁，試騎射而殿最之。隆慶衛指揮紀廣，故干振有私，振遂奏廣第一，超升都指揮僉事。

八月，命平羌將軍寧陽侯陳懋鎮守甘肅。

九月，修《宣宗章皇帝實錄》。

以陳鎰爲右副都御史，鎮守陝西，兼督延寧邊備。

以徐晞爲兵部右侍郎，巡撫甘肅。

以黃宗載爲南京吏部尚書。

冬十月，以羅亨信爲僉都御史，練兵平涼。

校勘記

〔一〕"待"，疑當作"時"。

〔二〕"捏忽烈"，當作"捏烈忽"。

〔三〕"拔重囚"，《禮記注疏》卷十六《月令》、《呂氏春秋》卷五《仲夏紀》作"挺重囚"。

〔四〕"徙"，疑當作"徒"。（明）黃訓《名臣經濟錄》卷十二王直《楊士奇傳錄》："大臣有言，此黎利之譎，當益發兵，誅之。或以爲，與之無名,徒示弱於天下。"

〔五〕"尚",據《明宣宗實録》卷之四十六當作"高"。

〔六〕"效",疑當作"劾"。

〔七〕"遣",據《明宣宗實録》卷之四十四當作"遺"。

〔八〕"克",疑當作"充"。

〔九〕"且",疑當作"上"。

〔一〇〕"尺",《江南通志》卷五十九作"丈"。

〔一一〕□,底本漶漫不清,疑當作"翰"。

〔一二〕"待",(明)王世貞《弇山堂别集》卷九十一作"侍"。